○ 精品课程配套教材
○ 21世纪应用型人才培养"十三五"规划教材
○ "双创"型人才培养优秀教材

U0727138

仓储管理实务

项目化教程

CANGCHU
GUANLI
SHIWU

修订版

主 编 罗书林 刘翠芳

东北大学出版社
Northeastern University Press

图书在版编目（CIP）数据

仓储管理实务项目化教程 / 罗书林，刘翠芳主编. -- 沈阳：东北大学出版社，2019. 4
ISBN 978-7-5517-0718-3

Ⅰ.①仓… Ⅱ.①罗…②刘… Ⅲ.①仓储管理–高等职业教育–教材
Ⅳ.①F253. 4

中国版本图书馆 CIP 数据核字（2014）第 165981 号

出 版 者：东北大学出版社
　　地　　址：沈阳市和平区文化街三号巷 11 号
　　邮　　编：110819
　　电话：024-83680267（社务室）　　83687331（营销部）
　　传真：024-83687332（总编室）　　83680180（营销部）
　　网　　址：http://www. neupress. com
　　E-mail：neuph@ neupress. com
印 刷 者：北京俊林印刷有限公司
发 行 者：东北大学出版社
幅面尺寸：185mm×260mm
印　　张：17. 25
字　　数：380 千字
印刷时间：2019 年 4 月第 3 次
策划编辑：杨海云
责任编辑：孙　锋
责任校对：刘乃义
封面设计：唐韵设计
责任出版：唐敏志

ISBN 978-7-5517-0718-3　　　　　　　　　　　　　定价：39. 50 元

前　言

仓储作为物流产业中的关键环节，在物流系统中发挥着重要的中转、连接、存放、保管等作用。加强现代化物流仓储建设，对提高物流运作效率、控制物流成本、保障物流质量、提升物流服务品质与管理水平将产生深远的影响。仓储类课程已成为高职院校课程体系中的专业模块课之一。

职业教育的课程目标应当通过其所面向的工作岗位来定位，并采取适宜的项目教学形式来帮助学员建立职业能力。因此，本书采取项目的形式来组合仓储工作领域的不同内容，并将其转化成学习要点。通过本课程的学习能够使学员掌握一般仓储从业人员在入职和发展的 1~3 年的典型工作任务。

本书根据仓储管理的主要职业岗位及其工作职责和典型工作任务，以仓储管理的工作过程为主线，设计了新人培训、保税仓储作业、制造仓储作业、流通仓储作业、仓储管理系统操作、库存管理与绩效评估共六个项目。项目一为基础层，学生通过此项目能熟悉仓储工作的环境与流程，并为后续项目作铺垫；项目二三四五为操作层，学生通过此项目能熟练进行三类不同行业的仓储活动，具备相关的岗位技能；项目六为管理层，学生通过此项目能熟练运用各种管理方法来控制仓储的成本与绩效。整体项目设计特点鲜明：垂直方向逻辑顺序的叠加确定职业能力的深度，水平横向组合确定职业能力的广度。这些学习内容不仅与仓储企业业务流程、仓储职业岗位工作流程紧密结合，而且涵盖了国家物流职业标准中有关仓储管理的所有知识点和技能点。不仅注重培养学生的专业能力、方法能力，而且注重培养学生的社会能力和个人发展能力，体现了"以行动为导向"、"以学生为中心"的高职教学理念。

本书由罗书林、刘翠芳担任主编。全书的写作分工如下：项目一、二、四由罗书林负责编写，且负责全书的设计、修改和统稿工作；项目三由曹钦、陈永刚负责编写；项目五由刘翠芳编写；项目六由丁依萍负责编写。苏州华润万家配送中心马强先生、苏州新宁仓储有限公司马伟新先生、泰科电子（苏州）有限公司戴伟伟先生参与了本书的资料收集工作，并为本书的编写提出了有益的意见和建议。

本书在编写过程中借鉴和参考了许多专家与学者的研究成果，以及来自互联网的信息，因体例所限，未能逐一列出，在此，向所有参考著作的作者致以诚挚的谢意。湖南大学出版社在本书的出版过程中给予了极大的帮助与支持，在此一并致谢。

鉴于编者水平有限，对于书中的疏漏不当之处，恳请广大读者批评指正。

编　者

2019 年 4 月

目录
Contents

项目一
新人培训

欢迎您，新员工，在这儿，我会带您熟悉一下咱们的仓库环境以及一些作业工具！

温馨提示

· 掌握工具的使用方法，工作效率高，再重再累也不怕！
· 熟悉仓库的布局规划，仓库像咱家，收货存货发货不会错！

最终目标：
熟悉仓库环境和熟练操作库内设备

促成目标：
1. 能熟练操作仓库内机械设备
2. 熟悉仓库的平面布局
3. 熟悉仓库的内部规划

任务一 掌握仓储行业的现状和发展

近年来，我国仓储业的发展取得了明显成效，从中国物流与采购联合会与中储发展股份有限公司联合调查发布的 2017 年中国仓储指数来看，2017 年全年该指数平均水平保持在 52.4% 的较高水平，高于 2016 年 1.1 个百分点。我们将通过本任务的学习，实现如下目标：

学习目标

最终目标：
能掌握我国仓储行业的现状和未来发展方向

促成目标：
1. 能掌握仓储的概念
2. 能掌握仓储的功能
3. 能分析我国近几年仓储业的发展趋势
4. 能对仓储行业未来发展提出自己看法

任务案例

中国某炼钢企业（甲方），为保证炼钢生产持续进行，向澳大利亚矿产企业（乙方）购买了 35 万吨铁矿石。乙方在之后的三个月内为甲方开采了 35 万吨铁矿石，并将其暂存在露天堆场中。三个月后安排散货船将铁矿石从澳大利亚运回中国。

因为甲方企业位于中国内陆，因此铁矿船到港后，甲方立即进行铁矿石转运作业，由海运转为铁路运输。装卸过程中，由于船方船期安排紧张，港口为确保船舶准时离港，只得先将铁矿石卸到港口的临时存储区，再从临时存储区进行火车装车作业。

铁矿石由铁路运输到厂后，由于铁矿石的消耗是持续性的，而非一次性的。因此，甲方将到厂的铁矿石存放在专门的存储区内，待需要时利用传送机构向炼钢炉提供原料。此外，在铁矿石存储期间，企业在存储区可对铁矿石进行筛选、破碎等初级加工，提高原料利用率。

【任务1】 请通过查阅资料，解释以下内容：

"仓" 表示：_____

"储" 表示：_____

"仓储" 是指：_____

【任务2】 请通过分析案例，列举出仓储活动的功能有哪些？

【任务3】 请分析 2013 - 2016 年我国仓储行业发展变化，并提出自己对仓储行业的看法。

年份	仓储企业主营业务收入（亿元）	仓储企业数量（万家）	从业人员数量（万人）
2016	12510.2	2.90	91.8
2015	11613.3	3.08	96.6
2014	10683.8	2.93	92.9
2013	8804.8	2.44	71

个人看法：

行业资讯

当前仓储业发展正处在一个变革的时代，现代仓储业已突破传统的"存货保管"概念，成为现代物流的核心环节与运营中心。在这一形势下，未来中国仓储业发展趋势是怎样的呢？

1. 仓储资源的深度整合与仓储网络优化

经过近十年的快速发展，我国营业性通用仓库面积已近 10 亿平米，其中立体仓库接近 30%。从总体看，仓库设施已基本满足物流需求，但在结构与地区分布上还存在一些供求矛盾。各类"物流园区"从一、二线城市向三、四线城市的发展，存在盲目性、重复性建设，一些仓库空置率居高不下；一批商业地产公司、基金公司甚至银行金融机构大举进入仓储地产行业，全国铁路货场的改造已经形成规模与网络，大幅增加了仓库供应量；随着进出口贸易的下降，保税仓库空置率提高；随着经济结构调整、加工业转移，一些大宗商品仓库经营困难，许多工业厂房改作仓库；与此同时，随着化工产业的快速发展与国家对危险品仓库的监管加强，合规定点的危险品仓库总量减少、布局更加不合理；随着城内老旧仓库拆除、搬迁已基本完成，城市共同配送所需要的仓库网络出现空白点；随着电子商务的高速发展，急需的单体大型仓库与分散的配送或分拨中心仓库供应严重不足等等，这些因素加剧了我国仓库供需的结构性矛盾，仓库供不应求与仓库供过于求同时存在、仓库高空置率与高租金同时存在、仓库快速建设与仓储效益下降、企业倒闭、转行同时存在。

2. 仓储业信息化与电商仓储

在国家"互联网+"发展战略的推动下，仓储业信息化有望在三个方面取得重大进展：其一，以"中仓网"、"物联云仓"为主的行业综合平台，将覆盖越来越多的节点城市的标准化仓库资源，形成网上订仓、网上支付及其质量认证、风险保障的仓储互联网运营平台，以"担保存货管理公共信息平台"、"中药材物流信息公共管理系统"为主的专业仓储平台，将吸引越来越多专业监管企业使用统一的 WMS，防范存货融资风险，保障中药材物流信息的全程追溯；其二，随着电商行业标准的实施，电商仓储将会取得新进展，电商平台、品牌电商以及实体零售企业与专业电商仓储企业，围绕电商专用仓库建设、库内智能设备技术的应用、仓储管理与服务水平提升等方面，都会加大投资、整合资源、优化网络与流程，围绕跨境电商发展，海外仓的布局、保税仓的商业模式创新，都会出现新的亮点；其三，移动互联网与物联网等技术的应用，必将促进仓储信息化与电商仓储的融合发展，促进仓储互联网平台与各类商品电子交易平台的对接、仓储 O2O 与商品交易 O2O 的融合。

3. 仓配一体化与城乡共同配送

仓配一体化是仓储业转型升级的重要任务。近年来，我国大中型仓储企业不同程度地开展配送业务，有的企业仓配一体化率达到 60% 以上；商务部在 22 个城市开展了共同配送试点，要求建立城市共同配送信息平台以及城市配送的互联互通平台，并将共同配送纳入了托盘循环共用及商贸物流标准化试点。面对供应链物流一体化服务的需求，特别是面对电子商务的快速发展，我国仓配一体化还有巨大的市场空间。仓配一体化的发展将会出现以下趋势：第一，从企业主体看，不仅越来越多的仓储企业将配送作为仓储的延伸服务、增值服务，通过仓配一体化增强其核心竞争力，专线运输、零担运输、快递运输等企业也会利用其车辆及其网络优势，转型开展以仓配一体化为主要内容的合同式物流；第二，从配送的货物看，不仅连锁零售门店还有很大的统一配送需求，各百货店、品牌店的"商圈配送"、O2O的统一配送、零担货物集货与末端配送、各类批发市场的统一配送等等，都将是仓配一体化服务的重点领域；第三，从配送的区域看，既包括城市共同配送，也包括跨城市的区域配送、城乡一体化的深度配送。

【任务4】 请同学们根据咨询内容，提出自己对行业未来的看法。

个人看法：

任务二 设备操作技能比赛

仓储的设施设备是仓储管理的工具和手段，仓储作业活动必须借助机械设备的支持才能更高效地完成工作。通过本任务的训练，将实现如下目标。

学习目标

最终目标：
能熟练操作常用仓库机械设备

促成目标：
1. 能操作托盘车、手动液压叉车等搬运工具
2. 能制作、打印商品条码
3. 能操作捆包机进行打包作业
4. 能操作电子称进行称重作业

任务要求

仓储经理在仓库里组织一场"岗位练兵"，对全部仓储岗位人员进行一场仓储设备操作技能赛，比赛要求是使用现有仓储设备（托盘搬运车、液压手动堆高车、托盘、条码打印机、捆包机、电子秤等），完成一批货物从入库到存储上架的过程，评价标准围绕作业

效率和完成质量两个方面。

赛前指导：设备操作动作分解

人员准备：将班级同学按每6人分为一组

学习形式：组员分别完成任务1到6

【任务1】操作手动液压托盘搬运车

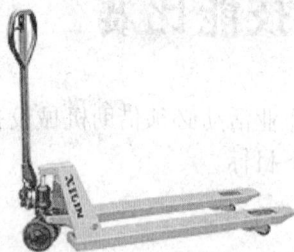

资料卡

　　手动液压托盘搬运车是搬运作业工具中最简便、最有效、最常见的人力装卸搬运工具。

　　（1）检查舵柄。舵柄的作用是控制液压系统的启动。开启舵柄后，液压系统可以产生压力；释放舵柄后，液压系统的压力也随之消失。检查舵柄是否已经放下。

　　（2）检查完毕后，提起舵柄，使货叉下降，便于叉取托盘。如图1-1所示。

图1-1　提起舵柄，使货叉下降

（3）将货叉推入托盘槽内。货叉推入托盘槽内时，手柄应与地面或货叉保持垂直。同时，手臂伸直，两手同时抓住手柄的两端。如图1-2所示。

图1-2　将液压托盘车货叉推入托盘槽

（4）启动液压设备使货叉上升。货叉插入托盘槽后，上下摇动手柄，启动液压系统，使货叉上升，上升到离地面无摩擦的距离后即可移动。如图1-3所示。

图1-3　上下摇动手柄，使货叉上升

（5）移动货物。移动货物的时候，为了使用方便和视线不被货物挡住，应用手拉着叉车，而不是推。运送到位后，提起舵柄，使货叉下降。如图1-4所示。

图1-4　将托盘放到指定位置后，提起舵柄

【任务2】 操作手动液压堆高车

资料卡

　　手动液压堆高车适用于工厂、车间、仓库、车站、码头等处的货物搬运与堆垛。单门架结构设计，转弯半径小，适用于机械制造、造纸、印刷、搬运、物流等行业。

（1）降下货叉。

（2）将货叉推入托盘槽。

（3）启动液压设备使货叉上升。

（4）移动货物至高层货架。

（5）完成托盘上架。

【任务3】 制作、打印条形码

（1）打开电脑、打开条码打印机电源。

（2）打开桌面上的条码打印软件：LabelShop，进入软件界面。

（3）新建一个标签项。

图1-5　双击桌面图标，新建标签

（4）设置标签页面尺寸。

（5）输入条码。

图1-6　调出条码

双击该条码，进入条码属性设置。

√　在条码一栏的"条码符号类型（码制）"中选择条码码制，一般选择"EAN-13"。

√ 在数据源一栏的"显示数据"中写入想要打印的条码数据。

√ 调整条码的尺寸大小及方向。

（6）打印条码。可以在条码属性中设置不同的条码类型，更改字体等，也可以打印文字和一些图片。如图 1-7 所示。

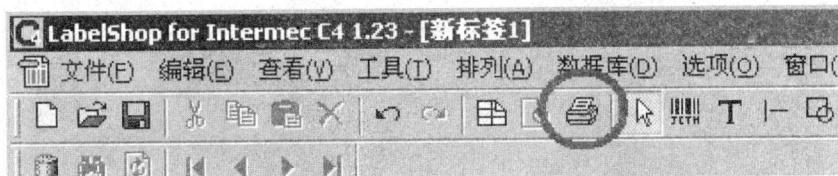

图 1-7 条码打印按钮

【任务4】捆包机打包

资料卡

半自动捆包机使用聚乙烯塑料带为捆扎材料，主要用于商业、邮政、铁路、银行、食品、医药、书刊发行等行业的纸箱、木箱、纸包件、柳编箱、布包件的包装捆扎。

（1）开机前，检查捆包机是否安装好捆包带，检查电源是否正常，检查零部件是否存在松动现象。

（2）开机后，机器预热几分钟，使打包时捆包带能有很好的粘合。

（3）利用打包带将包装物缠绕并拉紧固定。

（4）将打包带一端插入导向板中缝，受力后松开。

（5）（本步骤为机器自动操作）切刀切断带子，并将带头推向烫头，打包带表面受热熔化，两层塑料带在承压板上冷却凝固，两带粘合。

（6）打包工作完毕后，去除机内的灰尘和其他的带屑，保持清洁，而且要时常在运动部件加润滑油以有效得延长机器寿命。

【任务5】电子秤称重

资料卡

电子秤，属于衡器的一种，主要由承重系统（如秤盘、秤体）、传力转换系统（如杠杆传力系统、传感器）和示值系统（如刻度盘、电子显示仪表）3 部分组成。按结构原理可分为机械秤、电子秤、机电结合秤三大类。

（1）开机预热 10 分钟。

（2）再一次开机，在电子秤进行自检的过程中，按"清零"键。

（3）将称量物体置于秤盘上。

（4）通过电子屏读数。

注意事项：

① 称重前必须先置零，确保称重准确可靠。

② 长期不使用时，应隔一个月就拿出来充一次电。

【任务6】现场物件的整理整顿

📁 **资料卡**

现场的整理整顿，即按照"整理、整顿、清扫、清洁、素养"的"5S"管理标准对仓库环境进行整顿。将库内物品进行清点，并对物品进行分类规整。把所用的物品摆放到规定的位置，加以标示；定期对地面、工作台等进行清扫，清理现场的脏污，保持工作环境的清洁，并贯彻执行"5S"管理标准，使之日常化。

小 试 身 手

▌任务描述

要求将仓库外的一箱货物从入库开始，按顺序完成：贴商品条码标签于外包装箱、捆包机封包、称重并记录、填写货物信息记录表、最后储存于重型货架。

请合理选用工具设备，按照规范动作完成该任务。记录各小组动作差错情况、使用时间及5S效果。

1. 人员准备

同学每6人为一个小组，每个小组指定一名学生为组长。

2. 工具准备

条码打印机（含条码标签）、封包机、电子秤、托盘搬运车、液压手动堆高车、托盘、重型货架、纸箱n个（n＝小组数量）、条形码不的商品n种（每种件数可多可少）、货物信息记录表一张。

表 1 - 1 货物信息记录表

组名	商品条形码	数量	净重（g）	毛重（g）	库位信息
1					
2					
3					
4					
5					
6					
7					
8					

3. 学生实施

小组学习任务内容、制定任务实施计划、分工完成。

表 1 - 2 "新人培训"工作任务书

工作任务			课时	
班级：	组长：	组员：		
任务目标				
任务描述				
相关资料及资源				
工作成果				
注意事项				

表 1 - 3 　　　　　　　　　　　"新人培训"任务分配表

任务分解	组员分工
条码打印与张贴	操作_____人：
捆包机封包	操作_____人：
称重并记录	操作_____人：
填写货物信息记录表	操作_____人：
堆高车上架	操作_____人：
所有作业完成后的 5S 整理	操作_____人：

4. 任务评价

表 1 - 4 　　　　　　　　　　　任务评价表

检查内容	考核标准		分　值	实际得分
操作库内设备	关键技能 1：条码打印 ☞ 能运行软件打印条码 ☞ 所打印条码符合编码规则	5 5	5 5	
	关键技能 2：电子秤称重 ☞ 能准确称出皮重、毛重	5	5	
	关键技能 3：捆包机封包 ☞ 能操作打包机完成封包 ☞ 错误操作	5 -5	5	
	关键技能 4：托盘车搬运 ☞ 能采用合理堆码方式 ☞ 能正确操作托盘车	2 3	5	
	关键技能 5：液压堆高车上架 ☞ 能正确操纵液压托盘车	5	5	
完成所有任务耗时（分钟）			5	
货物信息记录表填写正确			5	
合　计			40	

知识库

一、良好的仓库管理标准

要实现良好的仓储管理，必须达到以下标准。

（一）维护良好品质

维护产品或物料的良好品质是仓库管理的关键要求。为了满足这一要求，在仓储规划和设计时就应充分考虑以下因素：

（1）温度、光线、湿度等自然因素对产品的影响。

（2）防水、防火、防盗措施及设备。

（3）灰尘、公害、虫害等问题。

（4）除锈措施以及对酸、碱、盐的防护。

（5）物料搬运的方便情况。

（6）照明设备。

（7）邻近产品或物料之间的相互影响。

（8）有效储存期间及其保证。

（9）物料重量影响与卡板放置情形。

（二）安全性

物料或产品的保管应安全第一，因而处处要注意以下几点：

（1）危险物品应利用危险品仓库隔离保存；

（2）易破损的物品应放置于稳定的场所，并标示"易碎"或"不能倒放"等标签，以示注意；

（3）堆放物品要考虑物品的耐压程度，不能因放置过重而将物品压坏；

（4）高价物料宜放置于可上锁的仓库或投以火灾、盗窃保险。

（三）最大限度地发挥仓储空间的效用

储存物料或产品的场所，不论是仓库、棚舍或场地，必须充分利用空间，以有限的空间求得合理的最大储存量。

（四）节省人力

物料或产品入库、发料、退料的搬运工作、仓储保管工作以及相关记录，必消耗大量人力，故必须以有限的人力发挥仓储管理的功效，并从工作计划、托运方法的合理化及选用适当的搬运工具等方面，力求节省人力。

（五）降低成本

若物料存量过少，生产极易待料而造成很大损失；若物料存量过多，则会提高物料储存成本（包括物料成本，物料取得成本，物料保管、搬运、记录、准备仓的成本以及水、电、保险、税、耗损报废等仓储费用）。仓储位置不适当，以及仓储不能有效利用，则容易引起超额搬运、摆放材料困难，搬运人员与设备增加。所以，应设法降低各方面的成本。

二、仓管员工作职责

仓储作业岗位及岗位要求一览表

项目	岗位	岗位工作内容	岗位要求
信息员		1. 预检到达货物 2. 制作采购单、入库单、储位分配单、盘点单、移库单、退货单、出库单等单证	1. 熟悉办公软件的操作 2. 熟悉公司仓储管理信息系统操作 3. 熟悉公司收发货流程 4. 熟悉使用打印机等设备
入库作业	装卸工	1. 运有合适的装卸搬运工具卸货 2. 搬运货物至暂存区 3. 对货物进行合理的暂时堆叠	1. 熟悉货物搬运装卸工具的性能和安全操作 2. 能识别货物外包装的标识、标记 3. 熟悉堆码的技术和形式等
	验收员	1. 核对单证 2. 清点数量、检查外包装、抽检质量 3. 处理问题货物	1. 能对外包装进行基本的感官验货 2. 能运用简单的仪器进行数量验收 3. 熟悉公司的验收流程 4. 会填制验收单证
	理货员	1. 单货核对 2. 货物入库上架存放	1. 熟悉掌握货物分类知识 2. 熟悉仓库库区的划分 3. 熟悉终端入库上架操作 4. 熟悉掌握库区储位编码知识 5. 熟悉掌握电动托备用叉车操作技术
保管作业	仓管员	1. 仓库的温、湿度管理 2. 货物的保养、存储、养护 3. 安全管理 4. 盘点库存货物	1. 能使用温湿度计，能根据库内外温湿度差异和天气状况，采用合理的温湿度控制方法 2. 能使用不同的清洁工具搞好库内外卫生 3. 掌握基本的货物保护方法 4. 熟悉防火安全制度，掌握消防器材的使用方法 5. 掌握常见的盘点方法，能填制盘点单、处理盘点差异

项目	岗位	岗位工作内容	岗位要求
出库作业	补货员	1. 照单取货 2. 货物搬运 3. 补货上架	熟悉货物搬运装卸工具的性能和安全操作
	拣货员	1. 根据拣货单拣取货物 2. 搬运货物至合流区	1. 掌握常用的几种拣货方式 2. 熟悉电子标签辅导拣货系统的操作 3. 熟悉货物搬运工具的性能和安全操作
	复核员	1. 复核出库货物，确认数量、包装、名称等信息与单证一致 2. 统筹作业，搬运货物至暂时出库区	1. 熟悉公司复核流程 2. 能处理复核差异事项 3. 掌握出库作业操作 4. 掌握货物搬运工具的性能和安全操作
	出货员	1. 核对出库凭证与装车单 2. 核对出货凭证与货物	1. 熟悉公司的出库流程 2. 能处理差异事项 3. 掌握装车方法

仓管员应认真贯彻仓库保管工作的方针、政策、制度和法律法规，树立责任感，忠于职守、廉洁奉公，热爱仓库工作，具有敬业精神；严格遵守仓储管理的规章制度和工作规范，严格履行岗位职责，及时做好物品入库验收、保管保养和出库发运工作；严格执行各项手续，保证账物相符，把好"收、发、管"三关。

具体如下所示：

（一）仓库管理规划

（1）熟悉仓库的结构、布局、技术定额。

（2）熟悉仓库规划，熟悉堆码、苦垫技术，掌握堆垛作业方法。

（3）在库容使用上，做到妥善地安排货位，合理高效地利用仓容，堆垛整齐、稳固，间距合理，方便作业、点数、保管、检查、收发。

（4）了解物料编号方法，掌握并熟练运用所管物料、产品的编号于工作中。

（二）入库管理

（1）依物料验收规定点收物料。

（2）依半成品、成品入库规定点收入库。

（3）点收的物料依序整齐摆放。

（4）对不合格品进行标示，或进行处理。

（三）储存、保管

（1）熟悉仓储物质的特性、保管要求，能有针对性地进行保管，防止货物损坏，提高仓储品质。

（2）熟练地填写表账、制作单证，妥善处理各种单证业务。

（3）了解仓储合同的约定，完整地履行义务，妥善处理风雨、热冻等自然灾对仓储物资的影响，防止和减少损失。

（四）搬运、防护管理

（1）掌握各种储物的搬运方法。

（2）熟练操作各种搬运工具。

（3）搬运、交付及时。

（4）严格执行仓库安全管理的规章制度，做好防火、防盗、防破坏、防虫鼠等安全保卫工作，防止各种灾害和人身伤亡事故，确保人身、物资、设备的安全。

（五）出库管理

（1）依发料规定发料。

（2）依成品出货规定出货。

（六）呆废料管理

（1）妥善保管好剩料、废旧包装，收集和处理好下脚料，做好回收工作。

（2）用具、苫垫、货板等应妥善保管，细心使用，确保延长使用寿命。

（3）按公司规定及时处理呆废料。

（七）盘存管理

（1）定期进行仓库盘点。

（2）协同其他部门进行盘点差异处理。

（八）账卡管理

（1）建立完整的物料账、物料卡。

（2）当日料账，当日完成。

（3）定期做好各项仓库报表。

（九）仓库"5S"

（1）整理。

（2）整顿。

（3）清扫。

（4）清洁。

（5）素养。

三、仓管员的才能

（一）专业知识

仓管员应加强业务学习和训练，熟能生巧地掌握计量、衡量、测试用具和仪器的使用；掌握分管物资的货物特性、品质标准、保管知识、作业要求和工艺流程；掌握仓库管理的新技术、新工艺，适应仓储自动化、现代化、信息化的发展，不断提高仓储的管理水平；了解仓库设备和设施的性能及要求，督促设备维护和维修。

（二）"承上""启下"的能力

承上，是得到上司的赏识；启下，是获得部属的支持。只能承上不能启下，成为"看高不看低"，部属会越来越反感，将来事情会越来越难办；只能启下不能承上，叫做"看低不看高"，得不到上级的赏识，哪里还有什么前途？

1. 承上

（1）心目中要尊重上司，却不可以只是表面讨好上司。

如果存心讨好上司，迟早会弄得彼此都不愉快，最好的方式是"心目中尊重上司"。

（2）以理智、客观的心境来顺从，以求事事做得恰到好处。

我们主张"部属对主管的基本心态是要顺从"，但不是"盲目顺从"，更不是"表面顺从"。对主管的基本心态，应该是"要顺从"，也就是"以理智、客观的心境来顺从"。

（3）把上司的指令转化为部属能够接受的好主意。

① 直接传达，基层一定会抗拒。遇到抗拒再来设法解决，已经慢了一步。

② 防患于未然，站在部属的立场来考虑：怎样才能让他们所乐于接受呢？此为第一步。

③ 把上司的旨意放在心中，不直接讲出来，设法让部属自己不知不觉地讲出来。此为中心步骤。

④ 部属讲出来后，给予相当的尊重，他们就会乐于接受。至此大功告成。

2. 启下

（1）心目中有部属的存在，却不可以过分溺爱。我们主张"上司应该关心、照顾部属"，但不是赞成溺爱部属，因为那样会"爱之足以害之"，使部属无法正常成长。

（2）把部属的意见适当地转化成为高层能够接纳的好主意。直接把话传给上司，恐怕不是最好的办法，但是擅自改变，说不定又会惹是生非，真是两难。

把部属的信息向上传达，应该有一套比较妥善的方式，必须好好磨炼。

（三）正确报告工作的能力

1. 报告首先从结论开始

报告的对象最想知道的是结果或结论，所以首先要说的是结论，然后再叙述经过或理由。

2. 以事实为基础，抓住要领，简明扼要

前言过长、语言分散、不知所云，对方一定会感到烦躁，所以一定要条理清晰，尽可能只报告客观事实。加入自己的意见或推测时，注意要先说明"我的意见是……"，然后再进行叙述。灵活应用5W1H法（Why，What，Who，When，Where，How）会取得很好的效果。

3. 口头报告的注意点

（1）根据报告的内容、情况，预先考虑要进行几分钟的报告。

（2）确认报告对象当时是否方便。

（3）如就报告内容被提问，听完问题后应进行回答。

4. 书面报告的注意点

（1）注意报告发出的时间。

日报：次日9：00前发出。

周报：次周一早上应发出。

月报：次月3日前应发出。

（2）注意报告的书写格式。一般按照结论、结果、理由、经过的顺序进行书写。

改善作业报告陈述的顺序一般为：现状陈述，原因分析，改善措施，改善结果（包括效果维持情况——推移图），结论（包括需修改的作业文件）。

（3）注意用词简练。报告的文字要求简练，句子要求短小，尽可能按条目书写。

（4）注意用数据、图表表达。尽量使用数据及图表来表示。

（5）须注明报告分发的部门，以便大家知道哪些部门收到了报告。

（四）培训能力

优秀仓管员要把他知道的技术、知识，把交给别人的任务，通过培训课讲清楚，让部属清楚地理解他的意图。要让部属把他看作老师，而不是一个冷冰冰的上级；要让部属把他看成教练，随时能让他的部属有所提高；还要能组织起整个部门的培训。如果一个优秀仓管员能让部门的每一个人都有当老师的机会，部门员工的积极性一定很高。他还要让他的部属认识到，在这个部门工作能学到很多东西，很有前途，能提高自身的价值。

（五）善用时间的能力

1. 工作事先有计划

每年、每季度、每月、每周的计划固然重要，但更要做好每日的工作计划。计划中要列明待办的事项，并注明处理时间。

待办的事项包括：

（1）自己要做的事；

（2）上司交办的事；

（3）答应同事的事；

（4）承诺部属的事。

2. 养成记录的习惯

把待办的事项记录下来。不要过分依赖记忆，它往往是浪费时间、疲于奔命的根源。

3. 确定优先处理的次序

编排优先处理项目矩阵

时限 \ 重要性	重	轻
急	1	2
缓	3	4

4. 学会婉拒——学会说"不"的技巧

（1）聆听。细心聆听对方的要求。

（2）拒绝。假如决定不帮忙，应有礼貌地坚决拒绝对方。

（3）解释。向对方解释拒绝的理由。

（4）建议。建议对方用其他方法或向其他人求助。

5. 改变拖延的习惯

做事要有果断力，应避免优柔寡断和拖延事情的坏习惯。

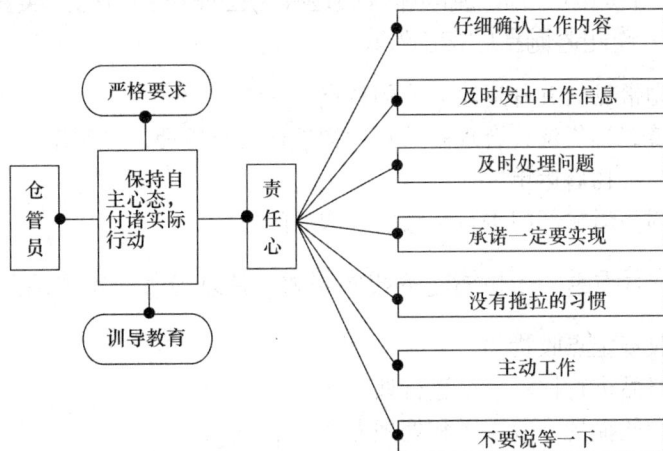

图1-8 仓管员的责任心

四、理货员工作职责

仓储管理理货员除了要保证货物安全，方便取货以外，还要对进货部门和销售部门的计划有深入的了解。由于货物流动率非常高，所以理货要时刻知道什么时候来了新货物，什么时候走了什么货物，定期通知销售部门还有多少货物，通知采购部门要采购多少货物。

具体如下所示：

（一）负责货物的整理、拣选、配货、包装、复核、交接、验收、堆放

（1）针对不同作业需要，选择拣选方式。

（2）根据订单内容，妥善安排货位，合理高效地进行配货。

（3）根据不同种类货物的特点，选择合理的包装材料和包装技术。

（4）熟悉货物理货交接和验收流程。

（二）核对货物的品种、数量、规格、等级、型号和重量

（1）了解货物理货单证的内容。

（2）能够熟练填写理货单相关内容。

（3）掌握核对货物单证过程中出现异常的处理方法。

（三）检验货物的包装、标志，对出库待运的货物进行包装、拼装、改装或加固包装拼装、改装和换装的货物填写装箱单

（1）熟练进行货物外包装的查验。

（2）了解货物外包装各类标识的含义。

（3）对待出库货物能够选择合适的包装方法。

（4）能够熟练填写装箱单。

（四）按货物的运输方式、流向和收货地点将出库货物进行分类整理、分单集中，填写货物启运单，通知运输部门提货发运

（1）了解货物常见的五种运输方式的特点。

（2）能够妥善安排货位，合理高效对货物进行分类整理，方便作业、点数。

（3）熟练填写货物启运单。

（4）能够掌握与运输部门进行货物发运沟通的技巧。

（五）鉴定货运质量，分析货物的残损原因，并划分运输事故责任

（1）依据验收规定点收货物。

（2）对不合格品进行标示，或进行处理。

（3）了解货物残损的一般原因和处理方法。

（4）掌握简单的运输事故责任划分方法。

五、理货员的才能

（一）专业知识

仓储管理理货员应该具备如下基本素质和技能：具备仓储物流等相关专业中专以上学历；掌握采购、仓储、物流等方面的基本知识；能掌握了解仓储产品的基本性能、储存方式及运输流程；具备及时发现问题以及应对突发事故的能力。

（二）性格、素质

1. 耐心细致

耐就是忍耐，耐心就是有一颗忍耐的心，就是说做事可以很持久，不浮躁，一直保持一种平稳的心情来做事。

细和致两个字都是表示精细，细密的意思，细到很密的程度，两个字和在一起 就是表示做事非常仔细。

耐心细致就是指能坚持保持一种仔细认真的态度来做事情。

2. 吃苦耐劳

吃苦耐劳是中华民族的传统美德，是一个人走向成功、成就大业的有效途径。

俗话说"吃得苦中苦，方为人上人"，这句流传千百年的至理名言告诉人们一个道理，这就是吃苦耐劳是成功秘诀。那些能吃苦耐劳的人，很少有不成功的。可以肯定的说，意

志坚强、不怕困难、百折不挠、开拓进取是一个人优秀的品质，这种品质要经过艰苦锤炼才能形成，任何时候都不会过时。

从人才学的角度看，一个人要成就一番事业有所建树，历经磨难、吃苦耐劳是必要的。就是有真才实学，如果不肯吃苦耐劳，也难以保持良好的竞技状态，不仅适应不了激烈的竞争形势，还极容易被困难吓倒，被挫折击垮。

3. 认真负责

多数领导对工作的要求几乎都会重复说一句话，即"认真负责"。久而久之，在多数人的头脑中形成了"认真＝负责"观念。认真负责其实包括两层概念：认真，讲的是态度，是一种姿态；负责，其本意是要对结果负责，由于这句话连在一起使用，于是在人们心目中形成了"认真＝负责"的观念，认为只要做事认真就算负责了，而没有更进一步想清楚对什么负责。

工作的目的是要对结果负责，做事的态度、行为和过程只是达成结果的条件，不能用态度、行为和过程来代表结果，毕竟它们是两回事，达成预期的结果才是对结果负责。

在工作中，负责不等于盲目的听命于领导，领导可能在某些方面并不清楚，特别是在一些专业领域。

4. 团队合作

团队强调的是协同工作，所以团队的工作气氛很重要，它直接影响团队的合作能力。没有完美的个人，只有无敌的团队，团队中的个人能力取长补短，相互协作，即能造就出一个好的团队，所以才有"三个臭皮匠赛过诸葛亮"之说。在一个团队中，每个成员都有自己的优点和缺点。作为团队的一员应该主动去寻找团队成员的优点和积极品质，如果团队的每位成员，都主动去寻找其它成员的积极品质，那么团队的协作就会变得很顺畅，工作效率就会提高。团队精神最高境界"不抛弃，不放弃"。

（1）包容成员。团队工作需要成员在一起不断地讨论，如果一个人固执己见，无法听取他人的意见，或无法和他人达成一致，团队的工作就无法进行下去。团队的效率在于配合的默契，如果达不成这种默契，团队合作就不可能成功。为此，对待团队中其他成员时一定要抱着宽容的心态，讨论问题的时候对事不对人，即使他人犯了错误，也要本着大家共同进步的目的去帮对方改正，而不是一味斥责。同时也要经常检查自己的缺点，如果意识到了自己的缺点，不妨将它坦诚地讲出来，承认自己的缺点，让大家共同帮助你改进，这是最有效的方法。

（2）获得支持。要使自己的工作得到大家的支持和认可，而不是反对，必须让大家喜欢你。但一个人又如何让别人来喜欢你呢？除了在工作中互相支援、互相鼓励外，还应该尽量和大家一起去参加各种活动，或者礼貌地关心一下大家的生活。

（3）保持谦虚。任何人都不喜欢骄傲自大的人，这种人在团队合作中也不会被大家认可。可能你在某个方面比其他人强，但你更应该将自己的注意力放在他人的强项上，只有这样，才能看到自己的肤浅和无知。因为团队中的任何一位成员，都有自己的专长，所以必须保持足够的谦虚。

（4）资源共享。团队作为一个整体，需要的是整体的综合能力。不管一个人的能力有多强，如果个人能力没有充分融入到团队中，到了一定阶段必定会给整个团队带来致命打击。资源共享作为团队工作中不可缺少的一部分，可以很好的评估团队的凝聚力和团队的协作能力，也是一个团队能力的客观体现。故提高团队的资源共享度是可以让团队健康发展，稳定发展的基础。

六、仓库常见保管搬运设备

（一）托盘（pallet）

托盘是一种便于机械化装卸、搬运和堆存货物的集装器具。托盘包装是将包装件或物资堆码在托盘上，通过捆扎、裹包或胶粘等方法加以固定，形成一个搬运单元或销售单元，以便机械化作业。托盘既起搬运器具的作用，又具有集装容器的功能，是国内外运输包装普遍采用的一种集装器具。

常用托盘按材质可分为木制托盘、金属托盘、塑料托盘、复合材料托盘等。

纸制托盘　　　木制托盘　　　塑料托盘　　　钢制托盘

图 1 - 9　托盘按材质分类

我国联运托盘的规格尺寸主要有三个规格：800mm × 1000mm、800mm × 1200mm、1000mm × 1200mm。

（二）货架（shelf）

货架是指专门用于存放成件物品的保管设备。

按货架高度分：低层货架：高度在 5m 以下；中层货架：高度在 5 ~ 15m；高层货架：高度在 15m 以上。

按货架重量分：重型货架，每层货架载重量在 500kg 以上；中型货架，每层货架（或搁板）载重量 150 ~ 500kg；轻型货架，每层货架载重量在 150kg 以下。

轻型货架　　　　中型货架　　　　重型货架

图 1 - 10　货架按承重分类

（三）叉车（forklift truck）

叉车是一种具有各种叉具，能够对货物进行升降和移动以及装卸作业的搬运车辆。叉车又是一种功能强大、使用非常方便的车辆，它可用来提取、搬运、堆码单元货物，具有装卸、搬运双重功能的机械设备。

按照性能和功用分类，有平衡重式叉车、插腿式叉车、前移式叉车、侧面式叉车、集装箱式叉车、高位拣选式叉车等六种。其中平衡重叉车的应用最为广泛。

叉车按其所使用的动力不同，又可分为电动叉车和内燃机叉车。

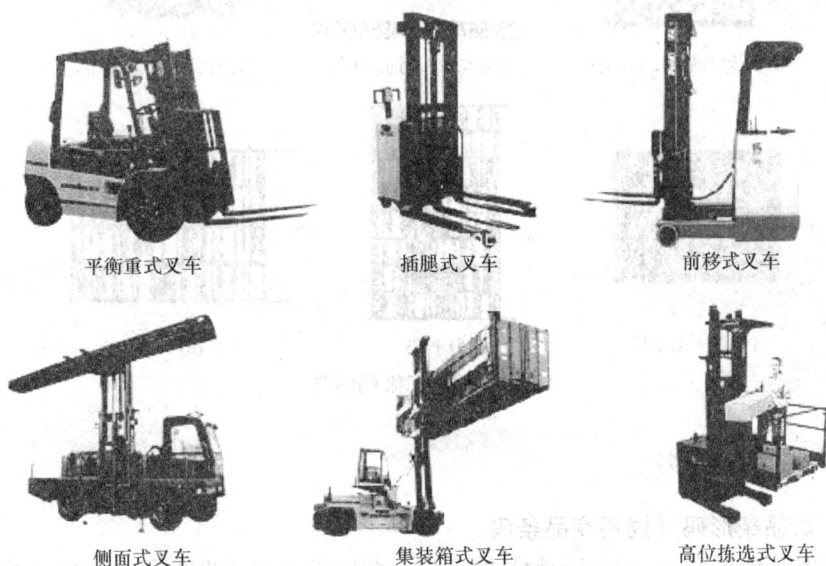

平衡重式叉车　　　　　插腿式叉车　　　　　前移式叉车

侧面式叉车　　　　　集装箱式叉车　　　　　高位拣选式叉车

图1-11　叉车分类

七、条形码

（一）条形码的组成

条形码的组成如图1-12所示。

起始符　左侧数据符　中间分隔符　右侧数据符　校验符　终止符

左侧空白区　→　　　　　　　　　　　　　　　←　右侧空白区

前置码　→　6　901234　567892　←　供人识别字符

图1-12　条形码的组成

（二）条形码的码制

码制即指条形码条和空的排列规则。根据不同的条码编码方式，条码可分为一维条码的码制和二维条码的码制。

(1)耐温代码(Code one)	(2) 数据矩阵(Data Matrix)	(3) 最大码(Maxicode)

1234567890123456789012

(4) 四一七条码	(5) 49码	(6) 16k码

图1－13　二维码图谱

（三）常用条码种类

1. EAN 商品条形码（通用商品条码）

亦称通用商品条形码，由国际物品编码协会制定，通用于世界各地，是目前国际上使用最广泛的一种商品条形码。EAN 商品条形码分为 EAN－13（标准版）和 EAN－8（缩短版）两种。

EAN－13 码由 13 位数字组成，EAN－13 码包括国家代码（3 位）、制造厂商代码（4 或 5 位）、产品代码（5 或 4 位）和校验码（1 位）组成。中国大陆可用的国家代码是 690－695，中国香港特别行政区为 489，中国澳门特别行政区为 958，中国台湾地区为 471。

2. 储运条形码

储运条形码（ITF－14 码）用在商品装卸、仓储、运输等配送过程中的识别符号，通常印在包装外箱上，用来识别商品种类及数量。由矩形保护框、左侧空白区、条码字符和右侧空白区组成，如图 1－14 所示。

保护框　条码字符　右侧空白区　左侧空白区　0 6 9 0 1 2 3 4 5 6 7 8 9 2　供人识别字符

图1－14　ITF－14 码

3. 贸易单元条形码（EAN－128 码）

贸易单元条形码是在物流配送过程中，将商品的生产日期、有效日期、运输包装序号、量、体积、尺寸、发出与送达地址等重要信息加以条码化，以便将这些重要信息快速扫描输入计算机系统。

图 1－15　EAN－128 码

六、5S 现场管理及实施方法

（一）概念的提出

"5S" 管理最早来源于日本丰田汽车公司的管理实践中总结出来的宝贵经验。基本内容为对企业的材料、设备、员工等生产要素开展相应的整理、整顿、清扫、清洁与素养等活动，为其他管理活动打下良好的基础。因为日语中的整理（SEIRI）、整顿（SEITON）、清扫（SEISO）、清洁（SEIKETSU）、素养（SHITSUKE）拼写时的第一个字母都为 "S"，所以称为 "5S" 管理法。

整理（SEIRI）。整理就是把有用的东西和没有用的东西分开，然后把没有用的东西清理掉。整理有利于改善和增加作业面积；现场无杂物，行道通畅，提高工作效率；减少磕碰的机会，保障安全，提高质量；消除管理上的混放、混料等差错事故；减少库存量，节约资金；改变作风，提高工作热情。

整顿（SEITON）。整顿的重点是对现场需要留下的物品进行科学合理的布置和摆放，以便用最快的速度取得所需之物，以最简捷的流程完成作业。生产现场物品的合理摆放有利于提高工作效率和产品质量，保障生产安全。

清扫（SEISO）。清扫是在进行清洁工作的同时进行自查。清扫活动的要点是：①自己使用的物品，如设备、工具等，要自己清扫，不要依赖他人，不增加专门的清扫工；②对设备的清扫，着眼于对设备的维护保养，清扫设备要同时做设备的润滑工作，清扫也是保养；③清扫也是为了改善。当清扫地面发现有飞屑和油水泄漏时，要查明原因，并采取措施加以改进。

清洁（SEIKETSU）。清洁就是在 "整理" "整顿" "清扫" 之后的日常维持活动，即形成制度和习惯。每位员工随时检讨和确认自己的工作区域内有无不良现象，如有，则立即改正。在每天下班前几分钟（视情况而定）实行全员参加的清洁作业，使整个环境随时都维持良好状态。

素养（SHITSUKE）。素养指训练与纪律。素养即教养，努力提高人员的素养，养成严格遵守规章制度的习惯和作风，这是"5S"活动的核心。没有人员素质的提高，各项活动就不能顺利开展，开展了也坚持不了。所以，抓"5S"活动，要始终着眼于提高人的素质。

（二）红色标签策略

红色标签策略即运用醒目的"红色标签"标明问题之所在。做法如下。

（1）整理。清楚地区分"要"与"不要"的东西；找出需要改善的事、地、物。

（2）整顿。将不要的东西贴上"红牌"。将需要改善的地、事、物用红牌加以标示。

（3）清扫。将有油污、不清洁的设备或脏污零乱的办公室的死角贴上"红牌"，办公室、生产现场不该出现的东西贴上"红牌"。

（4）清洁。减少红牌的数量。

（5）素养。有人继续增加红牌，有人努力减少红牌。

附记：挂红牌的对象可以是材料、产品、机器、设备、空间、办公桌、文件、档案等。

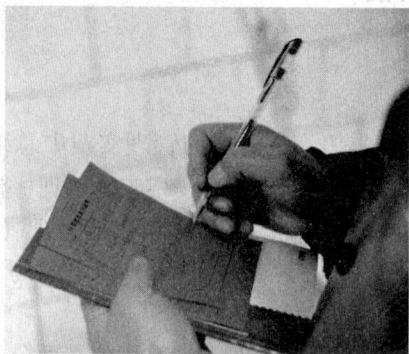

图1-16 "红牌"作战

（三）目视化管理

目视化管理是管理上很简单、又很有效率的一种管理方法；其定义为：一看便知。假如每人都能"一看便知"，最起码方便很多，不必浪费找寻，当然工作效率自会提高。

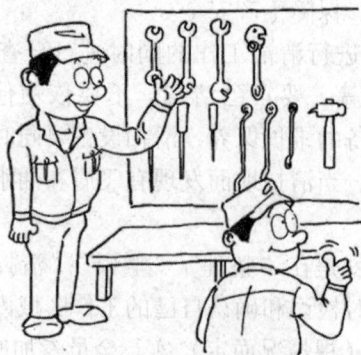

一目了然，不用花时间去找

图1-17 目视化管理

举几个例子：

（1）马路上的行车线和标识。假如马路上没有行车线和各种标识，那就太不方便了。

（2）邮筒。绿色的邮筒代表可以投递普通信件，而红色的邮筒代表可以投递紧急信件。

（3）公告栏。表示有事情传达的地方。

（4）看板或标示牌。如银行柜台窗口的标示，其标示着3号窗口，为活期储蓄。

练 一 练

1. 仓库有卡车运来320吨大米，为顺利完成该入库作业，你会选用哪些仓储设备？

2. 请对校内仓储实训室进行一次5S检查并作好记录

仓库 5S 检查表

		整理整顿			
序号	检查内容	检查标准	检查方法	检查结果	改正建议
1	办公室区域	●物品未分类杂乱放置（1分） ●尚有较多物品杂乱放置（2分） ●物品已分类，且已基本整理（3分） ●物品已分类，整理较好（4分） ●物品已分类，整理好（5分）	●现场观察 ●抽查		
2	办公桌	●有较多不使用的物品在工作台上（1分） ●有7天以上才使用一次的物品（2分） ●有较多3天以上才使用的物品（3分） ●基本为2天内使用的物品，且较整齐（4分） ●基本为1天内使用的物品，且整齐（5分）	●现场观察 ●抽查		
3	仓库现场	●产品堆放杂乱、设备、工具零乱、尚未标识（1分） ●仅有部分产品、设备、工具标识，现场仍很乱，有较多不用物品（2分） ●物品、设备、工具已标识、物品堆放、设备和工具放置基本整齐，尚有少量不用物品在现场（3分） ●物品已标识、物品堆放、设备和工具放置较整齐，基本无不用物品在现场（4分） ●符合要求（5分）	●现场观察 ●抽查		
4	公共场所	●物品堆放杂乱、设备、工具零乱、尚未标识（1分） ●仅有部分物品、设备、工具标识，现场仍很乱，有较多不用物品（2分） ●物品、设备、工具已标识、物品堆放、设备和工具放置基本整齐，尚有少量不用物品在现场（3分） ●物品已标识、物品堆放、设备和工具放置较整齐，基本无不用物品在现场（4分） ●符合要求（5分）	●现场观察等		

清洁清扫

序号	检查内容	检查标准	检查方法	检查结果	改正建议
1	公共场所	●垃圾多、无人管（1分） ●有人管、但不整洁（2分） ●基本整洁，有少量脏物（3分） ●比较整洁（4分） ●整洁、无脏物（5分）	●现场观察等		
2	办公桌（作业台）	●物品、文件、工具、台面脏乱（1分） ●物品、文件、工具、台面比较脏乱（2分） ●基本整洁（3分） ●比较整洁（4分） ●整洁（5分）	●观察现场		
3	设备工具	●脏乱（1分） ●较脏乱（2分） ●基本整洁（3分） ●较整洁（4分） ●整洁（5分）	●观察现场		
4	窗、墙面	●长久失修、也未打扫、清洁（1分） ●修理不及时、不常打扫、清洁（2分） ●基本整洁（3分） ●比较干净（4分） ●干净、明亮（5分）	●观察现场		
5	仓库	●垃圾长久未清脏乱（1分） ●较脏乱（2分） ●基本干净（3分） ●比较干净（4分） ●干净、整洁（5分）	●观察现场		

修　养

序号	检查内容	检查标准	检查方法	检查结果	改正建议
1	日常"5S"活动	●无日常"5S"活动（1分）	●查阅记录		
		●偶尔活动（2分）	●观察		
		●基本按计划活动（3分）	●座谈		
		●按计划活动，效果较好（4分）			
		●按计划活动，参与积极，效果好（5分）			
2	观念	●较多员工对"5S"无认识（1分）	●交谈		
		●认识肤浅（2分）	●考察		
		●有基本认识（3分）			
		●认识较好（4分）			
		●观念正确，行动积极（5分）			
3	行为规范	●举止粗鲁，语言不美，不讲礼貌（1分）	●观察		
		●部分员工不讲卫生，不讲礼貌（2分）	●抽查		
		●个人表现较好，团队精神较差（3分）	●座谈		
		●个人表现、团队精神较好（4分）			
		●团队精神好，个人表现好（5分）			
4	服装	●不按规定着装、衣冠不整（1分）			
		●常不按规定着装、乱戴标卡（2分）			
		●基本按规定着装、配戴标卡（3分）	●观察		
		●执行着装、戴卡规定较好（4分）			
		●坚持按规定着装、戴卡（5分）			
5	仪容	●不修边幅、又脏又乱（1分）			
		●部分员工不修边幅、脏乱、但无纠正（2分）			
		●基本整洁、精神（3分）	●观察		
		●比较注重仪容，观念较好（4分）			
		●重视仪容，观念良好（5分）			
6	人员	●工作中做和工作无关的事情（1分）	●观察		
		●工作未发现异常（5分）			

安 全

序号	检查内容	检查标准	检查方法	检查结果	改正建议
1	异常隐患	●无配备灭火设施，用电设备无管制。(1分) ●配备灭火设施，但为在规定区域内，如不在规定区域内，用电设施基本无管制（2分） ●配备灭火设施，但在规定区域内，配备不齐全，用电设施和货物大于0.5m（3分） ●配备灭火设施，在规定区域内，配备齐全，无检查有效性，用电设施和货物大于0.5m（4分） ●配备灭火设施，在规定区域内，配备齐全，及时检查有效性，用电设施和货物大于0.5m（5分）	●观察		
2	物品异常隐患	●物品随意堆放，超高超限，有造成人员及产品损失的隐患（1分） ●物品堆放杂乱，超高超限，不会造成人员损失但会有产品损失的隐患（2） ●物品堆放基本整齐，超高超限，不会有物品及人员损失的隐患（3分） ●物品堆放整齐，超高超限，不会有物品及人员损失的隐患（4分） ●物品堆放整齐，不会有物品及人员损失的隐患（5分）	●观察		
3	设备工具	●设备摆放凌乱，无保养及申请保养记录，人员随意操作（1分） ●设备有固定摆放位置，但不在区域内，无保养及申请保养记录，人员随意操作（2分） ●设备摆放在区域内，无保养及申请保养记录，人员随意操作（3分） ●设备摆放在区域内，有保养及申请保养记录，人员随意操作（4分） ●设备摆放在区域内，有保养及申请保养记录，指定人员操作（5分）	●观察		

任务三　仓库内部规划

仓库规划是指在一定区域或库区内，对仓库的总平面布局、数量、规模、地理位置和仓库内设施等各要素进行科学的规划和整体设计。合理的仓库布局应该使货物在出入库时单向和直线运行，避免逆向操作和大幅度变向的低效率运作；同时采用高效率的物料搬运设备及操作流程，以充分利用仓库的容积。在本任务中，同学们将先参观华润配送中心仓库，再绘制出校内仓储实训室平面布局图，最后完成某企业仓库的设计规划。

学习目标

最终目标：
能对仓库进行整体设计和规划

温馨提示

仓库的布局和规划是仓储业务的客观需要，其合理与否直接影响到各项工作的效率和储存物资的安全。

促成目标：
1. 能准确绘制仓库平面图
2. 了解仓库储存能力与功能区的关系
3. 能对仓库进行一般性布置与设计

任务要求

本项目将安排同学们先实地参观华润仓储中心，再以本校仓储实训室为例，利用VISIO绘图软件进行平面图绘制，从而达到学习目标。

【任务1】 参观华润配送中心仓库

苏州华润万家配送中心主要支持华东区180多家门店的货物供应，遍布苏州、无锡、江阴，并在不断扩展中，年货物进出额高达13亿元。配送中心的日出货量都在万箱以上。

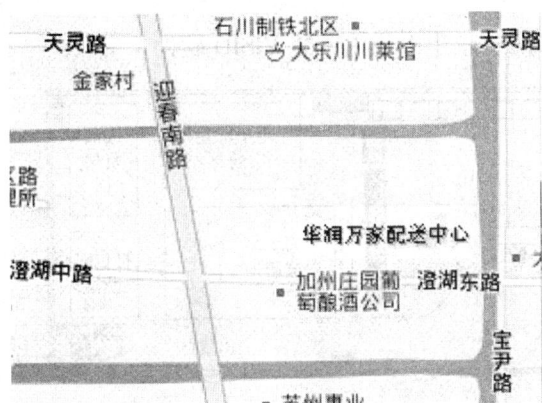

华润万家配送中心地址

1. 连锁超市配送中心的主要功能是什么?

2. 配送中心的业务流程。

3. 请简单绘制配送中心内部平面布局图。

(小) (试) (身) (手)

【任务2】 测量并绘制校内仓储实训室平面布局图

■ **任务描述** ■

完成校内仓储实训室平面布局图的绘制。

要求标示出分区，长宽尺寸比例符合实际、并在 VISIO 软件中完成作图（亦可手工绘制）。

1. 人员安排

每 6 人为一个小组，每个小组指定一名学生为组长。

2. 工具准备

各组分发 20m 皮尺、白纸、笔（学生自备）、学生电脑内预装 VISIO 软件。

图 1-17　实训室平面图

3. 学生活动

小组内部作出分工、操作间的衔接（对给出任务实施方案者加分）。

4. 任务评价

检查内容	考核标准	分值	实际得分
仓库平面布局	☞ 平面布局图绘制准确	10	
	☞ 长度测量准确	15	
	☞ 功能区与实际相符	5	
	☞ 库内设备标注正确	5	
	☞ 构图美观合理	5	
合　计		40	

实训室平面图

【任务3】 为某企业仓库布局规划

1. 背景介绍

某企业对新建仓库提出如下布局要求：

仓库内须有收货区、发货区、保管区、分拣区、流通加工区、检验区、成品暂存区、作业机械存放区，办公室各一个。

（1）保管区需存储外壳、电池、液晶屏幕、电子零配件四类产品，一个入口，两个出口。

（2）出入库口在仓库一角。

（3）收货需经过检验。

（4）办公室要靠近发收货区，并且有良好的采光。

（5）作业机械存放区在保管区旁边。

（6）避免产品回流。

（7）仓库总面积为 1800m^2。

（8）保管区面积与流通加工区面积尽可能大，其他部门面积要合理。

2. 基本参数调查

经调查研究，根据该新建仓库的规划要求和旧仓库的基本资料，有如下数据：

- 仓库总面积为 1800m^2。
- 平均出入库物料搬运成本为每件 0.05 元/件/米。
- 单位长度的年周长成本 420 元/米。
- 每月仓库平均作业量为 2500 件。
- 仓库的年成本小于 15 万元。
- 出入库站台在仓库一角。
- 配件保管区面积与流通加工区面积尽可能大，剩余部门面积合理。
- 办公室要靠近收发货区，并且有良好的采光。
- 作业机械存放区在配件保管区旁边。
- 配件保管区的出口位于上方两个三等分点处。
- 电池所需的存储单元数 2。
- 外壳所需的存储单元数 2。
- 液晶屏幕所需的存储单元数 5。
- 电子零配件所需的存储单元数 3。
- 电池的进出频率 65。
- 外壳的进出频率 75。
- 液晶屏幕的进出频率 140。
- 电子零配件的进出频率 100。
- 移动电池单位距离的费用为 0.3 元。
- 移动外壳单位距离的费用为 0.5 元。

- 移动液晶屏幕单位距离的费用为 1.2 元。
- 移动电子零配件单位距离的费用为 1.5 元。
- 从 1 号 I/O 点出货的概率为 0.3，从 2 号 I/O 点出货的概率为 0.7。

3. 仓库平面外型设计

不考虑周边环境影响，假设仓库是矩形结构，已知出入库站台在仓库一角，根据物流学家弗朗西斯（Francis）的研究模型，可以计算出仓库的最优长度为 48.55 米，宽度 37.08 米，以及在此方案下的总相关成本为 117937.78 元。

因为仓库年总相关成本小于 15 万元，故此方案合理可行。根据计算结果，得出仓库的平面外形图，如图 1-18 所示。

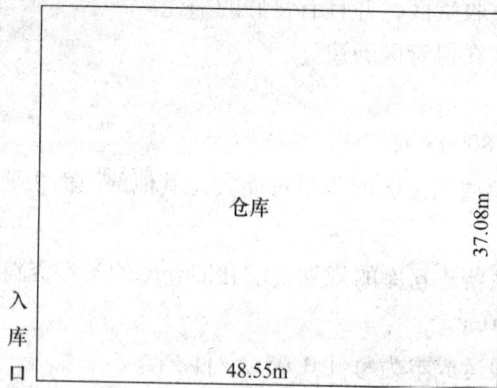

图 1-18 仓库的平面外形图

物流学家弗朗西斯（Francis）对仓库外形的研究，有如下结论：

$$W^* = \sqrt{\frac{C+8k}{2C+8k}} \cdot \sqrt{S} \tag{1}$$

$$L^* = \frac{S}{W^*} \tag{2}$$

$$TC = 2\sqrt{[(1/2)C+2k][(1/4)C+2k]}\sqrt{S} \tag{3}$$

W^*——最优宽度，m；

L^*——最优长度，m；

C——所存货物出入库的单位长度成本乘以每年货物出入库数量，元/m；

k——单位长度的年周长成本，元/m；

S——仓库占地面积，m²；

TC——最优方案下的总相关成本，元。

4. 仓库分区位置布置

利用 SPL 法，对仓库的各部门进行位置布局，使货物流程最优，从而提高仓库作业效率。

根据图 1-19 所示仓库作业区的流量比率和服务要求，对仓库作业区进行相关性分析，编制仓库作业区的相互关系图，如图 1 - 20 所示。

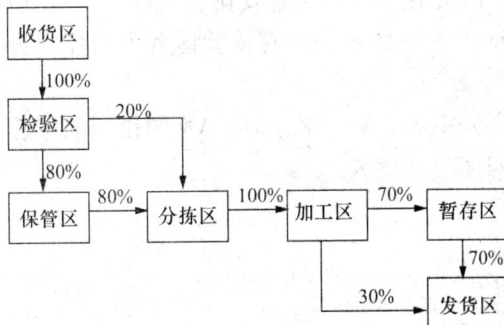

图 1 - 19 货物流程图

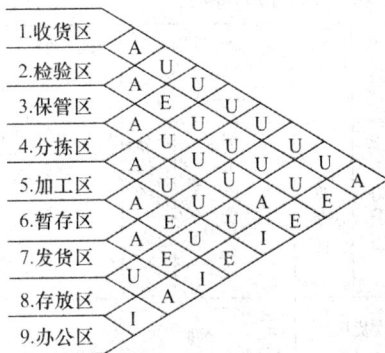

图 1 - 20 库房作业区的相互关系图

根据图 1 - 20，列出仓库作业区关系表，如表 1 - 4 所示。

表 1 - 4 库房作业区关系表

部门	A	E	I	O	U	X
1	2, 9					
2	1, 3	4, 9				
3	2, 4, 8	9				
4	3, 5	2	9			
5	4, 6	7, 9				
6	5, 7	8	9			
7	6, 9	5				
8	3	6				
9	1, 7	2, 3, 5	4, 6, 8			

(注：A 绝对必要，E 特别重要，I 重要，O 一般，U 不重要，由于 U 关系对仓库作业区排列影响很小，关系较多，故表中不列出。)

利用表 1-4，根据 SLP 布局原理，对仓库作业区进行布局。其步骤如下：

① 入库口已经确定，故先在入库口位置安排收货区。

② 选出与收货区具有 A 关系的部门，有检验区和办公室，办公室有特殊要求，先排办公室。

③ 按照与收货区和办公室为 AA、AE、AI、AX 的排列顺序选出第三部门检验区。

④ 如步骤③选出第四部门发货区。

⑤ 选出第五部门保管区。

⑥ 选出第六部门加工区。

⑦ 选出第七部门分拣区。

⑧ 选出第八部门暂存区。

⑨ 选出第九部门存放区。

依据部门实际面积进行排列，得出布局图。

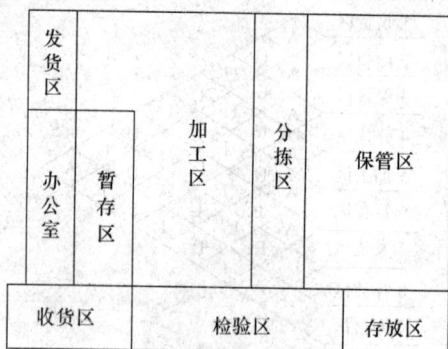

布局图

5. 配件保管区的布局

物品存储不合理，会浪费大量的资金，还会影响生产作业的效率，因此，物品存储的合理化势在必行。图 1-21 是保管区布局示意图，A、B 是出口。

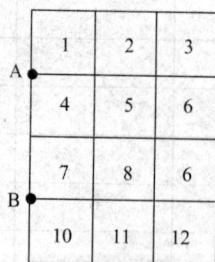

图 1-21 保管区布局示意图

根据图中的布局示意和调查所得基本参数，利用 COI 原则，规划外壳、电池、液晶屏幕、电子零配件四类产品的存储位置。步骤如下：

（1）计算各个存储位置的 w_j：

$$
\begin{array}{l}
j\ (\ 1\quad 2\quad 3\quad 4\quad 5\quad 6\quad 7\quad 8\quad 9\quad 10\quad 11\quad 12\ )\\
w_j\ (2.4\ \ 3.4\ \ 4.4\ \ 1.7\ \ 2.7\ \ 3.7\ \ 1.3\ \ 2.3\ \ 3.3\ \ 1.6\ \ 2.6\ \ 3.6\ )
\end{array}
$$

（2）将这些数据按从小到大的顺序排列，得到：

$$j \begin{pmatrix} 7 & 10 & 4 & 8 & 1 & 11 & 5 & 9 & 2 & 12 & 6 & 3 \\ 1.3 & 1.6 & 1.7 & 2.3 & 2.4 & 2.6 & 2.7 & 3.3 & 3.4 & 3.6 & 3.7 & 4.4 \end{pmatrix}$$

（3）把 $\dfrac{Cf_i}{S_i}$ 的值按照由大到小的顺序排列，得

到（46.47，33.6，18.75，9.75），相应货物为电

子零配件、液晶屏幕、外壳、电池。

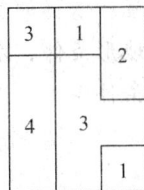

图 1-22　保管区空间分配
1—外壳；2—电池；3—液晶屏幕；4—电子零配件。

（4）电子零配件放在保管区的 4、7、10；

　　液晶屏幕放在保管区的 1、5、8、9、11；

　　外壳放在保管区的 2、12；

　　电池放在保管区的 3、6。

从而得到保管区的最佳空间分配如图 1-22 所示。

6. 结论

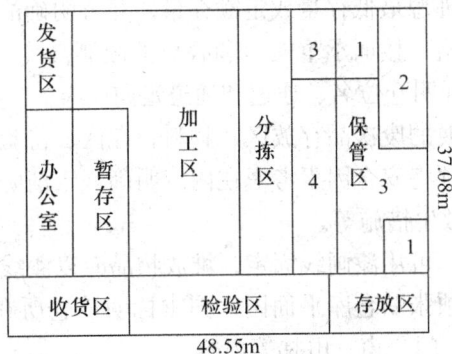

知识库

一、明确仓库区位规划的要素

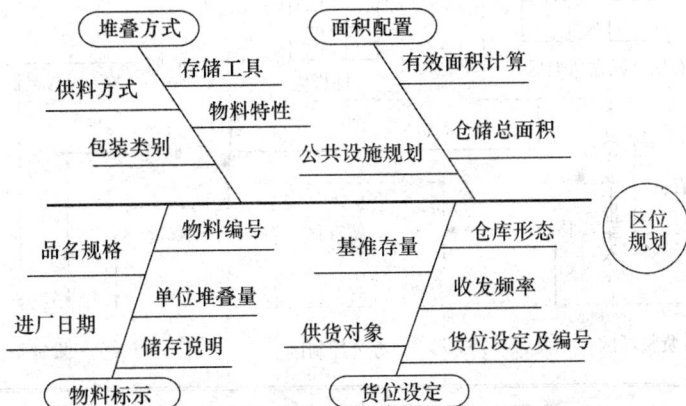

小看板

总平面布置所依据的主要资料有：储存物的品种、规格、数量，建设地区的铁路和公路分布情况，地形条件，水、电供应条件，当地气象资料，采取的装卸搬运手段，消防及安全要求协作条件等。

二、仓库区位的规划设计应满足条件

（1）库区要与生产现场靠近，通道顺畅。

（2）仓库要有相应的进仓门和出仓门，并有明确的标牌。

（3）仓库的办公室尽可能地设置在仓区附近，并有明确的标牌。

（4）测定安全存量、理想最低存量或定额存量，并有明确的标牌。

（5）按储存容器的规格、楼面承重能力和叠放的限制高度，将库区划分成若干仓位，并用油漆或美纹胶在地面标明仓位名、通道和通道走向。

（6）库区内要留有必要的废次品存放区、物料暂存区、待验区、发货区等。

（7）进行库区设计时须将安全因素考虑在内，明确规定消防器材放置的位置、消防通道和消防门的设置方式和救生措施等。

（8）货位布置应明显，可用漆画线固定，堆放物品时以漆线为界。

（9）仓库的进门处，须张贴仓库平面图，图中标明该仓所在的地理位置、周围环境、仓区仓位、仓门各类通道、门、窗、电梯等内容。

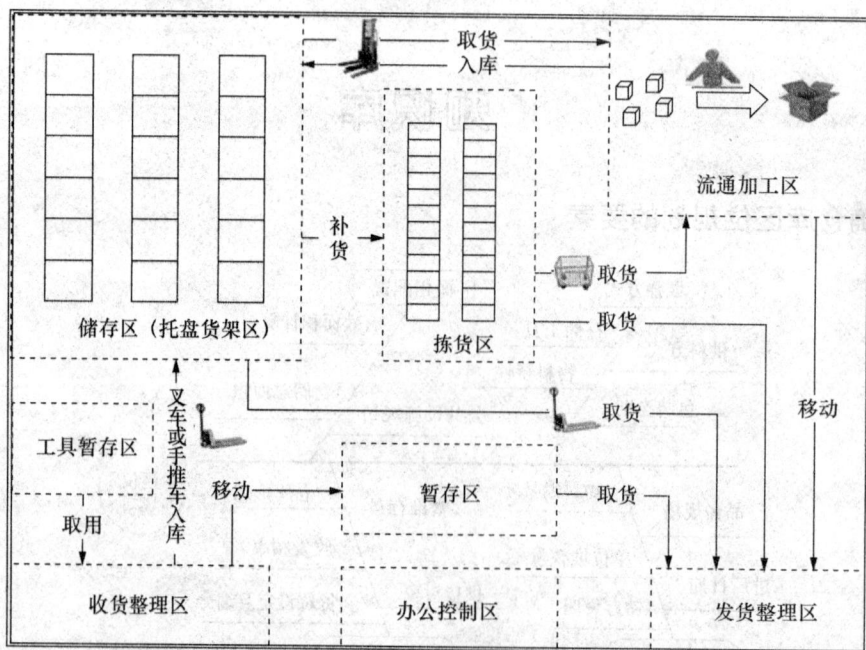

图1-23 某企业仓库作业区的布局

三、仓库分区分类存放原则

物资有其独特的物理、化学特性，对储存环境也有不同的要求。如有毒、易爆等危险物资，就要专品专库，防止产生不良后果；而有些物资需要做好防水、防尘、防爆、防潮、防腐等防护措施，以免物资损坏或变质。

因此，应对企业所有物资进行分析，归纳分类，然后再进行分类储存，如毒品仓、易燃易爆品仓、工具仓、办公用品仓、常用物资仓等。常用物资仓又可分为原材料仓、半成品仓、成品仓。

四、如何对货位编号

货位安排好之后，需要进行编号。编号应按下列原则测进行：

1. 唯一原则

即库存所有物品都有自己唯一的编号，号码不能重复。

2. 系列化原则

编号要按物品分类的顺序分段编排。物品的编号不是库存物品的一般顺序号，而是运用物品分类的分段顺序号。编号的分段序列应符合物品在分类目录中的分段序列。

3. 实用性原则

编号应尽量简短，便于记忆及使用方便。

4. 通用性原则

编号要考虑各方面的需要，使物品的编号既是货位编号，又是储备定额的物品编号，也是材料账的账号，也可以是电脑的物品代号。

货位编号具有广泛的用途。由于货位按分类序列编号，知道了编号就知道了该物品的位置，存取方便，即使不是本库专职人员，也能很快找所指物品。保管人员和会计人员按出入库单据的物品编号可准确记入实物账和会计账，可减少和消除账物不符的现象。

小看板

一个仓库有许多货架，每个货架有许多货格，作为存货的货位。可先按一个仓库内的货架进行编号，然后再对每个货架的货位按层、列进行编号。常采用的是"四位定号"，即第一位，表示库序号；第二位，表示货架号；第三位，表示货架层号；第四位，表示货架列号；顺序通常从下到上，从左到右，从里到外。例如 5 - 3 - 2 - 11 就是指 5 号库房，3 号货架，第 2 层，第 11 列货位。

五、仓库面积的组成和计算

（一）实用面积

实用面积指仓库中货垛或货架占用的面积。实用面积的计算主要有 3 种方法。

（1）计重物品就地堆码。实用面积按仓容定额计算，公式为：

$$S_实 = Q / N_定$$

式中，$S_实$——实用面积，m^2；

　　　Q——该种物品的最高储备量，t；

　　　$N_定$——该种物品的仓容定额，t/m^2。

仓容定额是某仓库中某种物品单位面积上的最高储存量，单位是 t/m^2。不同物品的仓容定额是不同的，同种物品在不同的储存条件下其仓容定额的大小受物品本身的外形、包装状态、仓库地坪的承载能力和装卸作业手段等因素的影响。

（2）计件物品就地堆码。实用面积按可堆层数计算，公式为：

$$S_实 = 单件底面积 \times \frac{总件数}{可堆积层数}$$

（3）上架存放物品。上架存放物品要计算货架占用面积，公式为：

$$S_实 = \frac{Q}{(l \cdot b \cdot h) \cdot k \cdot r} \cdot (l \cdot b) = \frac{Q}{h \cdot k \cdot r}$$

式中，$S_实$——货架占用面积，m^2；

　　　Q——上架存放物品的最高储备量，t；

　　l, b, h——货架的长、宽、高，m；

　　　k——货架的容积充满系数；

　　　γ——上架存放物品的容重，t/m^3。

（二）有效面积

有效面积是指仓储作业占用面积，包括实用面积、通道、检验作业场地面积之和。计算方法主要有以下几种：

（1）比较类推法。比较类推法以现已建成的同级、同类、同种仓库面积为基准，根据储量增减比例关系，加以适当调整来推算新建库的有效面积。公式为：

$$S = S_0 \cdot \frac{Q}{Q_0} \cdot k$$

式中，S——拟新建仓库的有效面积，m^2；

S_0——参照仓库的有效面积，m^2；

Q——拟新建仓库的最高储备量，m^3；

Q_0——参照仓库的最高储备量，m^3；

K——调整系数（当参照仓库的有效面积不足时，$k>1$；当参照仓库的有效面积有余时，$k<1$）。

（2）系数法。系数法是根据实用面积及仓库有效面积利用系数计算拟新建仓库的有效面积。公式为：

$$S = \frac{S_实}{\alpha}$$

式中，S——拟新建仓库的有效面积，m^2；

$S_实$——实用面积，m^2；

α——仓库有效面积利用系数，即仓库实用面积占有效面积的比重，一般为0.4~0.6。

（3）直接计算法。直接计算出料垛和料架占用的面积、通道占用的面积、收发料区的面积等，最后相加求出总和。即：

$$S = S_1 + S_2 + \cdots + S_n$$

小看板

影响仓库面积的因素：

☞ 物资储备量。是指仓库根据需要量核定的物资经常储备量、保险储备量和季节性储备量等。

☞ 平均库存量。是指在一定时期内平均在库实际储存的数量。平均库存量的多少决定需要储存面积的大小。

☞ 物资年供应量。

☞ 物资品种数。

☞ 平均在库时间。

☞ 仓库作业方式。

☞ 仓库设备。

㊀ ㊙ ㊍ ㊐

仓库面积的计算方法有:
☞ 比较类推法
☞ 系数法
☞ 直接计算法

六、VISIO 软件操作 (可参阅 VISIO 简明操作手册)

㊋ ㊎ ㊗ ㊙

仓库的物流动线

仓库内物流动线主要包括 I 型、L 型、U 型。先要明白当我们定义一个仓库动线为 U 型时,并不是指该仓库的建筑外型呈 U 型,而是指其内部运作流程呈 U 型,特别是货物的流向。

(1) I 型

I 型布局拥有独立的出、入货台,分别分布在物流中心的两旁,直入直出,见图 1 - 23。由于 I 型布局的运作流向是呈直线型的,各运作动线平行性进行,因此无论是人流或是物流,相互的碰撞交叉点相对来说是最少的,可降低操作人员和物流搬运车相撞的可能性。

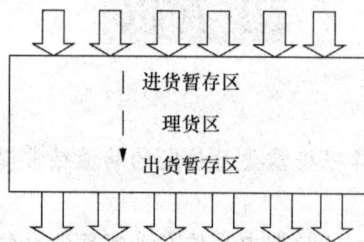

图 1 - 23 I 型动线流程

I 型布局存在的最大问题是出、入货台相距甚远,增加货物的整体运输路线,降低效率,但是由于直线型的流程较为简单,操作人员比较容易适应,可以弥补该方面的不足。此外,由于出、入货台分布在物流中心的两旁,需最少两队保安小组负责两个货台的监管,增加了人员投入及运作成本。

I 型布局特别适合一些快速流转的货物,进行集装箱或是货物转运业务。目前,I 型布局并不多,香港国际货运中心 (HIDC) 的日通、华记、新兴物流,香港机场货运中心 (AFFC) 内智傲物流,以及深圳盐田港美集物流等的物流中心都属于此类型。

（2）L型

需要处理快速货物的物流中心通常会采用L型的概念设计，把货物出入物流中心的途径缩至最短，货物流向呈L型，见图1-24。L型布局与I型布局有些类似，同样拥有两个独立货台、较少碰撞交叉点、适合处理快速流转的货物。

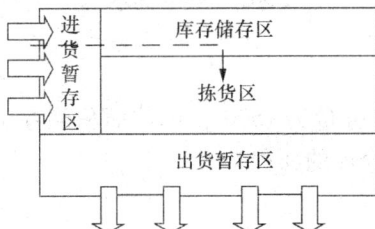

图1-24 L型动线流程

L型布局存在的限制之一是除了L型流向范围内的货物外，其他功能区的货物的出入效率会相对地降低。因此，采用这种类型的物流中心通常是同时处理"快流"及"慢流"的货物，把"快流"的货物储存在L型流向范围内，把"慢流"的货物储存在L型流向范围外，按货物的搬运频率有效利用物流中心内的各功能区。

这种类型的物流中心特别适合进行交叉式作业（cross-docking），处理一些"即来即走"或是只会在物流中心停留很短时间的货物。L型的物流中心在国内就比较常见，如深圳嘉里盐田港物流中心、苏州华润万家配送中心。

（3）U型

U型布局的设计概念主要来自高速公路的循环运输线，该类型物流中心的出、入货台会集中在同一边，见图1-25。U型物流中心各功能区的运作范围经常重叠，交叉点也比较多，降低运作效率。

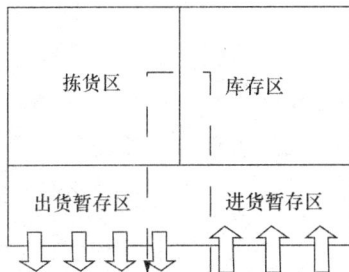

图1-25 U型动线流程

另外，由于进出物流中心的货物在同一个货台上进行收发，容易造成混淆，特别是在繁忙时段及处理类似货物的情况下。解决的方法可以是组建不同操作人员小组，分别负责货物出、入物流中心事宜。可是这样一来，由于货物出入物流中心的繁忙时段可能会有不同，因此极可能产生另一个问题，就是不能有效充分利用人力资源。

由于U型布局的出、入货台集中在同一边，只需在仓库其中一边预留货车停泊及装卸货车道，一方面，可以更有效利用物流中心外围空间；另一方面，也可以集中货台管理，减少货台监管人员数目。

合理的动线应考虑如何结合及提高物流中心内部各功能区及货物流向的有效性，尽量简化物流中心的运作程序，降低货物损坏率，提高运作效率。

练一练

1. 新建一库房，最高储备务量为1500t，单位面积储存定额为3t/m²稳定，仓库有效面积利用系数为0.5，求新建仓库的面积？

2. 某一配送中心准备建一综合型仓库，计划采用两种储存方法：一种是就地堆码，其货物的最高储存量为1200t，已知这种货物的仓容定额是5t/m²；另一种是上货架储放，其货物最高储存量为630t，货架长8m、宽1.5m、高4m，货架容积充满系数为0.7，上架存放货物的单位质量是150kg/m³，若该库的面积利用系数是0.5，则设计此仓库的有效面积是多少？使用面积是多少？

3. 规划图绘制

（1）某物流公司接到一项物流业务，需将200台冰箱暂时存放在该公司的仓库中。据知，冰箱包装体和长0.8m，宽0.7m，高1.8m，毛重70kg，净重68kg，长的方向向上。库房地坪单位面积载荷为2t，包装的承压能力为150kg。可用高度为4.5m，可堆面积长30m，宽30m，试确定该批冰箱的储存方法和至少需要多少面积，并画出堆码平面图（提示：冰箱不可以放倒）。

（2）书店今日到货 7800 包书籍，每包书的外形尺寸是 30cm×30cm×30cm，外包装上的堆码极限为 10 层，至少需要为该批书准备多少平方米的货位？

附录：

附表1：教师评整体项目

项目评价表	项目名称		时间：
	课程名称		项目承接人
评分内容	标准分值	小组评分20%	教师80%
制定项目作业计划			
是否制定项目实施方案	5		
实施方案是否合理	3		
确定项目内容与方案			
是否确定了问题和解决问题的方案	5		
是否考虑了安全和劳动保护措施	3		
是否考虑环保及文明施工措施	3		
明确项目实施过程与步骤			
实施步骤是否正确	3		
是否安全文明作业	3		
是否独立完成工作任务	5		
是否在规定时间内完成	5		
本项目各任务得分（60）：			
任务1			
任务2			
本人对项目编练的评价			
请描述本项目的优点			
（1）	2		
（2）			
（3）			
有待改进之处			
（1）	3		
（2）			
（3）			
总分	100		
项目组员签名		班组长签名	教师签名

附表 2：教师评学生

学生评价表		被评价学生	
项目名称		评价时间	
评价项目	评价标准/内容	评价结果	
出勤情况 （共 5 分）	（5 分）很好，无缺席和迟到早退 （4 分）较好，有请假，没有无缺席 （3 分）一般，没有无故缺席，但有迟到早退 （2 分）较差，有无故缺席，有迟到早退 （1 分）很差，经常无故缺席，迟到早退		
遵章守纪 （共 5 分）	做到一点得 1 分，本项目计分求和： ▲不离岗、不串岗 ▲安全作业、规范操作 ▲安静作业、轻声交流不喧哗 ▲听从指导老师意见 ▲按时下课、不提前退场		
团队合作 （共 5 分）	（5 分）很好，工作积极，主动承担艰苦工作 （4 分）较好，积极参加工作，与同事合作，服从分配 （3 分）一般，参加工作，但不够主动积极，偶有不合作 （2 分）较差，有时不参加工作，有时不与同事合作，有时不服从分配 （1 分）很差，经常不参加工作，不与同事合作，不服从分配		

附表 3：学生互评表

项目名称							

评价人：		班级：	学号：		时间：		

评价内容	评价标准	组员姓名				
		1	2	3	4	5
团队合作	（5分）团队荣誉至上，主动承担艰苦工作 （4分）积极参加工作，与同事合作，服从分配 （3分）参加工作，但不够主动积极，偶有不合作 （2分）有时不参加工作，有时不与同事合作，有时不服从分配 （1分）经常不参加工作，不与同事合作，不服从分配					
遵章守纪	做到一点得1分，本项目计分求和： ▲服从组内任务安排 ▲不离岗、不串岗 ▲安全作业、规范操作 ▲安静作业、轻声交流不喧哗 ▲按时下课、不提前退场					

附表 4：学生自评表

项目名称						

自评人：		班级：	学号：		时间：	

评价内容/标准	好	较好	一般	较差	差
	5分	4分	3分	2分	1分
1. 我愿意参加组内合作活动					
2. 我能自觉遵守活动时间和活动规则					
3. 我能明确自身角色和职责					
4. 我能积极表达自己的观点					
5. 我能尊重并保留其他成员的观点和意见					
6. 针对不同意见和观点，我能够与组员进行讨论					
7. 我愿意帮助其他组员完成某项任务					
8. 在互助中我们共同完成预期任务					

项目二
保税仓储作业

　　保税仓储是指经海关批准设立的专门存放保税货物及其他未办结海关手续货物的仓库。由于高度的保密性和严格的审查制度，使得外界对保税仓储了解不多。通过本项目学习，实现以下目标。

温馨提示

　　许多城市都设有保税中心、保税仓库，其实它和我们熟知的普通仓库并没有实质性的差别，我们来对它的作业方式看个究竟，同时帮助您实现以下目标！

最终目标：
能熟练完成保税仓内操作业务
促成目标：
1. 能熟练操作保税仓入库作业
2. 能熟练操作保税仓在库作业
3. 能熟练操作保税仓出库作业

保税仓储企业资料

【公司简介】

苏州新宁公共保税仓储有限公司是经海关批准成立的专门从事进口保税货物及外商暂存货物仓储及相关配套服务的专业公司。

公司成立于成立于 2004 年 4 月，总投资为 142 万美元。

公司坐落于苏州高新区，库区内配有 10000 多平方米的货架。现有普通仓库 2 个，恒温仓库 1 个。

保税仓存储货物品种已达数千余，其中有供给名硕、佳能、亚旭、冠捷、罗技等大型电子类企业的众多供应商。

【组织结构】

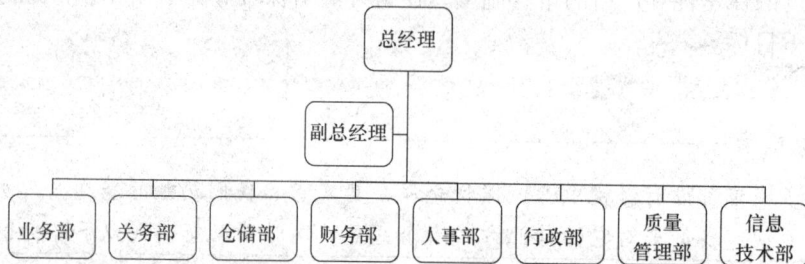

【业务功能】

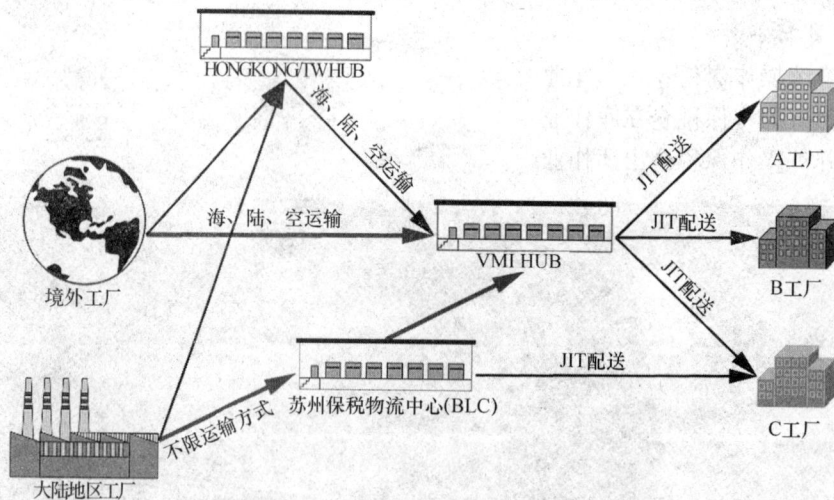

任务一　保税仓入库作业

　　仓储管理工作的一项重要内容就是入库业务的管理，入库是仓储工作的第一步，标志着仓储工作的正式开始。入库业务的水平高低直接影响到整个仓储作业的效率与效益，因此提高入库业务的管理水平十分重要。入库业务的工作内容主要包括货物的入库准备、入库手续、货物的检验、理货以及对搬运装卸合理化的管理。通过本任务的训练，达到如下目标。

学习目标

最终目标：

能熟练操作保税仓入库作业

促成目标：

1. 熟悉入库各环节
2. 能准确合理验收入库货物
3. 能正确填制入库单

资料卡

　　由于仓库不同、货物不同以及业务性质不同，入库准备工作会有所差别，因此需要根据具体情况和仓库制度做好充分准备。

任务要求

　　新宁保税仓储部从业务部获悉，某 VMI 供应商将有一批电子料件经海关报关入库，仓储部应对此作好安排以顺利接收货物。

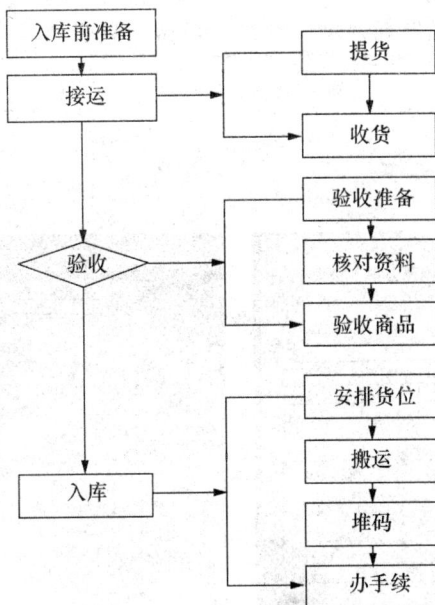

图 2-1　物资入库步骤

【任务实施】

企业实战

【出场人员】

仓库文员　　　理(收)货主管　　　理(收)货员　　　驾驶员　　　叉车工

【环节1】货物进仓前的准备

文员签收并整理关务、业务所提供的入库资料，将预入库货物信息输入《货物入库一览表》。在货物入库前打印《货物交付凭证》，连同入库资料、《货物入库一览表》一同交理货主管。

小看板

仓储管理者应定期同货主、生产厂家以及运输部门进行联系，了解将要入库的货物情况，如货物的品种、类别、数量和到库时间，从而做好货物入库准备工作。

温馨提示

商品验收工作是一项技术要求高，组织严密的工作，关系到整个仓储业务能否顺利进，所以必须做到及时、准确、严格、经济。

企业资料

图2-2　货物交付凭证　　　　　　图2-3　入库一览表

预入库资料包含：箱单、发票、提单、交付凭证、预入库一览表。

YOSUN 友尚股份有限公司
YOSUN INDUSTRIAL CORP.
Heartiest Service With Total Solution

台北市114内湖区堤顶大道二段489号9楼
9F, NO.489, TIDING AVE., SEC. 2, NEI HU, TAIPEI, TAIWAN
TEL:+886-2-2659-8168 +886-2-2659-8166
FAX:+886-2-2659-8167

COMMERCIAL INVOICE

PAGE: 1 / 1
Ref No: 16118C

BILL TO:
UNIHAN CORPORATION
NO. 150, LIDE RD., BEITOU DISTRICT, TAIPEI CITY 112, TAIWAN
TEL:512-6661-6188 EXT.67378
ATTN:宋佩妹

SHIP TO:
UNIHAN CORPORATION
NO.515 Zhujiang Road, Suzhou New District, JIANGSU, P.R.C
TEL:512-6661-6188 EXT.67377
ATTN:宋佩妹

FROM: C.K.S AIRPORT
FINAL DESTINATION: SUZHOU

COMMERCIAL INVOICE NO: CI211018100
DATE: 16-Jun-2011
CARRIAGE TERM: DDU
PAYMENT TERMS: OA 60 DAYS
CURRENCY: USD
L/C NO:
L/C DATE:
ISSUING BANK:
C/O: DESTINATION SUB:
                         null
                         null

REMARK:
VU0D-35110PCS

ITEM	PART NO	CATEGORY	CUSTOMER P/N	PO NO.	QUANTITY	UNIT PRICE	AMOUNT(USD)
	SAMSUNG BRAND						
1	K4T1G164QF-BCF7000	I.C.	0315-00NU000	0102106890	14,341 PCS	1.60000	22,945.60
2	K4T1G164QF-BCF7000	I.C.	0315-00NU000	0102158548	20,769 PCS	1.60000	33,230.40
				TOTAL	35,110 PCS	USD	56,176.00

YOSUN INDUSTRIAL CORP

Anton Liu

YOSUN GROUP

图 2-4 商业发票

YOSUN 友尚股份有限公司
YOSUN INDUSTRIAL CORP.
Heartiest Service With Total Solution

台北市114内湖區瑞光大道二段489號9樓
9F, NO.489, TIDING AVE., SEC. 2, NEI HU, TAIPEI, TAIWAN
TEL:+886-2-2659-8168 +886-2-2659-8166
FAX:+886-2-2659-8187

PACKING LIST(DELIVERY NOTE)

PAGE: 1 / 1

BILL TO:
UNIHAN CORPORATION
NO. 150, LIDE RD., BEITOU DISTRICT, TAIPEI CITY 112,
TAIWAN
TEL:512-6661-6188 EXT.67378
ATTN:朱傑妹

SHIP TO:
UNIHAN CORPORATION
NO.515 Zhujiang Road, Suzhou New District, JIANGSU, P.R.C
TEL:512-6681-6188 EXT.67377
ATTN:朱傑妹

FROM: C.K.S AIRPORT
FINAL DESTINATION: SUZHOU
REMARK:
VU0D→35110PCS
DOCUMENTS:
CI211018100

PACKING LIST NO: PL211735169
COMMERCIAL INVOICE NO: CI211018100
DATE: 16-Jun-2011
L/C NO:
L/C DATE:
ISSUING BANK:
C/O:
null
null

PACKAGE	PART NO CTM PO NO	CUSTOMER P/N	COUNTRY OF	QUANTITY	NET WET.	GROSS WET.
1	K4T1G164QF-BCF7000 0102106890	0315-00NU000	S. KOREA	700 PCS* 1(41*41*27)	3.39KGS	4.10KGS
2	K4T1G164QF-BCF7000 0102106890	0315-00NU000	CHINA	1,247 PCS* 1(41*41*27)	3.08KGS	3.88KGS
3	K4T1G164QF-BCF7000 0102106890	0315-00NU000	CHINA	2,408 PCS* 1(41*41*27)	9.70KGS	10.50KGS
4	K4T1G164QF-BCF7000 0102106890	0315-00NU000	S. KOREA	2,448 PCS* 1(41*41*27)	7.84KGS	8.64KGS
5	K4T1G164QF-BCF7000 0102106890	0315-00NU000	CHINA	3,785 PCS* 1(41*41*27)	10.10KGS	10.90KGS
6	K4T1G164QF-BCF7000 0102158548	0315-00NU000	CHINA	1,367 PCS* 1(41*41*27)	10.10KGS	10.90KGS
6	K4T1G164QF-BCF7000 0102106890	0315-00NU000	CHINA	3,753 PCS* 1(41*41*27)		
7	K4T1G164QF-BCF7000 0102158548	0315-00NU000	CHINA	5,120 PCS* 1(41*41*27)	10.30KGS	11.10KGS
8	K4T1G164QF-BCF7000 0102158548	0315-00NU000	S. KOREA	5,120 PCS* 1(41*41*27)	10.70KGS	11.50KGS
9	K4T1G164QF-BCF7000 0102158548	0315-00NU000	CHINA	5,120 PCS* 1(41*41*27)	10.20KGS	11.00KGS
10	K4T1G164QF-BCF7000 0102158548	0315-00NU000	CHINA	4,042 PCS* 1(41*41*27)	9.90KGS	10.70KGS
10 CARTONS				35,110 PCS	85.31KGS	93.22KGS

Goods Received By
收貨人簽章

Packed By
出貨人簽章

ANONYMOUS
2011-06-16

本包装货物如数同正式送货單据，請於收货清點驗明後，以送货公司人員取回送货公司委任人員签字及或加盖贵公司印签收后，並交由送货人員取回，货經签收後，請自行异货主處理後續事宜，如有遗失不負，典出货人關渉。

YOSUN INDUSTRIAL CORP

Anlon Liu

YOSUN GROUP

图 2-5 箱单

【环节 2】货物入库验收

1. 理货主管通知理货员收货。

2. 理货员按件数清点入库货物，检查货物外观是否破损、变形、受潮及倾斜等异常情况。如有，必须详细将其记载在《货物交付凭证》上，并将异常情况现场拍照取证，由驾驶员签字确认。工作现场一旦发生异常情况，理货员必须及时反馈给主管、相关业务员并进行追踪落实。

验收流程：

（1）收货员接到主管的货物入库通知后，带上预入库资料及收货工具（大水笔、笔、计算器、手电筒、数码相机、工具刀）至卸货码头收货。

（2）核对提单号码，确认运输方式。

收货员核对实物上提单号与《预入库一览表》上提单号码是否一致，依据《交付凭证》上注明确认运输方式（海运、空运或陆运）。

若为海运货物，收货员要求送货司机提供海关开封联系单，收货员依据开封联系单核对送货集装箱号，若有异常需反馈主管，并按主管指令处理（海关开封联系单由报关公司填写后交送货司机，再由送货司机提供给司收货人员）。

（3）打开车厢，确认货物是否有异常。

收货员打开车厢，查看车厢内货物是否有异常（如货物整体倾斜、车厢潮湿、物外箱打开、塑胶粒外包破损）。

如发现上述异常状况，收货员必须现场拍照，并上报主管后依据主管指导意见作业，不能擅自处理。收货员拍照时注意连同车厢一同拍照，照片要清晰，重点突出异常状况。

（4）将货物移出车厢。

若为托盘装货物，收货员要求叉车驾驶员将货物叉出车厢，放置在验收区域。

若为散装货物，收货员要求送货驾驶员或搬运工将货物搬出车厢，放置在收货员指定区域，货物摆放要求如下：

① 货物要摆放在托盘上，不能直接放在地上。

② 变形、破损、受潮等异常货物要单独摆放。

③ 摆放时按货物外箱标示方向放置，不得倒放，货物标签朝外。

（5）核对货物提单号、分单号。

收货员核对实物提单号、分单号与货物交付凭证上是否一致，如不一致，必须报告给主管，由主管通知相关业务员。收货员听指令操作，不可擅自做收货动作。

（6）核对货物件数，确认是否有异常。

收货员需仔细核对实物件数是否与《交付凭证》上一致，逐件查看货物外小箱四周是否有异常。散货检验每箱货物，托盘检查托盘外层货物。异常状况一般包括破形、受潮、倾斜、货物外箱打开、溢短装等。

（7）异常货物处理。

针对异常货物，收货员需要作如下处理：

将异常状况、件数如实记录在《交付凭证》上，请送货司机签字确认，注意检查司机签字是否易于识别，如签字模糊，要求重签。

向收货司机索要破损报告。

若送货司机有单证要求我司收货员签收确认，收货员需要在该单证上注异常状况及件数，并签字确。

（8）填写《交付凭证》，双方确认。

收货员于《交付凭证》上详细记载异常情况，并请送货司机签字确认，要求双方字体必须清晰、易辨认。

（9）验收完毕，货物移至入库理货区，单证交主管。

收货员在货物外箱上用大水笔标明保税号（保税号是新宁仓储公司自编的用于记载每一票业务的流水号），将货物移到入库理货区域。

小 试 身 手

■ 任务描述

［新宁保税仓库］接收一票电子产品入库作业：

Description of Goods	Quality（pcs）
片式铝电解电容器 070780 – CW 1B04 – 00AA1SJ	56,000
片式铝电解电容器 127111 – J 1B09 – 005V1SJ	79,000
片式铝电解电容器 129971 – J 1B09 – 004J1SJ	83,000

要求：小组完成入库过程中的卸货、查点、验收、办理入库手续操作。就入库货物分别在数量、包装破损方面分别故意设错，要求小组收货人员在验收中发现问题并记录于入库单。理货人员将这批物料按指定库位上架后，填写物料卡。最终记录各组完成时间及入库准确性。

一、活动须知

1. 人员安排

每 6 人为一个小组，每个小组指定一名学生为组长。

2. 工具准备

托盘搬运车、托盘、纸箱 30 个、箱单、发票、空白入库单（含异常记录）、空白格式物料卡。

3. 学生设计

设计内容包括人员分工、操作流程。

二、活动步骤

第一步：明确工作任务

保税仓入库工作任务书

工作任务			课时	
班级：	组长：		组员：	
任务目标				
任务描述				
相关资料及资源				
工作成果				
注意事项				

第二步：任务分配

对任务进行分解，组内讨论进行任务分配，填表如下：

保税仓入库作业任务分配表

任务分解	组员分工
入库前准备作业	作业组共____人，其中： 作业计划____人： 文件单据准备____人： 工具设备准备____人： 其他：
验收作业	作业组共____人，其中： 验收工具准备____人： 资料验收____人： 质量检验____人： 数量检验____人： 单据处理____人： 其他：
组托作业	作业组共____人，其中： 托盘堆码____人： 组托方式选择____人： 条码制作____人： 其他：
上架作业	作业组共____人，其中： 条码扫描____人： 搬运工____人： 叉车工____人： 单据处理____人： 其他：

第三步：任务说明

任务1：入库前准备作业

1. 制订入库作业计划

（1）熟悉入库货物状况。

（2）全面掌握仓库库场情况。

（3）妥善安排货位。

（4）制订仓储计划。

（5）设定装卸搬运工艺。

2. 入库准备作业

（1）人力准备。

（2）文件单据准备。

（3）工具设备准备。

（4）作业条件准备。

任务2：验收作业

1. 引导车辆进入月台

2．核对实物与预入库单的一致性

核对货物数量、编号和交货期。

3．检查货物

检查外包装、规格；酌情进行抽样拆箱检查。

4．清点货物数量

（1）清点样品箱内货物数量，确认无误后，将样品放回包装箱内。

（2）清点托盘上整件货物数量。

①实际交货数量与交货通知单上的数量比较。

②实际交货数量与预入库单上的数量比较。

5．检验无误后，签收送货单

6．货箱标记

（1）做已验标记。

（2）标记该托盘货物数量。

（3）标记入库储位号。

任务3：组托作业

1．确定组托码放的方式

结合货物及托盘尺寸，确定组托码放方式。

2．确定托盘紧固方法

3．进行堆码作业

4．用条码扫描仪扫描货物条码和托盘条码

任务4：上架作业

1．获取储位安排

2．入库交接

进库员与保管员共同查看货单是否一致；如一致，则签验收确认；如不一致，查找原因。

3．上架操作

（1）叉车司机根据储位安排将托盘放入对应储位；

（2）叉车司机用条码扫描仪扫描托盘条码；

（3）叉车司机用条码扫描仪扫描货位条码。

如果放托盘时发现储位非空，则要求保管员立即查找储位异常原因，及时纠正。

4．上架后的确认

叉车司机和保管员使用条码扫描仪查询该储位的数据信息，再次确认入库的正确性。

三、任务评价

检查内容	考核标准	分值	实际得分
保税仓入库作业	按正确流程完成入库作业	5	
	验收发现问题（数量与包装）	5	
	入库单填制正确	5	
	物料卡填写正确	5	
合　计		20	

知识库

主要实践知识

一、入库前准备

仓库管理人员根据仓储合同、入库单或入库计划及时进行库场准备，保证物资按时入库。入库准备通常由仓库主管、仓管员和搬运设备作业人员分工合作，共同做好。

1. 熟悉各种需入库物资的状况

仓库管理人员需了解入库物资的品种、规格、数量、包装状态、单体体积、到库确切时间、物资存期、物资的理化特性以及保管的要求，精确、妥善地进行库场安排、准备。

2. 全面掌握仓库库场情况

了解物资入库期间、保管期间仓库的库容、设备、人员的变动情况，安排好工作。必须使用重型设备操作的物资，要确保可使用设备的货位。必要时对仓库进行清查，清理归位，以便腾出仓容。

3. 仓储计划的制定

根据物资情况、仓库情况、设备情况，仓库管理人员制定出仓储计划，并将计划下达到各相应的作业人员。

4. 妥善安排货位

根据入库物资的性能、数量和类别，结合仓库分区分类保管的要求，核算货位的大小，根据货位使用原则，严格验收场地，妥善安排货位，确定苫垫方案及堆垛方法等。

5. 合理组织人力

根据入库物资的数量和时间，安排好物资验收人员、搬运堆码人员以及物资入库工作流程，确定各个工作环节所需要的人员和设备。

6．做好货位准备

彻底清洁货位，清除残留物，清理排水管道（沟），必要时安排消毒、除虫、铺地。详细检查照明、通风等设备，发现损坏及时通知修理。

7．苫垫材料、作业用具的准备

在物资入库前，根据所确定的苫垫方案，准备相应材料以及所需用具，并组织衬垫铺设作业。

8．准备好验收工具

理货人员根据物资情况和仓库管理制度，确定验收方法。准备验收所需的点数、称量、开箱装箱、丈量、移动照明等工具和用具。

9．装卸搬运工艺设定

根据物资、货位、设备条件和人员等情况，合理科学地制定装卸搬运工艺，保证作业效率。

10．文件单证准备

仓库管理员应妥善保管物资入库所需的各种表、单证和记录簿等，如入库记录、理货验单、料卡和残损单等，以备使用。

二、仓库收货

物资到库后，仓库收货人员检查物资入库凭证，然后根据入库凭证开列的收货单位和物资名称与送交的物资内容和标记进行核对，并与送货人员理交接手续。

收货工作正常，收货人员在送货回单上盖章表示物资收讫。如出现异常情况，必须在货单上详细注明并由送货人员签字，或由送货人员出具差错、异常情况记录等书面材料，作为事后处理的依据。

三、接收工作中异常问题的处理

1．破损

（1）物资本身的破损，影响其价值或使用价值，甚至导致物资报废。

（2）包装的破损，影响物资的储存保管。造成破损的原因主要是接运前和接运中的责任。

破损责任如属于生产厂商、发货单位或承运单位的责任，提运员或接运员应向承运部门索取有关的事故记录，并交给保管员，作为向供应商或承运单位进行索赔的依据。

破损责任如因接运过程中的装卸不当等原因造成的破损，签收时应写明原因、数量等，提交仓库主管处理，一般由责任方负责赔偿。

2．短少

短少也分接运前和接运中两种情况。因接运前短少的，可按上述办法处理。如因接运中装载不牢而导致物资丢失的，或无人押运散窃等原因造成的，在签收时应报告保卫部门进追查处理。

3．变质

（1）生产或保管不善、存期过长等原因导致物资变质。如责任在供货方，可退货、换货或索赔。保管员在签收时应详细说明数量和变质程度。

（2）承运中因受污染、水渍等原因导致物资变质，责任在承运方。保管员在签收时应索取有关记录，交货主处理。

（3）提运中，因物资混放、雨淋等原因造成变质的，是接运人员的责任。

4．错到

（1）因发运方的责任，如错发、错装等导致错到，应通知发运方处理。

（2）因提运、接运中的责任，如错卸、错装等导致错到，保管员在签收时应详细注明，报仓库主管负责追查处理。

（3）因承运方责任，如错运、错送等导致错到，应索取承运方记录，交货主交涉处理。

（4）对于无合同、无计划的到货，应及时通知货主查询，经批准后，才能办理入库手续。同时，货主要及时将订货合同、到货计划送交仓库。

四、实物验收方法

实物验收包括内在质量、外观质量、数量、重量和精度验收。当物资入库交接后，应将物置于待检区域，仓库管理员及时进行外观质量、数量、重量及精度验收，并进行质量送检。

1．外观质量验收

外观质量验收的内容，包括外包装完好情况，外观质量缺陷，外观质量受损情况及受潮、霉变和锈蚀情况等，往往是通过人体感官来鉴定。因此要正确进行外观质量检验，要求仓管员拥有丰富的识货能力和判断经验。一些老仓管员经过多年的实践和摸索，在检验商品、物料方面积累了很多的经验，归纳为一看、二摇、三摸、四嗅。

2．外观质量鉴定的方法

看（视觉）。观看物资外表有无变形、裂痕、翘皮、砂眼、变色、虫蛀、污痕、生霉、涂层脱落、氧化、溶解、渗漏、挥发、沉淀和破损等异状。

听（听觉）。对易碎物资，如玻璃器皿，摇晃容器，听内容物有无破碎杂音，判断其有无破碎。

摸（触觉）。用手触摸物资的含水量程度，或有无黏结、潮湿、干硬、结块和老化等异状。

嗅（嗅觉）。鼻嗅物资是否已失应有的气味，或有无串味及有无异味（毒害性物品禁止嗅闻）。

3．外包装的异常状况

物资在交接过程中，特别要注意外包装是否完好。外包装常见的异状有以下几种情况。

（1）人为的挖洞、开缝。通常是被盗窃的痕迹。

（2）水渍、潮湿。通常是指雨淋水湿或物资本身出现潮解、渗漏的现象。

（3）污染。一般是由于配装不当而引起的物资间的相互玷污。

（4）包装破损。由于包装结构不良，或包装材质不当，或装卸过程中乱摔、乱扔、碰撞等造成的包装破损。

4. 数量验收

（1）点件法。点件法是指逐件清点。一般适合散装的或非定量包装的物资。

（2）抽验法。抽验法按一定比例开箱点件的验收方法。适合批量大、定量包装的物资。

（3）检斤换算法。检斤换法是指通过重量过磅换算该物资的数量。适合物资标准和包装标准的情况。

5. 重量验收

重量验收是否合格，是根据验收的磅差率与允许磅差率的比较来判断的。若验收的磅差率未超出允许磅差率的范围，说明该批物资合格；若验收的磅差率超出允许磅差率的范围，则说明该批物资不合格。

五、验收过程中常见问题如何处理

1. 证件不齐

凡必要的证件不齐全时，到库商品、物料应作为待验商品、物料处理，堆放在待验区，临时妥善保管，待证件到齐后进行验收。

2. 证单不符

供货单位提供的质量证明书与收货单位的进仓单、合同不符时，应通知收货单位，按收货单位提出的办法处理。

3. 规格、质量不符或错发

当规格、质量、包装不合要求或错发时，先将合格品验收，查对不合格品或错发部分，核实后将不合格情况、残损情况、错发程度做好记录，由收货单位决定是否退货。

4. 数量不符

数量不符时，如果商品、物料损益在规定磅差以内，仓库可按实际验收数量验收入库，并填写入库单（或验收单）；超过规定磅差时应查对核实，做好验收记录，并提出意见，送收货单位再行处理，该批商品、物料在未作出处理结果前不动用。

5. 证到货未到

凡有关证件已到库，但在规定时间内进仓商品、物料尚未到库，应及时向存货单位反映，以便查询处理。

6. 索赔

进口商品、物料在订货合同上均规定有索赔期限。进口机械、电器仪表、车辆等，除索赔期外，还订有使用保证期，发现质量、规格、性能、重量（除合理磅差外）等有问题，应在索赔期内提出索赔。合同订有保证期的物资，发现内在质量、零件残损和性能等不符合合同规定，属于供货责任的，在保证期内也可以对外提出索赔。

牢 记 要 点

商品入库验收工作程序如下：

☞ 验收准备
☞ 核对验收单证
☞ 确定验收比例
☞ 实物验收

六、物品堆码的方式

通常的商品堆垛方法有四种，即散堆法、货架堆码法、托盘码垛法、货垛堆码法。

（一）散堆法

散堆是指将无包装的散货在仓库或露天货场上堆成货堆的存放方式，见图2-6。这种堆码方式简单，便于采用机械设备装卸、堆码，节省包装费用和运费。这种方式特别适用于大宗散货。

图2-6 散堆法

图2-7 货架堆码法

温馨提示

用散堆法应注意：堆码场地要夯实平整，道路畅通；堆码要整齐划一，做分堆储存，按品种、规格成型，循环清底，账物相符；货垛要保持规定的温度、湿度，做到热天不自燃，下雨不流失，刮风不飞扬，损耗不超过国家标准。

（二）货架堆码法

这是使用通用和专用的货架进行物品堆码的方式，见图2-7。

（三）托盘码垛法

托盘化是将散装或散件商品、用托盘或货箱、或捆扎等方法，组合成若干个较大的集装单元，见图2-8。

（四）货垛堆码法

这种堆码方式是指直接利用物品或其包装外形进行堆码，见图2-9。

图2-8 托盘码垛法

图2-9 货垛堆码法

牢 记 要 点

堆码的基本要求：合理、牢固、定量、整齐、节省、方便。

主要理论知识

一、保税制度

保税制度是指经海关批准的境内企业所进口的货物，在海关监督下在境内指定的场所储存、加工、装配，并暂缓缴纳各种进口税费的一种海关监管业务制度。

1. 保税制度介绍

在保税区内商品可以存储，也可以进行分类、改装、混合、加工、运出时不交纳出口税。这些商品如进入国内市场，则按进口对待，须交纳进口税。保税仓库或保税工厂有的是国营的，由该国海关所设置，有的是经海关批准注册私人经营的。外国商品的保税期限由一个月至半年，多则三年，在此期间内由海关进行监督。保税货物如需废弃，要申报海关，如有丢失，需交纳关税。设置保税区的目的是为进口货物提供装卸、储存场所，便于办理海关手续，便于对货物进行加工以适应国内外市场需要，而更主要的是便于货主选择交易时机进行成交，发展转口贸易。

2. 保税制度的作用

由于具有对进口货物暂缓征收应征关税的特点，保税制度的主要作用是：简化货物通关手续；减轻企业资金负担，加快资金周转；降低出口成本，增强产品在国际市场上的竞争能力；吸引外来资金；增加外汇收入等。

3. 保税制度的形式

保税制度按方式和实行区域的不同，有保税仓库、保税工厂、保税区、保税集团、免税商店、保税转口等不同形式。

（1）保税仓库。经海关批准，进口货物可以不办理进口手续和较长时间储存的场所。进口货物再出口而不必纳税，便于货主把握交易时机出售货物，有利于业务的顺利进行和转口贸易的发展。

（2）保税工厂。经海关批准对专为生产出口而进口的物料进行保税加工、装配的工厂或企业。这些进口的原材料、元器件、零部件、配套件、辅料和包装物料等在进口加工期间免征进口税，加工成品必须返销境外。特殊情况需部分内销的，须经海关批准并补征关税。这些物料必须在保税工厂内存放和使用，未经海关许可不得随意移出厂外或移作他用。《中华人民共和国海关对加工贸易保税工厂管理办法》规定了设立保税工厂的条件：凡经国家批准有权经营进出口业务的企业或具有法人资格的承接进口料、件加工复出口的出口生产企业，均可向主管地海关申请建立保税工厂。

（3）保税区。经海关批准专门划定的实行保税制度的特定地区。进口货物进入保税区内可以免征关税，如复出口，也免纳出口税。运入保税区的商品可进行储存、改装、分类、混合、展览、加工和制造等。海关对保税区的监管主要是控制和限制运入保税区内的保税货物销往国内。保税区一般设在港口或邻近港口、国际机场等地方。设立保税区的目的是吸引外商投资、扩大加工工业和出口加工业的发展，增加外汇收入。因此，国家对保税区除了在关税等税收方面给予优惠外，一般还在仓储、厂房等基本设施方面提供便利。

（4）保税集团。经海关批准由多数企业组成承接进口保税的料件进行多次保税加工生产的保税管理形式。即对经批准为加工出口产品而进口的物料，海关免征关税。这些保税货物被准许在境内加工成初级产品或半成品，然后再转厂进行深度加工，如此反复多次转厂深加工，直至产品最终出口，对每一次的加工和转厂深加工，海关均予保税。保税集团的特点是海关对转厂加工、多层次深加工、多道生产工序的进口料件实行多次保税，从而有利于鼓励和促进深加工出口，扩大出口创汇，提高出口商品的档次，增加外汇收入。

二、大陆保税仓库主要类型

我国保税仓库的主要类型从报关的角度可分为三种：

（1）加工贸易备料保税仓库：这是一种专为进料加工，来料加工等加工贸易提供进口原材料储存服务的一种保税仓库，属于自用型保税仓库。

（2）寄售、维修、免税商品保税仓库：这是一种专为外国产品在我国境内寄售维修进口机器设备所需零部件及进口免税商品等提供储存服务的一种保税仓库，亦属于自用型保税仓库。

（3）公共保税仓库：这是一种专为所有进口企业提供储存服务的一种保税仓库，可储存转口贸易货物，外商暂存货物及加工贸易货物，属公用型保税仓库。

三、可以存入保税区物流中心的货物

（1）国内出口货物；

（2）转口货物和国际中转货物；

（3）外商暂存货物；

（4）加工贸易进出口货物；

（5）供应国际航行船舶和航空器的物料、维修用零部件；

（6）供维修外国产品所进口寄售的零配件；

（7）未办结海关手续的一般贸易进口货物；

（8）经海关批准的其他未办结海关手续的货物。

相关拓展知识

一、如何申请设立保税仓库

（一）申请条件

1. 经营保税仓库的企业，应具备的条件

（1）工商行政管理部门注册登记，具有企业法人资格。

（2）注册资本最低限额为300万元人民币。

（3）具备向海关缴纳税款的能力。

（4）具有专门存储保税货物的营业场所。

（5）经营特殊许可商品存储的，应当持有规定的特殊许可证件。

（6）经营备料保税仓库的加工贸易企业，年出口额最低为1000万美元。

（7）法律、行政法规、海关规章规定的其他条件。

2. 保税仓库应当具备的条件

（1）符合海关对保税仓库布局的要求。

（2）具备符合海关监管要求的安全隔离设施、监管设施和办理业务必需的其他设施。

（3）具备符合海关监管要求的保税仓库计算机管理系统并与海关联网。

（4）具备符合海关监管要求的保税仓库管理制度、符合会计法要求的会计制度。

（5）符合国家土地管理、规划、交通、消防、安全、质检、环保等方面法律、行政法规及有关规定。

（6）公用保税仓库面积最低为 $2000m^2$ 。

（7）液体危险品保税仓库容积最低为 $5000m^3$ 。

（8）寄售维修保税仓库面积最低为 $2000m^3$ 。

（9）法律、行政法规、海关规章规定的其他条件。

3. 申请时应提交的文件

（1）《保税仓库申请书》（正本）。

（2）工商行政管理部门颁发的营业执照（核正本，留复印件），其中主营业务范围必须包括仓储业务。

（3）如申请储存易燃、易爆等危险品及其他特殊物品的，还必须收取国家有关主管部门的特许经营批件（核正本，留复印件）

（4）保税仓库开展转口贸易、寄售和维修业务须收取省级外经主管部门的批件（核正本，留复印件）。

（5）企业关于设立保税仓库的书面申请报告（正本）。

（6）会计师事务所的验资报告（核正本，留复印件）。

（7）会计师事务所出具的年度审计报告（审计年度应为企业申请年份的上一年度，核正本，留复印件）。

（8）可行性研究报告（正本）。

（9）税务登记证（核正本，留复印件）。

（10）开户银行证明（正本）。

（11）股权结构证明书（合资企业，核正本，留复印件）。

（12）设立公共保税仓库的需收取《缴纳税款担保书》（正本）。

（13）保税仓库位置图和平面图，必须注明仓库的具体位置（门牌号码、四至范围）、实用面积、实际仓储量（正本）。

（14）土地使用证书或土地租用合同（核正本，留复印件）。

（15）保税仓库的仓库管理制度、管理人员名单（含照片、职务、身份证号码、电话、地址等）（正本）。

（16）海关认为应收取的其他单证。

（二）办理程序

1. 材料受理

申请人向海关递交材料，海关受理后进行初审。

2. 资料审核

隶属海关外贸部门对材料进行审核，并进行实地验仓，资料合格后上报总关加贸处，资料不合格，5个工作日内告知。

3. 加贸处（加工贸易监管处）审核

加贸处对收到资料进行审核，必要时安排工作人员实地验仓。

4. 发放批准文件

对审核后准予经营保税仓储业务的，由总关加贸处发放批准文件。

5. 企业在收到批准文件之日起1年内向海关申请保税仓库验收，经验收合格，由海关发放《保税仓库注册登记证书》。

（三）办理时限

1. 下级海关审核时限：自出具《受理决定书》起20个工作日；

2. 上级海关审核时限：自收到下级海关上报的审查意见之日起20个工作日。

二、保税仓库进口货物报关规定

进口货物进入保税仓库有两种情况：一种是直接由保税仓库所在地口岸入境；另一种在保税仓库以外的其他口岸入境。以下分别说明：

（1）由保税仓库所在地口岸入境。向海关申报时，须填写进口货物报关单，并在报关单上加盖保税仓库货物，同时注明存入××保税仓库，经海关查验后才可将货物存入保税仓库。

（2）由保税仓库以外的口岸入境。向海关申报时，需按海关进口货物转关运输管理规定办理转关运输手续。其具体做法由货物所有人先向保税仓库所在地主管海关提出将进口货物转运至保税仓库的申请，主管海关核实后，签发进口货物转关运输联系单，并注明货物转运入××保税仓库。其次，由货物所有人持此联系单到入境地海关办理转关运输手续，入境地海关核准后，将进口货物监管运至保税仓库所在地。货物抵达保税仓库后，货物所有人依上述（1）之规定向主管海关办理进口货物申报及入库手续。

三、保税仓库出口货物报关规定

由保税仓库出口的货物，其出口流向较复杂，以下分别就三种出口流向的报关手续做说明：

（1）在规定期限内原物复运出境。货物所有人向主管海关申报，填写出口货物报关单，并提交原进口时的进口货物报关单，经主管海关核定后，予以监管运至出境地海关验放出境；若从其他海关出境时，可依《转关运输管理办法》执行。海关于出口货物报关单上加盖印章，作为保税仓库货物核领的依据。

（2）由保税仓库提取做为加工成品复出口。首先依据来料加工的作业程序办理，其次加工贸易单位持海关核发的《加工装配和中小型补偿贸易进出口货物登记手册》，向保税仓库所在地海关办理提货手续，并填写进料加工或来料加工专用的进口货物报关单和保税仓库领料核发单，经海关核实后，在保税仓库领料核准单上加盖放行章，作为提取货物及核销的依据。

（3）由保税仓库领出进入国内市场销售。由货物所有人事先报主管海关核准，并填写进口货物报关单，若有许可证限制的，需提交进口许可证及有关批准文件，并缴纳该货物的进口关税、增值税及消费税。海关在进口货物报关单上加盖放行章，做为提货及核销的依据。

四、保税仓库货物的核销

有关核销的规定如下：
（1）保税仓库货物应按月向主管海关办理核销。
（2）经营单位于每月5号前将上月的保税仓库情形列表向主管海关报送。
（3）主管海关核实无误后予以核销。

五、海关对保税仓库监管的规定

保税仓库与一般仓库最不同的特点是，保税仓库及所有的货物受海关的监督管理，非经海关批准，货物不得入库和出库。保税仓库的经营者既要向货主负责，又要向海关负责。

根据我国现行海关法令规定，海关监管有以下要求。

（1）保税仓库对所存放的货物，应有专人负责，要求于每月的前五天内将上月所存货物的收、付、存等情况列表报送当地海关核查。

（2）保税仓库中不得对所存货物进行加工，如需改变包装、加刷唛码，必须在海关监管下进行。

（3）海关认为必要时，可以会同保税仓库的经理人，双方共同加锁，即实行联锁制度。海关可以随时派员进入仓库检查货物的储存情况和有关账册，必要时要派员驻库监管。

（4）保税货物在保税仓库所在地海关入境时，货主或其代理人（如货主委托保税仓库办理的即由保税仓库经理人）填写进口货物报关单一式三份，加盖"保税仓库货物"印章，并注明此货物系存入保税仓库，向海关申报，经海关查验放行后，一份由海关留存，二份随货带交保税仓库。保税仓库经理人应于货物入库后即在上述报关单上签收，其中一份留存保税仓库，作为入库的主要凭证，一份交回海关存查。

（5）货主在保税仓库所在地以外的其他口岸进口货物，应按海关对转口运输货物的规定办理转口手续。货物运抵后再按上述规定办理入库手续。

（6）保税货物复运出口时，货主或其代理人要填写出口货物报关单一式三份并交验进口时由海关签印的报关单，向当地海关办理复运出口手续，经海关核查与实货相符后签印，一份留存，一份发还，一份随货带交出境地海关凭以放行货物出境。

（7）存放在保税仓库的保税货物要转为国内市场销售，货主或其代理人必须事先向海关申报，递交进口货物许可证件，进口货物报关单和海关需要的其他单证，并交纳关税和产品（增值）税或工商统一税后，由海关核准并签印放行。保税仓库凭海关核准单证发货，并将原进口货物报关单注销。

（8）对用于中、外国际航行船舶的保税油料和零配件以及用于保税期限内免税维修有关外国产品的保税零配件，海关免征关税和产品（增值）税或工商统一税。

（9）对从事来料加工、进料加工备料保税仓库提取的货物，货主应事先将批准文件、合同等有关单证向海关办理备案登记手续，并填写来料加工、进料加工专用报关单和《保税仓库领料核准单》一式三份，一份由批准海关备存，一份由领料人留存，一份由海关签盖放行章后交货主。仓库经理人凭海关签印的领料核准单交付有关货物并凭以向海关办理核销手续。

（10）海关对提取用于来料、进料加工的进口货物，按来料加工、进料加工的规定进行管理并按实际加工出口情况确定免税或补税。

（11）保税仓库所存货物储存期限为一年。如因特殊情况可向海关申请延期，但延长期最长不得超过一年。保税货物储存期满既不复运出口又未转为进口的，由海关将货物变卖，所得价款按照《中华人民共和国海关法》第21条的规定处理，即所得价款在扣除运输、装卸、储存等费用和税款后，尚有余款的，自货物变卖之日起一年内，经收货人申请，予以发还，逾期无人申请的，上缴国库。

（12）保税仓库所存货物在储存期间发生短少，除因不可抗力的原因外，其短少部分应当由保税仓库经理人负交纳税款的责任，并由海关按有关规定处理。

保税仓库经理人如有违反海关上述规定的，要按《中华人民共和国海关法》的有关规定处理。鉴于保税仓库的特殊性质，海关代表国家监督管理保税仓库及所存的保税货物，执行行政管理职能；保税仓库的经营者具体经营管理保税货物的服务工作，可以说是海关和经营者共同管理保税仓库。经营者要依靠海关办好保税仓库，因此必须充分协作配合，保税仓库经营者要严格执行海关的法令规定，海关需要的报表应及时报送，海关要检查的帐册，须完整无误，发生问题应及时向海关报告，请求处理，以利海关监管。在这个前提下，海关力求简化手续，提供方便，共同把保税仓库办好，以充分发挥保税仓库的优越性，为发展对外经济贸易服务。

我知道吗？

1. 什么是保税仓库？它有哪些类型？
2. 保税仓库能存储哪些货物？
3. 简述保税仓库入库流程

任务二　保税仓在库作业

商品在库管理就是研究商品性质以及商品在储存期间的质量变化规律，积极采取各种有效措施和科学的保管方法，创造一个适宜于商品储存的条件，维护商品在储存期间的安全，保护商品的质量和使用价值，最大限度地降低商品损耗的一系列活动。通过本任务的训练，将达到如下目标。

学习目标

最终目标：
能熟练操作保税仓在库作业
促成目标：
1. 能正确填写物料卡
2. 能区别和定位良品与不良品
3. 能正确填制库存台账
【项目任务】

资料卡

物品在整个储存期间，为保持物品的原有使用价值，仓库需要采取一系列保管、保养措施，如货物的堆码、苫垫物品的维护、保养、检查、盘点等。

新宁保税仓储部对刚入库的这批电子料件进行编制物料卡、登记台账。
【任务实施】

企业实战

【出场人员】

仓库文员　　　　理(收)货主管　　　　理(收)货员　　　　叉车工

【主要环节】货物入库理货

1. 理货员依据实际入库货物箱单上的保税号，打印《入库单》、《货物管理卡》，按客户要求对入库货物进行理货清点，确认货确认货物数量、料号、规格是否正确，并进一步检货物是否有破损、变形、倾斜、受潮等异常状况。

√　按外箱标签清点，理货员仔细核对每个外箱标签上的数量、料号、规格与管理卡是否一致。

√　拆箱清点，要求理货员对箱内货物的每个最小包装标签上料号、规格、及货物总数量与管理卡上是否一致，同时检查箱内货物是否有破损、变形、受潮等异常状况。

货物管理卡

2. 若入库货物需外验，理货员理货完毕将需外验货物拉至外验区，待外验完毕后定相应仓位。

检验完毕的货物分合格、不合格两种。

√ 检验合格的货物，外验人员会在货物外箱及管卡上敲检验合格章（或贴限定适用或特采标签）。

√ 检验不合格的货物，外验人员会在货物外箱及管理卡上贴不合格或暂停使用标签。

3. 货物理货完毕或外验完毕，理货员将货物拉至相应仓库定位，确保系统仓位与实物仓位一致。

4. 货物入库作业完成后，文员对已入库货物的入库资料及时整理归档，并将实际入库信息输入《货物入库一览表》。

小试身手

[新宁保税仓库] 接收一票电子产品入库作业:

Description of Goods	Quantity（pcs）
片式铝电解电容器 070780 – CW 1B04 – 00AA1SJ	56,000
片式铝电解电容器 127111 – J 1B09 – 005V1SJ	79,000
片式铝电解电容器 129971 – J 1B09 – 004J1SJ	83,000

要求：小组根据入库货物信息及上架信息填制料位卡、根据入库单填制库存台账。

一、活动须知

1. 人员安排
同学每6人为一个小组，每个小组指定一名学生为组长。

2. 工具准备
托盘搬运车、托盘、空白格式各色料位卡、库存台账。

3. 学生设计
设计内容包括人员分工、操作流程。

二、活动步骤

第一步：明确工作任务

保税仓在库工作任务书

工作任务			课时	
班级：	组长：		组员：	
任务目标				
任务描述				
相关资料及资源				
工作成果				
注意事项				

第二步：任务分配

对任务进行分解，组内讨论进行任务分配，填表如下：

保税仓在库作业任务分配表

任务分解	组员分工
制料位卡	作业组共_____人，其中： 文件单据准备_____人： 工具设备准备_____人： 资料处理_____人： 其他：
登记台账	作业组共_____人，其中： 文件单据准备_____人： 工具设备准备_____人： 单据处理_____人： 其他：

第三步：任务说明

任务1：填写料位卡

（1）确定料位卡使用色别与张数；

（2）对照货位信息填写料位卡；

（3）料位卡贴于货架指定位置。

任务2：填写仓库台账

（1）准备台账、入库单；

（2）依据入库单信息填写台账。

三、任务评价

检查内容	考核标准	分值	实际得分
保税仓在库作业	作业规范准确	25	
	建卡登账顺序正确	25	
	料位卡填写正确	25	
	台账填制正确	25	
合　计		100	

知识库

主要实践知识

一、物料编号的方法

（一）暗示法

暗示法是以字母或数字作为编号工具，进行物编号的方法。字母、数字与物料能产生一定规律的联想，看到编号能联想到相应的物料。实例如下：

编号	螺丝规格（mm）	编号	螺丝规格（mm）
03008	3×8	15045	15×45
04010	4×10	12035	12×35
08015	8×15	20100	20×100

（二）混合法

混合法是字母、数字、暗示等三种方法同时使用的一种方法。具体示例如图2-10所示。

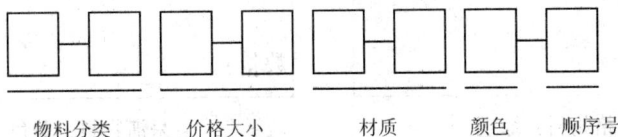

| 物料分类 | 价格大小 | 材质 | 颜色 | 顺序号 |

图2-10　混合法

如：电风扇塑胶底座（10）、高价（A）、ABS 料（A）、黑色（B）、顺序号（003），其编号为 "10 - AAB - 003"。

（三）字母法

字母法是以英文字母为编号工具，按各种方式进行编号的一种编码方法。实例如下所示：

采购金额	物料种类	物料颜色	
A：高价材料 B：中价材料 C：低价材料	A：五金 B：塑胶 C：电子 D：包材 E：化工	A：红色　　B：橙色 C：黄色　　D：绿色 E：青色　　F：蓝色 G：紫色	

（四）数字法

数字法是以阿拉伯数字为编号工具，按属性、流水号或阶层等进行编号的一种方法。实例如下所示：

类别	分配号码	类码	分配号码
塑胶类	01～15	包材类	46～60
五金类	16～30	化工类	61～75
电子类	31～45	其他类	76～90

二、制作料位卡

料位卡（呆滞料）	料位卡（合格料）
编号： 品名： 规格： 单位： 数量：	编号： 品名： 规格： 单位： 数量：
普通合格物料：绿色	呆滞物料：黄色

料位卡（易耗品）	料位卡（危险品）
编号：	编号：
品名：	品名：
规格：	规格：
单位：	单位：
数量：	数量：

危险品物料：红色　　　　　　　　　　　　易耗品物料：白色

三、物品堆放方式

物料的放置方法适宜而正确，搬运效率较高，也有利于防止物料的损坏，所以应该从各个角度去创造、改良。必须检查的重点如下：

（1）排列是否一目了然。

（2）放置的方向是否一致。

（3）放置的情形是否有利于移动。

（4）是否将较重的物料放在较底层。

（5）是否将较轻的物料放在较上层。

（6）是否将较大的物料放在较下层。

（7）是否将同种货物料放在同一处所。

（8）放置情形是否有利于先进先出。

（9）是否将搬运频率较高的物料放在较接近门口的地方。

（10）摆置的安排是否有利于货物的识别（是否按照色彩、号码、区分、规格或尺寸的不同放置）。

（11）放置物料时，是否使用十进制法或十位区分法为原则（避免零头）。

（12）放置情形是否便于查点，并易于发现品质的变化及确认数量。

（13）是否考虑物料的特殊需要，采取避免其损伤的措施。

基本上，置放物料时应以十进制法来区分，如 10 个一堆、20 个一堆、30 个一堆、40 个一堆，以便计数。

四、五五摆放法

五五摆放亦称"五五化堆垛"、"仓库管理五五化"。在仓库管理中经常采用，所谓五五摆放法就是仓库物资以"五"为基本计数单位进行摆放的一种管理方法。物资按不同品种、规格、形状，以五为基数进行堆垛，既便于盘点、发放，又整洁美观，可以提高工作效率、充分利用工作现场容积。五五摆放的主要形式有：平行五（平放五件）、直立五（直叠五件）、梅花五（五件环形排列）、三二五（二件顶三件或二件压三件）、一四五（一件顶四件）、平方五（长、阔各为五件）、立方五（长、阔各为五件）以及行列五、重叠五、压缝五、纵横五等形式。

五五堆放法

图 2 – 11　五五堆放法

主要理论知识

一、物料编号的必要性

物料编号是以简单的文字、符号、字母、数字来表示物料、品名、规格或属类及其他有关事项的一种有规律的方法。当企业物料种类很少时，物料是否编号都无关紧要；但当企业物料有成百上千种时，不进行编号管理就容易混乱，特别是当物料用电脑进行系统化管理时，物料编号是必不可少的，物料编号就相当于身份证号码。

二、物料编号应注意原则

1. 简单

物料编号使用各种文字、符号、字母、数字来表示时尽量简单明了，不必编得太复杂，以利于记忆、查询、阅读、抄写等各种工作，并可减少错误的机会。

2. 分类延展

对于复杂的物料，进行大分类后还要进行细分类，如五金类，五金类再细分五金管材类、螺栓类等，管材类有不锈钢管、碳钢管等，不锈钢管又有不同的规格。所以编号时应注意所选择的数字或字母要具有延展性。

3. 完整

在给物料编号时，所有的物料都应有对应的物料编号，这样的物料编号才是完整的。如果有些物料找不到对应的料号，则这个物料编号不完整，新的物料也应赋予新的料号。

4. 一一对应

一个物料编号只能代表一项物料，不能用一个物料编号代表多项物料，或多个物料编号代表一项物料。

5. 有规律

物料编号要统一，分类要具有规律性，不能这次编号按某一标准分，下次编号按另一标准分,这样很容易造成混乱。

6. 具有伸缩性

物料编号要考虑到未来新产品、新材料存在发展扩充的情形,要预留一定的余地,产生的新材料也有对应的唯一的料号。

7. 有组织、有顺序

物料编号应有组织、有顺序,以便根据物料编号查询某项物料的资料。

8. 能适应电脑管理

现在许多公司使用了网络化的物料电脑管理系统(如 MRPⅡ、ERP 等),所以,要考虑使物料编号在电脑系统上查询方便、输入方便、检索方便等问题。

9. 有足够的数量

物料编号所采用的文字、符号、字母、数字,必须有足够的数量,以便所组成的物料编号足以代表所有已出现和未出现的物料,否则将来遇特殊物料时无号可编,使电脑化的物料管理系统陷于瘫痪。

10. 易记忆

物料编号还应选择容易记忆、有规律的方法,有暗示和联想的作用,使人不必强制性地记忆。

三、温度、湿度调控方法

1. 通风降温

通风降温是最常用的方法。通风降温是根据空气自然流动的规律,有计划地使库内外空气互相流通交换,以达到调节库内空气温度、湿度的目的。

采用通风降温时,必须符合以下两个条件:

(1)库外空气的温度和绝对湿度低于库内空气的温度和绝对湿度。

(2)库外气温高于库内气温,库外绝对湿度低于库内绝对湿度,并且库内露点小于库外露点。

2. 密封

密封是保持库存物品所需的温度、湿度条件的一种技术措施,它区分为封库封垛。一般情况下,对物品出入不太频繁的库房可采取整库封闭;对物品出入较为频繁的库房,不能封库,可以采取封垛的措施。封库、封垛的办法如下:

(1)关闭库房所有的门、窗和通风孔,并将缝隙用胶条、纸等涂以树脂封堵。

(2)用5cm宽、2.5cm厚的泡沫塑料条,刷上树脂后粘贴于门框四周,再在门的四边刻上槽,将胶管刷上胶水后按入槽内,使门关好后胶管正好压在泡沫塑料中间。

(3)库房大门上开一个人行小门,以减少湿空气侵入库内。

(4)用塑料薄膜将货垛或货架全部遮盖包围直至地面,以隔绝或减少湿气和物品的接触等。

3. 吸潮

在梅雨季节或阴雨天,当库内湿度过高,不适宜商品保管,而库外湿度也不利于进行通风散潮时,可以在密封库内用吸潮的办法降低库内湿度。

（1）吸湿剂。吸湿剂是一种降湿的辅助办法，它是利用吸湿剂吸收空气中水气的办法，达到降湿的效果。常用的吸湿剂有生石灰、氯化钙、硅酸等。

①生石灰吸湿。生石灰吸湿性较强，吸湿速度也较快。每升生石灰吸水量为 0.2 ~ 0.25kg，5 ~ 7 天就可达到较高的吸水量。

②氯化钙吸湿。氯化钙是一种白色、多孔、有苦咸味的强电解质盐类，它分为含水氯化钙、水氯化钙和蜂窝氯化钙。其中无水氯化钙每千克吸水量为 1 ~ 1.2kg，含水氯化钙每千克吸水量为 0.7 ~ 0.8kg。

③硅酸吸湿。硅酸又名矽酸、硅酸凝胶、硅胶，为白色多孔状颗粒，其吸湿作用与氯化钙相似，还可以反复使用。

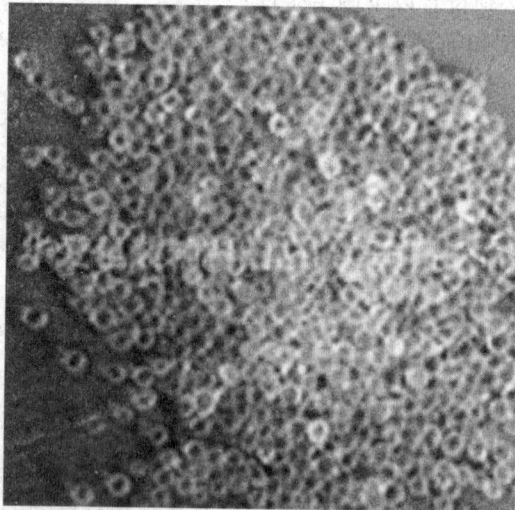

（2）吸湿机。仓库普遍使用机械吸潮方法，即使用吸湿机把库内的湿空气吸入冷却器内，使它凝结成水而排出。吸湿机一般适宜于储存棉布、针棉织品、贵重百货、医药、仪器、电工器材和烟糖类的仓间吸湿。

我知道吗?

1. 绘制货物堆码的奇数层示意图和偶数层示意图

托盘规格为 120cm＊100cm，塑料托盘；要求堆码高度不超过 110cm，此处不考虑货位承重，也不考虑托盘上货物的紧固方式。

序号	货品规格及数量		奇数层俯视图	偶数层俯视图	堆码说明	
1	规格/cm	43×34×29			最高层数	3
	数量	48			需托盘数	3
2	规格/cm	52×33.5×30			最高层数	
	数量	54			需托盘数	
3	规格/cm	46×26×23			最高层数	
	数量	60			需托盘数	
4	规格/cm	40×27×24			最高层数	
	数量	36			需托盘数	

任务三 保税仓出库作业

出库业务是仓储管理工作中十分重要的一项工作，是整个仓储工作的结束，出库业务水平的高低直接影响到整个仓储作业的效率与效益，进而影响到企业的客户服务水平，因此提高出库业务的管理水平十分重要。企业需要严格按照出库业务的一般程序进行出库，严格遵守出库的各项规定，能够正确处理出库业务中的各种问题，从而做到出库业务的高效、准确、低成本。通过本任务的训练，您将达到如下目标。

学习目标

最终目标：

能熟练操作保税仓出库作业

促成目标：

1. 熟悉出库各环节
2. 能做好出库准备
3. 能正确填制与审核出库单
4. 能准确复核物料

资料卡

出库所出货物必须依照货物入库时间（保税号先后顺序），确保货物先进先出。如有其他出库要求，则依照客户的要求进行操作。

【项目任务】

新宁保税业务部通知仓储部，某 VMI 客户生产线上需用料，仓储部实施出库作业。

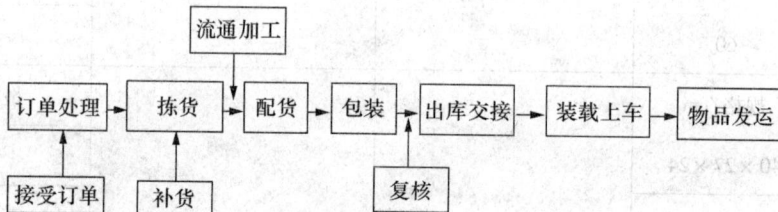

物资出库步骤

【任务实施】

企业实战

【出场人员】

【环节1】接收出库资料，准备理货

理货主管接收文员交来的出库资料（箱单、仓位图），在管理系统中进行录入后，将资料分配给理货员。理货员带上笔、大水笔、计算器、工具刀、出库资料准备理货。

| 仓库文员 | 理(收)货主管 | 理(收)货员 | 驾驶员 | 叉车工 |

1. 理货员依据仓位图上标示仓位至相应库区理货

（1）检查仓位图、箱单上是否有注明特殊要求。如有，需要按照要求理货。如理货员对要求不理解或有异议，需要反馈主管，并听从主管指令作业。

（2）仔细核对所理货物所在仓位与仓位图上标示仓位是否一致。

（3）仔细核对管理卡（客户名称、保税号、料号、规格）及实物（料号，规格）是否与仓位图上一致，确认无误后按仓位图上信息理货。

（4）不良品、疑似、不合格货物禁止出库。

（5）拆箱出货必须清点箱内剩余数量，并划掉库存原外标数量，库存有零箱且零箱够出，必须先出零箱，不能拆整箱出库。

（6）理货发生拆盒、拆盘及拆最小包装必须在箱单上注明。

（7）仓位上的剩余库存必须摆放整齐。

（8）货物理完后在箱单上注明件数。

2. 理好货物注明出仓号、送货单位并配外箱

理货员在理好的货物外包装上用大水笔写明出仓号、料号编号及送货单位，要求如下：

（1）字体必须清晰，不能覆盖标签，不能写在缠绕膜上。

（2）要求在每颗料址注明出仓号、送货单位、料号编号。

（3）裸装或需配外箱（盒）的货物必须配外箱（盒），如客户要求用提供的外箱（盒），则用客户提供的外箱（盒）装箱；如客户未提供，则利用回收外箱（盒），回收外箱（盒）时必须将旧标签拆掉。

（4）理货员要确保出库货物外箱料号、数量必须与箱内实物相符。

【环节2】将理好货物移到待出库区，等待复核

3. 货物拉至待出库区域

理货员将理好的出库货物拉至对应的待出库区域，在箱单上注明所放区域，并按照如下要求摆放：

（1）货物摆放在正确的待出库区域。

（2）货物摆放整齐，标签朝外，正放。

（3）大件货物（多托盘）存放在非待出库区时，理货员必须在单证上注明，禁止出库货物存放在仓库里。

（4）相同出仓号货物必须集中摆放，并且要按所编顺序摆放（存放在同一区一托盘）。

4. 单证登记、交复核处

理货员将理好货物的箱单、发票、仓位图放至复核区资料架上，并录入理货时间管理系统。

【环节3】 复核待出库货物

复核员至"待复核"资料架拿取待复核资料,依据箱单上提货位、出仓号至相应待出库区查找需复核货物。

(1) 核对抽查比例要求:

① 货物进库未拆箱的以货物外箱标签为准,需复核到每个外箱标签。

② 由新宁拆箱清点的,贴了二次封箱的,进行抽查。

③ 零箱内货物(含散货)需全检。

④ 拆箱复核的货物要复核到料盘上的标签。

(2) 复核项目

① 核对货物原厂标签、公司自制标签、箱单(或发票)上的料号、规格是否一致。若客户有特殊的复核要求,则依据客户要求复核。

② 非工单用数据采集器采集数据与系统核对后还需要核对系统和发料号、规格信息是否一致。

③ 查看外箱是否有破损,变形等异常情况。

5. 数据采集器复核操作要求

(1) 数据采集器采集数据要求:

读取数据一:货物原厂标签本体料号(SPEC)信息。

读取数据二:公司所制标签上提货商料号(P/N)信息。

读取数据三:公司所制标签上数量(QTY)信息。

(2) 数据导入系统,读取采集文件后点核对出库料号,后点生成理货清单。

【环节4】 装车发货

复核人员作业　　　　　　　　叉车工装车

6. 叉车工将已复核货物装车后,由货车司机负责运往目的地

小 试 身 手

■ **任务描述** ■

[新宁保税仓库] 接收一票电子产品出库作业:

Description of Goods	Qulity（pcs）
片式铝电解电容器 070780 - CW 1B04 - 00AA1SJ	20,000

Description of Goods	Qulity（pcs）
片式铝电解电容器 127111－J 1B09－005V1SJ	5,000
片式铝电解电容器 129971－J 1B09－004J1SJ	3,000

要求：小组完成出库过程中的理货、复核、出库手续操作。填制出库单、修改料位卡库存结余量、出库后完成台账的更新。

一、活动须知

1. 人员安排
同学每6人为一个小组，每个小组指定一名学生为组长。

2. 工具准备
托盘搬运车、空箱若干、托盘、出库信息、空白出库单、物料卡、库存台帐。

3. 学生设计
设计内容包括人员分工、操作流程。

二、活动步骤

第一步：明确工作任务

保税仓出库工作任务书

工作任务			课时	
班级：	组长：		组员：	
任务目标				
任务描述				
相关资料及资源				
工作成果				
注意事项				

第二步：任务分配

对任务进行分解，组内讨论进行任务分配，填表如下：

保税仓出库作业任务分配表

任务分解	组员分工
制出库单	作业组共_____人，其中： 文件单据准备_____人： 工具设备准备_____人： 资料处理_____人： 其他：
拣货理货	作业组共_____人，其中： 文件单据准备_____人： 工具设备准备_____人： 资料处理_____人： 其他：
出库复核	作业组共_____人，其中： 文件单据准备_____人： 工具设备准备_____人： 资料处理_____人： 其他：
登卡记帐	作业组共_____人，其中： 文件单据准备_____人： 工具设备准备_____人： 单据处理_____人： 其他：

第三步：任务说明

任务1：填写出库单

（1）根据出库信息填写出库单，交给拣货人员

任务2：拣货理货

（1）根据出库单确定拣货方法并实施拣货作业；

（2）将已拣出货物按客户进行理货配货。

任务3：出库复核

（1）出库前核对出库商品是否与出库单一致。

任务4：登卡记账

（1）依据出库信息修改物料卡；

（2）依据出库单信息填写台账。

三、任务评价

检查内容	考核标准	分值	实际得分
保税仓出库作业	出库作业流程正确（认真复核）	25	
	出库单填制正确	25	
	物料卡填写正确	25	
	台账更新正确	25	
合　计		100	

知识库

主要实践知识

为保证商品能够快速、准确、保质保量地出库，一定要严格遵守出库作业的一般程序。其主要程序如下。

一、出库准备

仓库应根据凭证的要求，做好如下准备工作：

（1）选择好发货的货区、货位。

（2）检查货品，拆除货垛苫盖物。

（3）安排好出库商品的堆放场地。

（4）安排好人力和机械设备。

（5）准备好包装材料。

二、审核出库凭证

出库凭证如提货单、领料单到达仓库后，仓库管理人员要对出库凭证的以下内容进行审核：

（1）审核货主开出的提货单的合法性和真实性。

（2）核对商品的品名、型号、规格、单价和数量。

（3）核对收货单位、到站、开户银行和账号是否齐全正确。

三、备货

备货时应注意以下事项：

（1）要按出库凭证所列的项目和数量进行，不得随意变更。

（2）备货计量一般根据商品入库验收单上的数量，不用再重新过磅，对被拆散、零星商品的备货应重新过磅。

（3）备好的货物需放于相应的区域，等待出库。

（4）出库商品应附有质量说明书或抄件、磅码单、装箱单等附件。

四、复核

为避免出库商品出错，备料后应进行复核，复核的主要内容包括：

（1）商品名称、规格、型号、批次、数量、单价等项目是否同出库凭证所列的内容一致。

（2）机械设备的配件是否齐全，所附证件是否齐全。

（3）外观质量、包装是否完好。

小看板

复核的主要方式有三种：由多个保管员交叉复核、由专职复核员复核、由运输员或包装员复核，不同企业可根据自己的管理模式选择相应的复核方式。

五、包装

为保证商品在装卸搬运途中不受损坏，商品的包装一定要符合以下要求：

（1）根据商品的外形特点，选择适宜的包装材料，包装尺寸要便于商品的装卸和搬运。

（2）商品包装要符合运输的要求。

① 包装应牢固，怕潮的商品应垫一层防潮纸，易碎的商品应垫软质衬垫物。

② 包装外要有明显的标志，标明对装卸搬运的要求及其他标志，危险品必须严格按规定进行包装，并在包装外部标明危险品的有关标志。利用旧包装时，应彻底清除原有标识，以免造成标识混乱，导致差错。

③ 不同运价的商品应尽量不包装在一起，以免增加运输成本。

（3）严禁性能抵触、互相影响的商品混合包装。

（4）包装的容器应与被包装商品体积相适应。

（5）要节约使用包装材料，注意节约代用，修旧利废。

温馨提示

刷唛时一定要注意字迹要清楚，书写要准确，标签或条码粘贴位置要明显。

六、刷唛

包装完毕后，在包装上写明收货单位、到站、发货号、本批品的总包装件数、发货单位等，并在相应的位置印刷或粘贴条码标签。

七、清点交接

出库商品经复核、包装后，要向提货员点交，具体点交的内容主要有：

（1）将出库商品及随行证件向提货人员当面点交。

（2）对重要商品的技术要求、使用方法、注意事项交待清楚。

（3）商品移交清楚后，提货人员应在出库凭证上签名；保管员应做好出库记录。

八、清理

商品出库后，要对仓库进行清理，具体工作主要有：

（1）要清理现场，根据储存规划要求，对货物进行并垛、挪位，腾新货位，以备新来货物使用。

（2）要清扫发货现场，保持清洁整齐。

（3）要清查发货设备和工具有无丢失、损坏。

（4）商品发货完毕，要整理商品出入库情况、保管保养情况及盈亏数据等情况，然后记入档案，妥善保管，以备查用。

牢 记 要 点

商品出库的主要程序如下：

☞ 出库准备

☞ 审核出库凭证

☞ 备货

☞ 复核

☞ 包装

☞ 刷唛

☞ 清点交接

☞ 清理

主要理论知识

一、货品出库的形式

货品出库有五种形式，分别是送货、收货人自提、过户、取样和转仓。

1. 送货

仓库根据货主预先送来的出库通知或出库请求，凭仓单通过发货作业，把应发货品交由运输部门送达收货人，这种发货形式通常称为送货制。仓库实行送货，要划清交接责任。送货是物流中心出库作业的主要运作方式。

2. 收货人自提

这种出库形式是由收货人或其代理人持仓单直接到仓库提取货品，仓库凭单发货，这发货形式通常称为提货制。它具有"提单到库，随到随发，自提自运"的特点。为划清交接责任，仓库发货人与提货人在仓库现场，对出库货品当面交接并办理签收手续。收货人自提是对小批量、单件货品和临时订货的补充应急方式。

3. 过户

过户是一种就地划拨的出库形式，货品虽未出库，但是所有权已从原存货户头转移到新存货户头。仓库必须根据原存货人开出的正式过户凭证，才予以办理过户手续。日常操作时，往往是仓单持有人的转让，这种转让要经过合法手续办理。

4. 取样

取样是货主出于对货品质量检验、样品陈列等需要，到仓库提取货样而形成部分货品的出库。货主取样时必须持有仓单，仓库也必须根据正式取样凭证才会发给样品，并做好账务登记和仓单记载。

5. 转仓

货主为了方便业务开展或改变储存条件，需要将某批库存货品自某仓储企业的甲库转到该企业的乙库，这就是转仓的发货形式。转仓时货主必须出示仓单，仓库根据货主递的正式转仓申请单，给予办理转仓手续，并同时在仓单上注明有关信息资料。转仓只是同一仓储企业不同仓库进行。若需要从 A 企业的某仓库将货品转移到 B 企业的某仓库，该办理正常的出库和入库手续。

二、"三核、五检查"原则

货品出库要做到"三不、三核、五检查"。未经审单不备货，未经复核不出库；"三核"，即在发货时，要核对凭证、核对账卡、核对实物；"五检查"，即对单据和实物要进行品名检查、规格检查、包装检查、数量检查、重量检查。具体地说，货品出库要求严格执行各项规章制度，杜绝差错事故，提高服质量，让用户满意。

我知道吗？

1. 请您根据自己的理解判断下列说法的正误，正确的打√，错误的打×。

（1）在进行商品包装时，为节省包装费用把酸液和金属制品包装在一个包装容器内。（　　）

（2）提高引防工作效率，避免差错，商品出库应严格遵守一定的出库程序。（　　）

（3）商品交接清楚后，仓库工作人员就完成了整个出库工作，无需再作任何工作。（　　）

（4）为了明确责任，在出库货物清点交接后，提货人员一定要在出库凭证上签字。（　　）

参考答案：（1）× （2）√ （3）× （4）√

2. 简述保税仓库出库流程。

附录：

附表1：教师评整体项目

项目评价表	项目名称		
	课程名称		项目承接人
评分内容	标准分值	小组评分 20%	教师 80%
制定项目作业计划			
是否制定项目实施方案	5		
实施方案是否合理	3		
确定项目内容与方案			
是否确定了问题和解决问题的方案	5		
是否考虑了安全和劳动保护措施	3		
是否考虑环保及文明施工措施	3		
明确项目实施过程与步骤			
实施步骤是否正确	3		
是否安全文明作业	3		
是否独立完成工作任务	5		
是否在规定时间内完成	5		
本项目各任务得分（60）：			
任务1			
任务2			
任务3			
本人对项目编练的评价			
请描述本项目的优点			
（1）			
（2）	2		
（3）			
有待改进之处			
（1）			
（2）	3		
（3）			

总分	100		
项目组员签名		班组长签名	教师签名

附表2：教师评学生

学生评价表		被评价学生	
项目名称		评价时间	
评价项目	评价标准/内容	评价结果	
出勤情况 （共5分）	（5分）很好，无缺席和迟到早退 （4分）较好，有请假，没有无缺席 （3分）一般，没有无故缺席，但有迟到早退 （2分）较差，有无故缺席，有迟到早退 （1分）很差，经常无故缺席，迟到早退		
遵章守纪 （共5分）	做到一点得1分，本项目计分求和： ▲不离岗、不串岗 ▲安全作业、规范操作 ▲安静作业、轻声交流不喧哗 ▲听从指导老师意见 ▲按时下课、不提前退场		
团队合作 （共5分）	（5分）很好，工作积极，主动承担艰苦工作 （4分）较好，积极参加工作，与同事合作，服从分配 （3分）一般，参加工作，但不够主动积极，偶有不合作 （2分）较差，有时不参加工作，有时不与同事合作， 　　　有时不服从分配 （1分）很差，经常不参加工作，不与同事合作，不服 　　　从分配		

附表3：学生互评表

项目名称						
评价人：	班级：		学号：		时间：	
评价内容	评价标准	组员姓名				
		1	2	3	4	5
团队合作	（5分）团队荣誉至上，主动承担艰苦工作 （4分）积极参加工作，与同事合作，服从分配 （3分）参加工作，但不够主动积极，偶有不合作 （2分）有时不参加工作，有时不与同事合作，有时不服 　　　从分配 （1分）经常不参加工作，不与同事合作，不服从分配					

续表

项目名称						
评价人：		班级：		学号：	时间：	

评价内容	评价标准	组员姓名				
		1	2	3	4	5
遵章守纪	做到一点得1分，本项目计分求和： ▲服从组内任务安排 ▲不离岗、不串岗 ▲安全作业、规范操作 ▲安静作业、轻声交流不喧哗 ▲按时下课、不提前退场					

附表4：学生自评表

项目名称						
自评人：		班级：	学号：		时间：	

评价内容/标准	好	较好	一般	较差	差
	5分	4分	3分	2分	1分
1. 我愿意参加组内合作活动					
2. 我能自觉遵守活动时间和活动规则					
3. 我能明确自身角色和职责					
4. 我能积极表达自己的观点					
5. 我能尊重并保留其他成员的观点和意见					
6. 针对不同意见和观点，我能够与组员进行讨论					
7. 我愿意帮助其他组员完成某项任务					
8. 在互助中我们共同完成预期任务					

项目三
制造业仓储作业

制造业仓储是制造企业用来存放物料、完工产品的仓库。通过本项目学习实现以下目标。

温馨提示

　　我们将带您走进制造业仓库，对它的作业方式看个究竟，同时帮助您实现以下目标！

最终目标：
能熟练完成制造业仓储操作业务
促成目标：
1. 能熟练操作制造业仓入库作业
2. 能熟练操作制造业仓在库作业
3. 能熟练操作制造业仓出库作业

任务一　制造业入库作业

制造业企业的入库作业，以原材料入库作业为主。在原材料入库的过程中，既会涉及相关搬运工具的运用，更需要企业流程的支持。在这个过程中，需要各岗位的员工通力配合，也需要相关信息系统的支持。在入库作业过程中，需要企业诸多的部门的通力协作。采购部门主要负责原材料的价格，品质部门主要负责来料产品的品质管控，仓储部门主要负责来料的数量验收以及库位安排，物控部门则主要负责来料的数量，品种及批次控制。

学习目标

最终目标：

能熟练操作制业仓储入库作业

促成目标：

1. 能合理地组织入库检验
2. 能准确填制相关入库单证

【项目任务】

苏州天佑电器为了生产吸尘器，需要供应商提供一批物料。

【任务实施】

（1）商品采购主要分为日常备货采购和业务员要求采购备货两类。日常备货采购指商务部根据仓库商品库存和市场行情主动备货，预算清单由商务下；业务员要求采购备货指业务员根据销售需要向商务部提出采购备货，预算清单仍由商务下，但业务员必须在预算清单红联签字确认。

（2）商务部输单员审核预算清单后输入采购订单，并在预算清单上加盖"已录"章，然后由商务部主管负责对预算清单和采购订单进行审核。

（3）仓库管理员根据审核无误的预算清单，才可办理物资入库手续。入库时仓库负责清点实物数量，进行外观验收，同时要关注商品的价格、规格、型号、数量是否与预算清单一致，货物名称及编号是否统一，如有异常，应及时通知经办人员改正，否则拒绝入库。

（4）仓库将实物清点入库后，应在实物上贴上标明商品编码、名称、规格型号、批次的标签。

（5）仓库根据核对无误的采购订单关联生成入库单并打印，入库单一式四联，一联仓库，一联商务部，两联业务会计。

（6）仓库负责编制、打印、报送入库日、周、月报表。

（7）仓库每日及时配对入库单、采购预算清单，并与入库日报表核对无误后一并报送业务会计。

（8）禁止虚开无实物的入库单。

（9）送料入仓，原料上架。

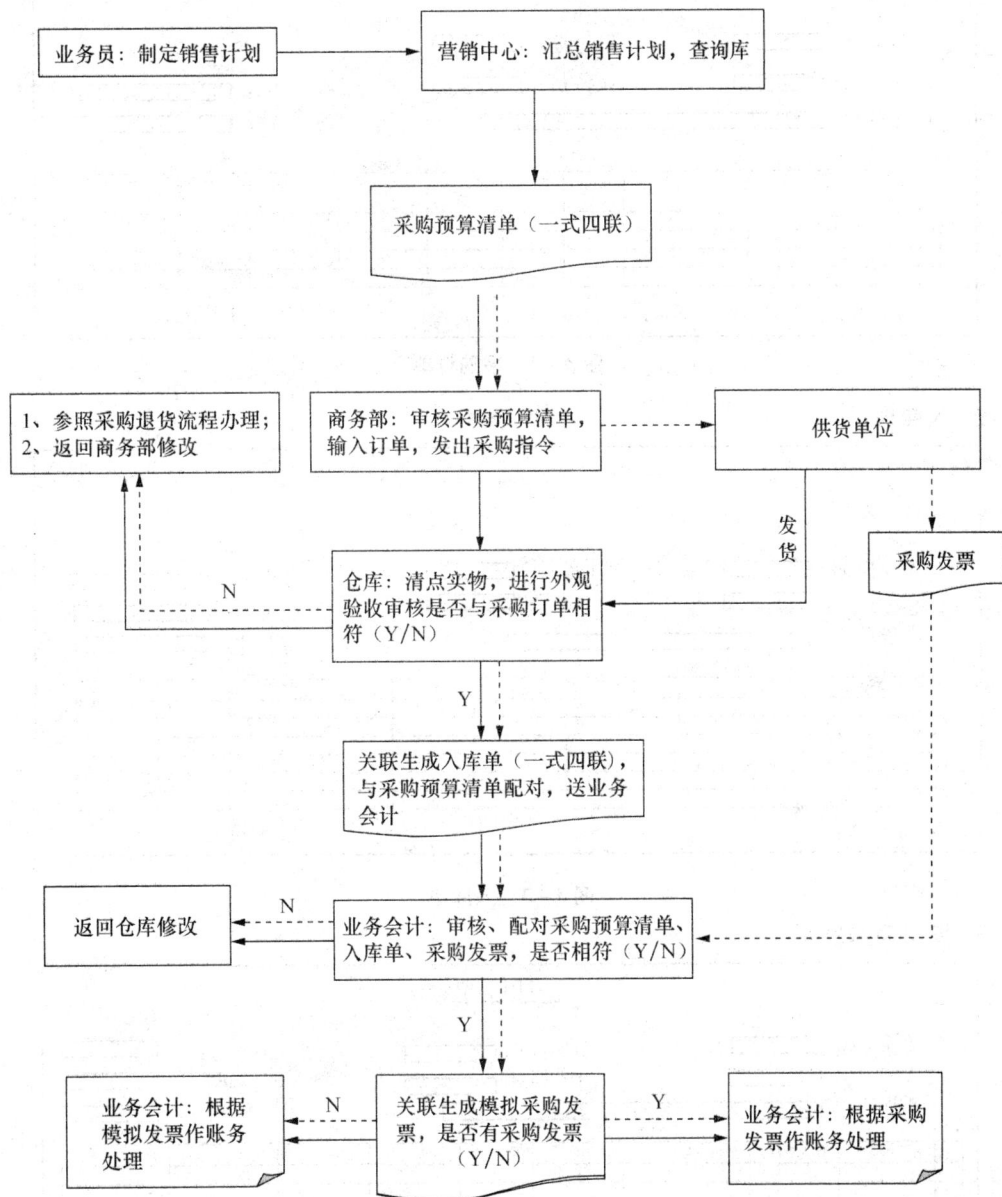

```
┌──────────────────┐         ┌──────────────────────┐
│业务员：制定销售计划│───────→│营销中心：汇总销售计划，查询库│
└──────────────────┘         └──────────────────────┘
                                      │
                                      ↓
                             ┌──────────────────────┐
                             │采购预算清单（一式四联）│
                             └──────────────────────┘
                                      │
                                      ↓
┌──────────────────┐  ┌──────────────────────┐      ┌──────────────────┐
│1、参照采购退货流程办理；│←│商务部：审核采购预算清单，│─────→│   供货单位        │
│2、返回商务部修改   │  │输入订单，发出采购指令  │      └──────────────────┘
└──────────────────┘  └──────────────────────┘         发货│
                                │                          ↓
                   N  ┌──────────────────────┐      ┌──────────────┐
                      │仓库：清点实物，进行外观│      │  采购发票      │
                      │验收审核是否与采购订单相│      └──────────────┘
                      │符（Y/N）            │
                      └──────────────────────┘
                                │Y
                                ↓
                      ┌──────────────────────┐
                      │关联生成入库单（一式四联），│
                      │与采购预算清单配对，送业务│
                      │会计                 │
                      └──────────────────────┘
                                │
        ┌──────────┐  N  ┌──────────────────────┐
        │返回仓库修改│←────│业务会计：审核、配对采购预算清单、│
        └──────────┘     │入库单、采购发票，是否相符（Y/N）│
                         └──────────────────────┘
                                │Y
                                ↓
┌──────────────┐  N  ┌──────────────────────┐  Y  ┌──────────────┐
│业务会计：根据  │←────│关联生成模拟采购发│────→│业务会计：根据采购│
│模拟发票作账务  │     │票，是否有采购发票│     │发票作账务处理  │
│处理           │     │（Y/N）          │     └──────────────┘
└──────────────┘     └──────────────────────┘
```

图 3-1 入库流程图

1. 采购订单

采购订单

订单编号：☐　　　　日　期：☐

部　　门：☐　　　　业务员：☐　　　　　　　税　率：☐

供货单位：☐　　　　　　　　　　　　　　　　备　注：☐

存货编码	存货名称	规格型号	计量单位	数量	本币单价	本币金额	本币税额	税额	价税合计

制单人：　　　　　　　　　　　　　　　　　　　　　审核人：

图 3 – 2　采购订单

2. 入库单

入库单

入库日期：☐　　　　入库单号：☐　　　　　订单号：☐

仓　　库：☐　　　　部　　门：☐　　　　　业务员：☐

供货单位：☐　　　　　　　　　　　　　　　备　注：☐

存货编码	存货名称	规格型号	计量单位	数量	单价	金额	税额	价税合计

制单人：　　　　　　　　　　　　　　　　　　　　　审核人：

图 3 – 3　入库单

3. 模拟采购发票

专用发票

发票类型：☐　　　　开票日期：☐　　　　　入库单号：☐

发　票　号：☐　　　　采购部门：☐　　　　　仓　库：☐

供货单位：☐　　　　　　　　　　　　　　　业务员：☐

存货编码	存货名称	规格型号	计量单位	数量	单价	金额	税额	价税合计

制单人：　　　　　　　　　　　　　　　　　　　　　审核人：

图 3 – 4　采购发票

企业资料

物控人员的主要职责包含：仓储水平的监控、与供应商送货相关事宜的沟通。

小 试 身 手

任务描述

上海齐鑫公司在本月内先后组织两批电子产品元件30箱入库，需做好该批电子原件的接运与验收工作。学生独立或与他人合作完成入库作业，完成入库过程中的卸货、查点、验收、办理入库手续、退料处理的操作。

序号	活动项目	具体实施	备注
1	发布入库任务	教师将学生分好组员设定角色，并将入库任务下发到学生扮演的收货人员	
2	入库前准备	学生扮演收货人员准备好货位、验收工具、文件单证（入库检验单、料卡、残损单等）	纸质单证
3	接收与检验	学生扮演送货人员向收货人员出示送货单；收货人员核对单证后对该批电子元件进行数量、质量、包装验收	模拟物料
4	交接手续	学生扮演收货人员、送货人员双方共同在送货单、入库验收单、验退单上签署	纸质单证
5	退料处理	学生扮演收货人员填制退料单办理退货手续	纸质单证

一、活动须知

1. 人员安排

每6人为一个小组，每个小组指定一名学生为组长。

2. 工具准备

托盘搬运车、托盘、纸箱30个、送货单、验收单、验退单、发票、空白入库单、空白格式物料卡。

3. 学生设计

设计内容包括人员分工、操作流程。

二、活动步骤

第一步：制造业仓库入库工作任务书

工作任务				课时	
班级：	组长：			组员：	
任务目标					
任务描述					
相关资料及资源					
工作成果					
注意事项					

第二步：任务分配

对任务进行分解，组内讨论进行任务分配，填表如下：

制造仓入库作业任务分配表

任务分解	组员分工
入库前准备作业	作业组共____人，其中： 作业计划____人： 文件单据准备____人： 工具设备准备____人： 其他：
验收作业	作业组共____人，其中： 验收工具准备____人： 资料验收____人： 质量检验____人： 数量检验____人： 单据处理____人： 其他：
组托作业	作业组共____人，其中： 托盘堆码____人： 组托方式选择____人： 条码制作____人： 其他：

任务分解	组员分工
上架作业	作业组共____人，其中： 条码扫描____人： 搬运工____人： 叉车工____人： 单据处理____人： 其他：

第三步：任务说明

任务1：入库前准备作业

1. 制订入库作业计划

2. 熟悉入库货物状况

任务2：验收作业

1. 引导车辆进入月台

2. 核对实物与预入库单的一致性

任务3：组托作业

1. 确定组托码放的方式

2. 组托完成移入暂存区

任务4：上架作业

1. 获取储位安排

2. 叉车员上架

三、任务评价

检查内容	考核标准	分值	实际得分
制造业仓储入库作业	接收和验收操作程序正确	3	
	凭证审核认真、全面、无遗漏	2	
	验收仔细全面、处理得当	10	
	单证填制规范正确	5	
合　计		20	

知识库

主要理论知识

一、物料仓储管理在供应链中的位置

仓库和堆场是用于储存、保管货物的场所，它伴随着生产的产品剩余而产生。进入资本主义社会以后，随着商品生产物流业的快速发展才真正产生了现代意义上的仓库，作为经济领域专门从事仓储的行业——仓储业——也是伴随着商品生产的发展而诞生的。当前，以物流系统重要环节的物流仓储正在发生巨大变革，成为追求第三利润的重要来源。

二、物料仓储在供应链中的意义

物料管理（Materials Management）是企业活动中一项基本而不可或缺的活动。由于物料管理处于极为基础的地位，因而其重要性往往被绝大多数的企业的决策者和高层管理者所忽视。实际上，物料管理按照科学管理的原则对物料进行整体计划、协调和控制，从而为企业节约成本，获取最大的销售利润和经济效益。

1. 物料仓储是供应链中不可缺少的重要环节

从供应链角度来看，物流过程由一系列的"供给"和"需求"组成，在供需之间既存在物的"流动"，也存在物的"静止"，这种"静止"是为了更好地使前后两个流动过程紧密衔接。如果缺少必要的"静止"，则会影响物料的有效流动。物料仓储管理环节正是起到物流中的有效"静止"的作用。

2. 物料仓储能够保证进入下一环节前的质量

物料在整个供应链中，通过仓储环节，对进入下一环节前的物料进行检验，可以防止伪劣物品进入下一道工序或混入市场。因此，为保证物料的质量，要把好仓储管理这一关，以保证物料不变质、受损、短缺和有效的使用价值。通过仓储来保证物料的质量主要体现在两个环节：物料入库检验和物料储存期间的保质。

3. 物料仓储是加快流通、节约流通费用的重要手段

物料在库场内的滞留，表面上是供应链内流通的停止，实际上恰恰起着促进流通畅通的重要作用。仓储管理的发展，在调配余缺、减少生产和销售部门的库存积压，在总量上减少地区内货物的存储量等方面都有积极的作用。此外，在很多发达国家中，将物流领域的成本降低看作是"第三利润源泉"，仓储管理成本的降低正是节约整个流通成本的重要手段。

三、物流业与制造业物料仓储管理的区别

物料仓储管理在不同的行业中有不同的管理特点，物流业的物料管理与制造业的物料仓储管理之间存在着很明显的区别。无论是从管理目标、核心，还是从范围、控制方式等

各种角度来看，物流业与制造业的物料仓储管理的内容都是截然不同的。

例如，制造业的物料仓储管理主要是为了通过控制库存量以达到有效降低生产成本的目的，而物流业的物料管理则主要是为了通过控制存量来达到提高周转率的目的。两者之间的区别见表中的内容。

物流业与制造业物料仓储管理的区别

行业	区别
制造业	目标：控制库存量，降低生产成本 核心：成本控制 范围：从采购到成品 控制：库存量控制
物流业	目标：控制存量，提高周转率 核心：提高周转率 范围：一般不包括采购 控制：周转控制

1. 管理目标不同

对于制造业来说，物料仓储管理的重点是要控制库存量，防止物料过剩或供应不足。一般来说，制造业的物料仓储管理要求是在保证不影响生产的前提下维持最低的库存量，通过削减库存量来降低整个产品的生产成本。对于物流业来说，物料仓储管理的目的是为了提高产品周转的效率，将产品尽快转化为可以利用的流动资金。

2. 管理核心不同

制造业进行物料仓储管理的目标是降低产品的生产成本，而物流业物料仓储管理的目标是提高产品的周转率。由于制造业与物流业物料仓储管理目标不同，因而两者的管理核心也是不一样的。

3. 管理范围不同

制造业和物流业的物料仓储管理在范围上也有很大的差别。对于制造业的物料仓储管理来说，从原料采购到产品进入市场，需要对整个过程进行有效的控制和管理，所涉及的范围非常广泛；而对于物流业的物料管理来说，它所承担的是周转率的责任，其管理范围一般不包括采购这一环节。

4. 控制要求不同

对于制造业来说，物料仓储管理强调对库存量的控制，库存量越小越符合制造业物料仓储管理的控制要求；但对于物流业来说，物料仓储管理的控制核心侧重于物料的周转，物料周转越快，越能满足各地对物料的需求。这种控制要求之间的差别，归根结底是由于制造业与物流业的行业性质不同所决定的。

四、物料入库工作流程图

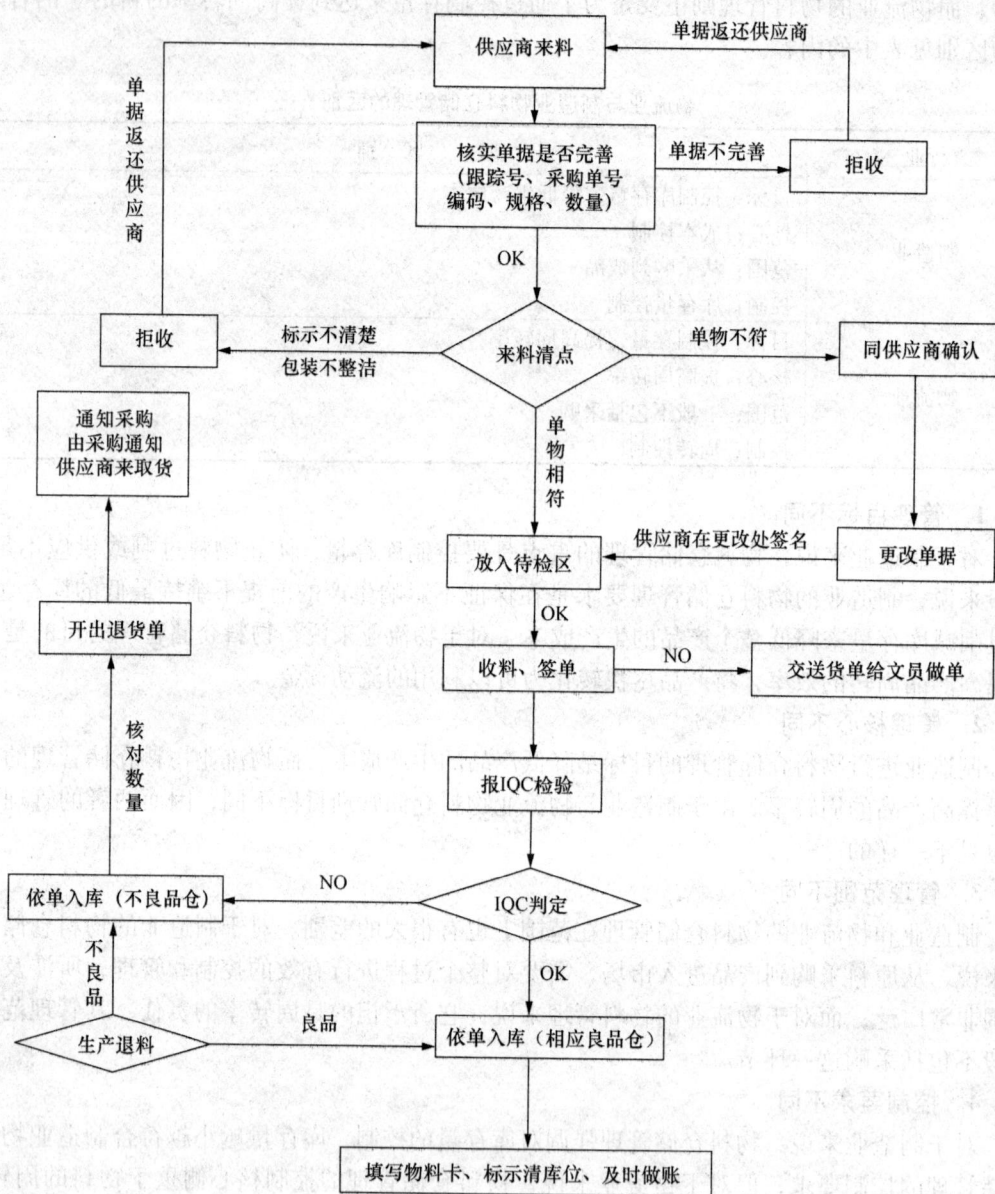

```
                              供应商来料  ←── 单据返还供应商
                                 │                    ↑
单据返还供应商                    ↓                    │
                      核实单据是否完善  ── 单据不完善 →  拒收
                     （跟踪号、采购单号
                       编码、规格、数量）
                                 │
                                OK
                                 │
   拒收  ← 标示不清楚        来料清点  ── 单物不符 →  同供应商确认
         包装不整洁                                        │
                                 │                        │
                                单物                       │
   通知采购                      相符                       │
   由采购通知                     │                        │
   供应商来取货       供应商在更改处签名                     │
                                 ↓          ←───────── 更改单据
                            放入待检区  ← 供应商在更改处签名
   开出退货单                   │
                              OK
                                │
                          收料、签单  ── NO →  交送货单给文员做单
   核对数量                     │
                                ↓
                          报IQC检验
                                │
                                ↓
   依单入库（不良品仓）  ← NO ──  IQC判定
         ↑                      │
        不良品                  OK
         │                      │
     生产退料  ── 良品 →  依单入库（相应良品仓）
                                │
                                ↓
              填写物料卡、标示清库位、及时做账
```

主要实践知识

一、入库之前检验程序是怎样的

接收到成品仓的产品必须是经过检验合格并贴有"QC PASSED"标记的合格产品。

（1）制造部生产的半成品或成品，于入库前，由现场物料人员开具入库单，明确制造命令、产品名称、编号、规格、数量后，送品管部检验。

（2）品管部依"最终检验规定"实施检验。

（3）检验结果有合格（或允收）、不合格（或拒收）与特采（或让步接收）三种。

（4）判定不合格的物料，由品管部在入库单上注明不合格，并开具"不合格格通知单"一式两联，第一联由品管部自存，第二联转制造部安排重检作业。

二、入库作业要确认哪些事项

判定合格或特采的物料，由制造部送往仓库办理入库手续。仓库接收时要确认如下事项：

（1）确认入库单填写完整、内容正确。

（2）确认入库的实物与入库单的内容相一致。

（3）确认入库的产品包装状态完好。

（4）按规定的方式把已经确认的产品摆放好，并入账。

半成品/成品入库单

生产部门：   No.

生产单号：□半成品 □成品   日期：

物料编号	品名	规格	单位	生产批量	入仓数量	品管判定	实收数量	备注

仓管员：   品管员：   生产物料员：

材料入库单

厂商名称：No.

厂产编号：   日期：

订单号码	物料编号	品名规格	单位	送货数量	检验损耗	品管判定	实收数量	备注

物控员（PMC）：   最终检验员（OQC）：   仓管员：

（本单共四联：生产联、物控联、货仓联、财务联）

入库日记表

单据种类：   入库日期：

检收单号	品名	规格	代号	单位	数量	单价	金额	厂商	请购单编号	备注

经理：   主管：   组长：   填表：

我知道吗？

1. 物流业与制造业仓储管理的区别是什么？

2. IQC、OQC、QA 的区别是什么？

任务二　制造业在库作业

制造业企业的原材料在库管理，既要注意产品数量的严格管理控制，更要注意使用物料号来区别企业生产产品所使用的原材料。在原材料储存过程中，要注意原材料的物理化学特性，防止原材料损坏。

学习目标

最终目标：

能熟练操作制造业仓储在库作业

促成目标：

1. 能准确记录仓库明细账
2. 能准确对物料进行分区分类管理
3. 能准确进行仓库物料盘点活动与安排盘点作业

【项目任务】

苏州天佑天器对上一批入库货物实施在库管理。

【任务实施】

1. 登记台账

对于入库的物料和产品，企业应该建立台账。这里应包括如下信息：物料名称、供应商资料、适用范围、储存区域等。

2. 对物料进行颜色管理、按月份贴标签（为先进先出作预备）

企业对入先后入库的物料，会按照季度（月份）进行颜色的标注。不同的颜色区分出不同的入库季度（月份），以便在原材料（成品）出入库的过程中，可以有效保证先进先出。

3. 分区存放物料

不同企业对于物料的分类都有不同的区分方法。比较常见的会按照金属件、塑料件、包装件等进行分类。

4. 立卡

产品物料在库存放，必须立卡标明名称、物料号、进出库记录等。通过立卡，既可以方便准确出入库，也可以方便日后的库存盘点。

5. 呆料、废料处理

在日常的管理过程中，要特别注意呆、废料的识别及管控。对于呆料，要适时考虑尽早使用；对于废料，确定已经无生产价值的，要立刻处理掉。

6. 盘点

安排盘点人员进行初盘、复盘，记录与分析盘点结果。

小试身手

■ 任务描述

上海齐鑫公司送来的电子元件 30 箱分别堆码在 8 个托盘上，将 8 托盘模拟两种存放方式：4 托存放在货架上，4 托堆码在画好的地面保管区域。要求学生扮演理货员，做好如下工作：（1）学生自制月份颜色标签贴于托盘上各箱外层；（2）学生自制吊牌并悬于货架处，粉笔框出地堆区；（3）安排和实施盘点作业；（4）做好仓库安全、卫生工作。

活动步骤：

序号	活动项目	具体实施	所用资源
1	下发任务书	教师为各组下发本次任务书	
2	登记台账	理货员 A 将入库物资登记明细账	报表
3	贴月份标签	理货员 B 将相关月份的颜色标签贴于包装容器上，便于出库时的先进先出管理	提供彩色纸张学生自制
4	分区保管	理货员 C 将入库物资进行分区保管，入库货物可分置于托盘货架与地堆区内	实训室场地
5	立卡	理货员 D 动手制作货牌（吊牌）悬于货架旁	提供硬纸板学生自制
6	仓库安全、卫生工作	理货员 E 从实训室相关位置取到灭火器并口述其使用方法；做好库内的卫生清洁工作	实训室设备
7	盘点	盘点组长安排至少 2 名盘点人员完成库内盘点作业	实训室某货架或某物料

一、活动须知

1. 人员安排

每 6 人为一个小组，每个小组指定一名学生为组长。

2. 工具准备

托盘搬运车、托盘 8 个、纸箱 30 个、彩色纸张、油性笔、台帐、空白格式物料卡、干粉灭火器、盘点单、盘点表、盘点差异表。

3. 学生设计

设计内容包括人员分工、操作流程。

二、活动步骤

第一步：明确工作任务

制造业在库工作任务书

工作任务			课时	
班级：	组长：		组员：	
任务目标				
任务描述				
相关资料及资源				
工作成果				
注意事项				

第二步：任务分配

对任务进行分解，组内讨论进行任务分配，填表如下：

任务分解	学生角色分配
整仓作业	作业组共（　　　）人，其中： 工具准备（　　　）人： 单据准备（　　　）人： 软件准备（　　　）人： 整仓作业（　　　）人： 其他：
盘点作业	作业组共（　　　）人，其中： 盘点员（　　　）人： 软件操作（　　　）人： 其他：

第三步：任务说明

任务1：整仓作业

（1）正确制作台账；

（2）建立物料卡；

（3）准确进行地踪编号；

（4）做好仓库卫生管理。

任务2：盘点作业

1．盘点前的准备

（1）选择盘点周期。

（2）选择盘点时间点。

（3）选择盘点方式：可选的盘点方法有异动盘点、循环盘点、全面盘点。

　（4）训练盘点人员：包括盘点的程序、表格的填写、工具的使用等。

（5）冻结库存账及清理盘点场所。

2. 盘点作业

（1）准备盘点。

① 将盘点人员分组；

② 划分小组负责区域；

（2）生成盘点表。

选定盘点区域，产生并打印盘点表。

（3）初盘。

① 找到对应储位，一人负责清点货物，一人负责在盘点表上做记录。

② 货物信息正确，在记录行上打钩确认；货物信息错误，要在记录行上记录实际的货物数量及名称。

（4）复盘。

① 初盘完毕，打印盘点差异表。

② 盘点人员互换角色，根据盘点差异表重新盘点存在差异的储位。

③ 复盘人员需用不同于初盘时所用笔的颜色填表。

④ 按照储位上实际的货物信息来修改盘点差异表。

⑤ 复盘完毕，盘点人员在盘点差异表上签字确认。

（5）调整复盘差异。

① 复盘完毕，操作人员上交盘点差异表。

② 根据复盘结果，中注明差异原因，调整盘点结果。

第四步　教师演示

演示1：教师演示整仓作业过程。

演示2：教师演示盘点作业过程。

第五步　学生执行任务

学生分组轮训，练习在库作业处理。

三、任务评价

考核内容	考核标准	分值	实际得分
制造业仓储在库作业	正确记录台账	3	
	能将月份标签准确贴于包装容器醒目位置	5	
	地垛编号作业	2	
	吊牌制作后填写准确	5	
	盘点操作正确	5	
合　计		20	

知识库

主要理论知识

一、不同物品的管理要领

（一）贵重物品怎么管

贵重物品是指价值较高的物品，一般根据物品的贵重程度实施不同级别的管理。通常使用专用仓库管理和保险柜管理。

奥迪专用仓库

1. 专用仓库管理

专用仓库主要用来保管 IC、焊锡条、羊绒等价值比较高，且数量又大的物品。保管时实行专人专管的管理制度，具体方法为：

（1）专用仓库配置自动报警和监视系统，安装防盗门、密码保险窗等。

（2）指定专职仓管员进行管理。

（3）增加盘点频次，一般每周盘点一次。

（4）保管人员须每周向上级报告工作。

（5）仓库主管应每月点检确认一次。

2. 保险柜管理

保险柜主要用来保管金、银、水银等贵重物品。保管时实行两人管理制，具体方法为：

（1）将保险柜放置在规定的仓库内。

（2）保险柜由保管员和监督员掌管密码，只有两人同时在场时方可开启。

（3）填写保管物品的清单，严格记账和过磅管理。

（4）仓库主管应每月点检确认一次。

（二）危险物品怎么管

危险物品是指化工原料、印刷油墨、炸药、汽油、天那水等具有危险性的物料。其本身存在危险性，一般要根据物品的危险程度实施不同级别的管理。

1. 高危物品——专用仓库管理法

专用仓库管理法即设置专门用途的仓库，用以存放高危险性的物品，如炸药、汽油、天那水等。具体方法为：

（1）针对物品的特性，建造适宜的库房，建造完成后需要得到相关专家的认可。

（2）制定专用库房管理细则。

（3）加强仓管人员对制度的认识，以及对物品的保管方法、安全要求的了解。

（4）按规定保管存放的高危物品。

（5）加强高危物品对环境要求的监控。

（6）仓管人员要随时检查高危物品的状态。

（7）仓库主管要定时监督并确认。

2. 低危物品——隔离管理法

即把存在危险性的物品与其他物品隔离开来，分别放置，如包装完好的化工料、印刷油墨等。具体方法为：

（1）划分好需要隔离的区域。

（2）设置必要的栅栏等隔离器具。

（3）标示并指示隔离区域。

（4）按规定保管好存放的隔离物品。

（5）平时注意加强监视被隔离物品的存放状态。

（三）易损物品怎么管

易损物品是指那些在搬运、存放、装卸过程中容易发生损坏的物品，如玻璃、陶瓷制品、精密仪表等。对这类物品按以下方法保管：

（1）尽可能在原包装状态下实施搬运和装卸作业。

（2）不使用带有滚轮的储物架。

（3）利用平板车搬运时，要对码层进行适当捆绑。

（4）一般情况下不允许使用吊车作业。严禁以滑动方式搬运。

（5）严格限制摆放的高度。

（6）小心轻放，文明作业。

（7）不与其他物品混放。

（8）明确标示其易损的特性。

（四）易生锈材料怎么管

易生锈材料是指那些具有加工切口的金属类物料，由于其切口处没有抗氧化的保护层，因而容易发生氧化生锈。如有冲口的机器外壳，有螺丝口的垫片等。这类物料的管理按以下方法进行：

（1）专门设置易生锈材料的仓库。

（2）按防锈标准要求及防锈技术典施管理。

（3）严格控制易生锈材料的库存时间，严格遵循先入先出的原则。

（4）一旦发生生锈现象，要及时通报并进行除锈处理。

（5）检查生锈的原因，积极采取应对措施。

（6）认真记录库区管理的有关数据，进行分析、判断并采取预防措施，在必要时制作控制图，用以有效管制。

（五）敏感材料怎么管

敏感材料是指那些材料本身具有很敏感的特性，若控制失误就有可能导致失效或产生事故，如磷可在空气中自燃，IC怕静电感应，胶卷怕曝光，色板怕日晒风化等。这类物品的管理要求为：

（1）接收时认真阅读并执行原制造商的保管要求。

（2）了解和掌握该类物品特性，实施对口管理。

（3）必要时，要安排专人管理仓库。

（4）必须在原包装状态下搬运、保管和装卸。

（5）设置必要的敏感特性监视器具，以便有效消除不合适的环境因素。

（六）有效期较短的物料怎么管

是指有效期不满一年，或随着时间的延长，其性能下降比较快的物料，如电池、黄胶水、PCB等。这类物品的管理要求为：

（1）严格控制订货量，尽量减少库存积压。

（2）严格控制库存时间。

（3）严格按物料的制造日期实施先进先出管理。

（七）长期库存的物品怎么管

物品长期库存是不合理的，所以应该尽量减少这类物品或及早采取措施消除。对长期库存的物品按以下方法实施管理：

（1）指定专门存放区域予以隔离。

（2）定期检查专门存放区域的存放环境。

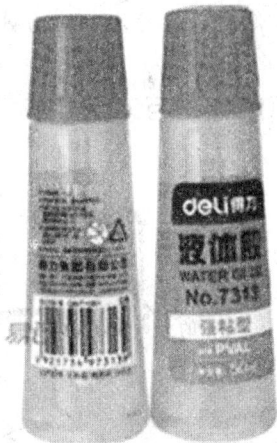

（3）定期确认存放物的包装状态和完好度。

（4）定期向上级通报被存物的状况。

（5）如物品有可能出货或使用时，要提前通知品质部重新进行检验。

（6）如物品有变质或不宜继续存存放时，要迅速上报处理。

（7）存放物品的账目要清楚。

温馨提示

盘点时间选择在财务结算前或在销售淡季。

小看板

长期库存的物品一般是由一些非正常原因造成的，如：

1. 由于纠纷被中止出货的产品。

2. 由于法律原因被禁止出货的产品。

3. 由于采购失误而错购买的物料。

4. 由于设计变更之而无法继续使用的物料。

5. 由于功能或技术方面的原因而搁置的器械。

6. 其他无法及时处理的物料。

二、盘点的作用与方法

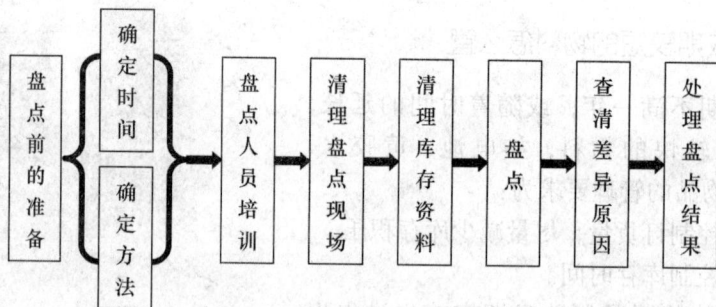

图 3-5　盘点作业基本流程图

（一）盘点的作用

盘点是指为确定仓库内或其他场所内所存物料的实际数量，而对物料的现存量加以清点。物料盘点的作用主要有以下几点：

1. 减少差错发生

物料因不断地收发，时间一久难免发生差额与错误，盘点可以确定物料的现存数量，并纠正账物不一致的现象，不会因账面的错误而影响正常的生产计划。

2. 检讨物料管理的绩效，进而从中加以改进

例如，呆料、废料多少，物料的保管与维护，物料的存货周转率等，经过盘点可以认定并加以改善。

3. 计算损益

企业的损益与物料库存有密切的关系，而物料库存金额的正确与否有赖于单价的正确性。因此为求得损益的正确性，必须加以盘点，以确知物料现存数量。

4. 对遗漏的订货可以迅速采取订购措施

采购部门因工作的疏忽而漏下订单，通过盘点，可以加以补救。

（二）盘点的种类

盘点的种类可按盘点时期、方法、形式与应用进行区分。

方法一：按盘点的时间区分

1. 定期盘点制

（1）定义和分类。选择某一日期，全面盘点所有物料的一种方法。即在规定的日期内，将所有物料加以盘点，通常会在一会计期间的期末进行。

小看板

因盘点使用的工具不同，可分为下列三种盘点方法：

A. 盘点单盘点法

是以物料盘点单统计盘点结果的方法。此种方法汇总记录在整理列表上十分方便，且在盘点过程中，容易发现漏盘、重盘、错盘的现象。

B. 盘点签盘点法

采用特别设计的盘点标签于盘点后挂在物料上，经复核无误后取下汇总统计的盘点方法。此法对于物料的盘点与复盘的核对方便又正确，对于紧急用料仍可照发，临时进料也可以照收，核账与列表都很方便。

C. 料架签盘点法

以原有的料架签作为盘点工具，盘点完毕后即将盘点数量填入料架签内。此种盘点法既方便又可免去设计盘点签。

（2）优缺点

定期盘点必须关闭工厂仓库，作全面性的物料清点，因此对物料、在制品的核对十分方便和准确，可减少盘点中不少错误。缺点是工厂停产造成损失，并且需动用大批员工从事盘点工作。

2. 不定期盘点制

此种盘点制并未决定实施盘点的日期，而是在必要时随时进行盘点。

3. 经常盘点制

此制并未设盘点的时期，而是穿插在日常业务之中每日进行盘点。一般使用此法都将日常业务在上午或下午定点即设定出库限制，其后的时间用于清理或盘点。

方法二：按盘点的方法区分

1. 全面盘点制

不管定期或是不定期，就所有物料全面进行盘点。进行全面盘点须事先制定准备计划，需要停止物料的出入库或利用假日上班进行盘点。优点是对全部的物料，可同时正确地掌握盘点，且可与会计上的终止日期一致；其缺点是为了盘点必须停止出入库或假日上班，且需要增援临时人员。

2. 连续盘点制

又称为循环盘点制，是将仓库分成若干区，或就物料分类，逐区逐类轮流连续盘点，或某类物料存量达到最低存量时，即机动加以盘点。

小看板

连续盘点可以分为：

A. 分区轮盘法

由盘点人员先将仓库分为若干区，依序清点，经一定日期后周而复始，再从第一区重新盘点。

B. 分批分堆盘点法

将记录签放置于透明塑料袋内，挂在物料的包装上，在发料时随即记录，并将领料单副本存于该透明塑料袋内。盘点时，对还未动用的物料可认为其存量无误，将已动用的物料加以盘点，并核对记录签与领料单。

C. 最低存量盘点法

当库存物料达到最低存量或订购点时，即通知盘点人员清点仓库。盘点后开出对账单，以便查核误差。这种盘点方法对于经常收发的物料相当有用，但对于呆料来说则不适合。

3. 联合盘点制

采用连续盘点制者日益增多，但单独实行连续盘点制可能失去全面总检讨的机会，有采用联合盘点制。例如实行分批分堆盘点法者，同时实行分区轮盘法；实行最低存量盘点法者，一并实行定期盘点制。

方法三：按盘点的形式区分

一般盘点物料的形式，可区分为下列两大类：

1. 开库盘点法

是指物料的收入拨发照常进行的盘点。进行开库盘点时，为了免除影响作业的进行或与工作冲突，通常选在淡季：因不关闭工厂与仓库，故可以减少停工的浪费和领料的不便。

2. 闭库盘点法

进行闭库盘点时，须先通知所属的用料单位，并限期将已开出账拨料单提领完毕，有必要时则停工以配合闭库盘点。

方法四：按盘点的实务应用区分

1. 随机盘点法

是指物料管理部门视状况的需要随时指定某一项或数项物料，由物料保管部门报告现有的存量，累计并计算出差异以作为调账的依据。

2. 永续盘点法

又称连续盘点制，是指物料管理部门依 ABC 或用量的分析，排定日程并将所有的物料分批举行盘点一次或数次。

3. 年度盘点法

是指公司停止生产或营业，将物料或物品置于定位，以清点物料或物品，并做出结算报告表。

主要实践知识

一、呆废料的管理

（一）如何对呆废料分类

1. 呆料

呆料即物料存量过多，耗用量极少，而库存周转率极低的物料。这种物料偶尔耗用少许，很可能不知何时才能动用甚至根本不再有动用的可能。呆料为百分之百可用的物料，一点都未丧失物料原来应具备的特性和功能，只是呆置在仓库中，很少去动用而已。

2. 废料

废料是指报废的物料，即经过使用，本身已残破不堪、磨损过甚或已超过其寿命年限，以致失去原有的功能而本身无利用价值的物料。

3. 旧料

旧料是指物料经使用或储存过久，已失去原有性能或色泽，而致物料的价值减低者。

4. 残料

残料是指在加工过程中所产生的物料零头。残料虽已丧失其主要功能，但仍可设法利用。

（二）为什么要对呆废料进行处理

物料变成呆废料，其价值已急剧下降，而仓储管理费用并不因为物料价值下降而减少，因此以同样的仓储管理费用保存价值急剧下降的物料，显然不是很经济。呆废料之所以要处理，目的在于以下几个方面：

1. 物尽其用

呆废料弃置在仓库内而不能加以利用，久而久之物料将锈损腐蚀，降低其价值，因此应物尽其用，适时予以处理。

2. 减少资金积压

呆废料闲置在仓库而不能加以利用，使一部分资金呆滞于呆废料上，若能适时加以处理，即可减少资金的积压。

3. 节省人力及费用

呆废料未处理前，仍需有关的人员加以管理，因此会发生各种管理费用，若能将呆废料加以处理，则上述人力及管理费用即可节省。

4. 节约仓储空间

呆废料日积月累，势必占用庞大的仓储空间，可能影响企业的仓储管理。为省仓储空间，呆废料应适时予以处理。

（三）怎样预防与处理呆料

1. 呆料的预防

呆料预防重于处理，对于呆料的发生，采取的预防措施如表 3 - 1 所示：

表 3 - 1   呆料的预防措施

部门	预防措施
销售部门	（1）加强销售计划的稳定性，对销售计划的变更要加以规划；切忌使销售计划变更频繁，使购进的材料变成仓库中的呆料 （2）客户的订货应确实把握，尤其是特殊订货不宜让客户随意取消；否则材料准备下去，容易造成呆料 （3）消除客户百分之百的优先主义，客户预订的产品型号或规格应减少变更，尤其是特殊型号和规格的产品更应设法降低客户变更的机会；否则会造成很多的呆料 （4）销售人员接受的订货内容应确实把握，并把正确而完整的订货内容传送至计划部门
设计部门	（1）加强设计人员的能力，减少设计错误的机会，不至于因设计错误而产生大量呆料 （2）设计力求完整，设计完成后先经过完整的试验，才能大批订购材料 （3）设计时要尽量使零件、包装材料等标准化的努力，这样就可尽量避免零件与包装材料种类过多而使呆料增加
计划与生产部门	（1）加强产销的协调，增加生产计划的稳定性，对紧急订单妥善处理，如此可减少呆料的产生 （2）生产计划的拟订应合乎现状，若生产计划错误而造成备料错误，自会产生呆料 （3）生产线加强发料、退料的管理，则生产线上的呆料自然会减少 （4）新旧产品更替，生产计划应十分周密，以防止旧材料变成呆料
货仓与物控部门	（1）材料计划应加强，消灭材料计划失常的现象 （2）对存量加以控制，勿使存量过多。以减少呆料发生 （3）强化仓储管理，加强账物的一致性
采购管理部门	（1）减少物料的不当请购、订购 （2）加强辅导供应厂商，呆料现象自可降低
验收管理部门	（1）物料验收时，避免混入不合格物品，强化进料检验并彻底执行 （2）加强检验仪器的精良化，减少物料"鱼目混珠"的机会，消灭不良物料入库的机会

2. 呆料的处理

处理呆料的途径主要有以下几种。

（1）调拨给其他单位利用。本部门的呆料，其他部门仍可设法利用，可将呆料进行调拨。

（2）修改再利用。既成呆料，利用机会就少，有时将呆料在规格上稍加修改，就能够加以利用。

（3）借新产品设计时推出，消化库存的呆料。

（4）打折出售给原来的供应商。

（5）与其他公司"以物易物"。

（6）破坏焚毁。对于无法出售、交换、调拨再利用的呆料，宜按物品的类别分别考虑破毁、焚毁或掩埋。

仓管员每月整理物料库存报表时，应将呆滞物料的编号、名称、规格、数量明确列出。

（四）如何预防与处理废料

1. 废料的预防

要减少废料的发生，预防重于处理。为预防废料的发生，可针对废料发生的原因而采取不同的对策：

（1）设法防止物料的陈腐。

① 减少呆料的闲置，设法利用。

② 与原有供应厂商洽谈，以旧料换新料，防止发生物料陈腐。

③ 寻找物料的替代品，防止物料的陈腐。

（2）减少物料锈蚀的现象。

为防止酸碱的侵蚀、湿气的侵蚀，可选用耐酸碱、不易锈蚀的材料。

（3）防止剪裁边隙，增加钢板、布匹、胶皮等的使用率。

（4）建立先进先出的物料收发制度，以免物料堆积过久而成为陈腐报废的物料。

（5）机器设备定期做保养与维护，以减少机器运行不正常而发生的废料。

（6）预防虫咬现象的发生。彻底消灭老鼠、蟑螂和蛀虫等足以破坏物料的虫害。

小看板

仓管部在收到各部门送来的废旧物品时，应做好记录，注明品名、数量，逐月按各部实交废旧物品汇总。

2. 废料的处理

在规模较小的企业，当废料积累到一定程度时，应作出处理。在规模较大的企业，可将废料集中在一处，并从事物料解体的工作，将解体后的物料分类处理。

（1）废料解体后，其中有许多可移作他用的物料，如胶管、机械零件、电子零件等。

（2）废料解体后，其中仍有残料，如钢条、钢片等可作残料利用。

（3）废料解体后，所剩余的废料应小心分类，将钢料、铝、铅、铜、塑胶等适当分类。若可重新回炉，即送工厂再制。分类后的废料依适当的价格向废品回收机构出售，废料分类可卖得较高的价钱。

废料处理报告单

年　　月　　日

编号：

物品名称		物料编号		数量	
处理方式	□废弃　　□转作其他有途　　　□转售　　　□改造				
处置说明					
损失分析	（1）账面价值： （2）处置收入： （3）处置支出： （4）损失金额或价值：				

审核：　　　　　　　　　　　　　　经办人：

二、如何控制盘点作业

（一）盘点前应做好哪些清理工作

盘点前仓库的清理工作主要包括：

（1）供应商交来的物料尚未办完验收手续的，不属于本公司的物料，所有权应为供应商，必须与公司的物料分开，以免盘入公司物料当中。

（2）已验收完成的物料应即时整理归仓，若一时来不及入仓，要暂存于某一特定场所，记录于临时账簿上。

（3）仓库关闭之前，必须通知各用料部门预领关闭期间所需的物料。

（4）清理、清洁仓库，使仓库井然有序，便于计数与盘点。

（5）将呆料、不良物料和废料预先鉴定，与一般物料划定界限，以便正式盘点时作最后的鉴定。

（6）将所有单据、文件、账卡整理就绪，未记账、销账的单据均应结清。

（7）仓管员应于正式盘点前，找时间自行盘点，若发现有问题应作必要且适当的处理，以利正式盘点工作的进行。

（二）盘点前生产线退料怎么办理

配合生产线的盘点工作，生产线的退料工作必须做得相当彻底。在仓库清理之前，生产人员必须做好生产线的退料工作。生产线的退料对象包括以下数项：

（1）规格不符的物料。

（2）超发的物料。

（3）不良的物料。

（4）呆料、废料。

（5）不良半成品。

小看板

生产线的退料工作在平时就要进行，在盘点来临时才进行退料工作，工作繁杂而不易顺利进行。生产线退料工作必须彻底进行，生产线所属工作场所（如生产线附近、工作台抽屉、通风管等）均应彻底退料。

（三）如何开展盘点培训

使盘点工作顺利进行，每当定期盘点时，必须抽调人手增援。对于从各部抽调来的人手，必须加以组织、分配，并进行短期的培训，使每一位人员在盘点工作中能够彻底了解盘点工作并担当好其应尽的责任。

人员的培训分成两部分：一是认识物料；二是学习盘点方法。

1. 认识物料

认识物料，重点在于复盘人员与监盘人员，因为复盘人员与监盘人员多半对料不太熟悉。加强复盘人员与监盘人员对物料的认识有以下方法：

（1）分配易于认识的物料给物料认识不足的复盘人员和监盘人员（如财务、行政人员）。

（2）加强复盘、监盘人员对所分配的复盘物料的认识培训。

（3）对物料认识不足的复盘、监盘人员，每次盘点所分配的物料内容最好相或相当接近，不要因每次盘点而变更。

2. 学习盘点方法

工厂的盘点程序与盘点办法经过会议通过后，即成公司的制度。参加初盘、复盘、抽盘、监盘的人员必须根据盘点管理程序加以培训，必须对盘点的程序、盘点的方法、盘点使用的表单等充分了解，这样盘点工作才能得心应手。

（四）盘点计划工作有哪些

（1）申请盘点所需要的表单，即盘点卡和盘点清册。盘点卡用于贴示物料，盘点清册用于汇总物料库存资料。

（2）召开盘点会议，必要时成立盘点领导小组，划分盘点区域及负责人，确定盘点各项工作的分工。

（3）申请特殊度量工具、印章及其他需用品。确定盘点日期。

（4）各单位指派参加盘点的人员，分为初盘人员与复盘人员，同时对人员进行分组并指定小组负责人。

（5）对盘点人员进行培训。由公司对各小组负责人进行培训，各小组负责人对所属人员进行培训。

（五）怎样开展盘点作业

1. 初盘作业

（1）指定时间停止仓库物料进出。

（2）各初盘小组在负责人的带领下进入盘点区域，至少每两人一组，在仓管员引导下进行各项物料的清点工作。

（3）初盘人员在清点完物料后，填写盘点卡，注明物料编号、名称、规格、初盘数量、存放区域、盘点时间和盘点人员，做到一种物料一张卡。

（4）盘点卡一式三联，一联贴于物料上，两联转交复盘人员。

（5）初盘负责人组织专人根据盘点卡资料，填写盘点清册（根据物料盘点卡资料填入）。盘点清册一式三联，一联存被盘仓库，另两联交复盘人员。

2. 复盘作业

（1）初盘结束后，复盘人员在负责人的带领下进入盘点区域，在仓管员及初盘人员的引导下进行物料复盘工作。

（2）复盘可采用100%复盘，也可采用抽盘，由公司盘点领导小组确定，但复比例不可低于30%。

（3）复盘人员根据实际状况，可采用由账至物的抽盘或由物至账的抽盘作业。

① 由账至物，即在盘点清册上随意抽出若干项目，逐一至现场核对，检查盘点清册、盘点卡与实物三者是否一致。

② 由物至账，即在现场随意指定一种物料，再由此对盘点清册、盘点卡进行核对，检查三者是否相符。

（4）复盘人员对核对无误的项目，在盘点卡与盘点清册上签字确认；对核对有误的，应会同初盘人员、仓管员修改盘点卡、盘点清册中所载的数量，并签字负责。

（5）复盘人员将两联盘点卡及两联盘点清册一并上交财务部。

（六）怎样确认与处理盘点差异

1. 如何确认盘点差异

盘点过程中，如发现账物不符，应积极寻找账物差异产生的原因，同时做好预防及修补改善工作，防止差异的再发生。将盘点所得资料与账目核对，如现账物不符，则应积极寻找账物差异的原因。差异原因的追查可从下列各项着手进行：

（1）账物不符是否确实，是否有因料账处理制度存在缺陷，而造成料账无法明确表达物料数目的事情。

（2）盘盈、盘亏是否为料账员素质过低，记账错误或进料、发料的原始单据丢失造成料账不足等原因造成的。

（3）是否存在盘点人员不慎多盘或将分置数处的物料未用心盘，或盘点人员事先培训工作不到位而造成错误的现象。

（4）对盘点的原委加以检查，盘盈、盘亏是否为盘点制度存在缺陷造成的。

（5）盘点与料账的差异是否在容许范围之内。

（6）寻找盘盈、盘亏的原因，看今后是否可以事先设法预防或降低账物差异的程度。

2. 如何处理盘点差异

（1）修补改善工作。

① 依据管理绩效，对分管人员进行奖惩。

② 料账、物料管制卡的账面纠正。

③ 不足料迅速办理订购。

④ 呆、废料迅速处理。

（2）预防工作。

① 呆料比率过大，应设法研究，致力于降低呆、废料。

② 当存货周转率极低、存料金额过大，造成财务负担过大时，应设法降低库存量。

③ 当物料供应不足率过大时，应设法强化物料计划与库存管理及采购的配合。

④ 料架、仓储、物料存放地点可能影响物料管理绩效时，应设法改进。

⑤ 成品的成本中物料成本比率过大时，应探讨采购价格偏高的原因，设法降低采购价格或设法寻找廉价的代用品。

⑥ 物料盘点工作完成以后，所发生的差额、错误、变质、呆滞、盈亏、损耗等结果，应分别予以处理，防止以后再发生。

盘点卡

盘点日期：　　　　　　　　　　　　　　　　　　　　　　　　　　　　卡号：

品名		规格	
储放位置		料号	
账面数量		实盘数量	差异	
说明：		复盘人	盘点人	

材料库存盘点明细表

保管材料部门：   使用材料部门：

盘点日期：　　年　　月　　日

材料分类	材料名称	规格	单位	账目库存量	盘点存量			盘点盈亏金额				发生差异或废品的原因	备注
					良品	废品	差异盈亏	单价	废品	盘盈	盘亏		

厂长：   副厂长：

制表：   会同盘点单位签章：

牢 记 要 点

盘点作业的程序如下：
☞ 准备工作
☞ 确定盘点时间
☞ 确定盘点方法

我知道吗？

1. 仓库盘点作业的目的是什么？
2. 仓库盘点作业如何组织与安排？

任务三 制造业出库作业

制造业企业的出库作业，与入库作业在某些方面是相似的。在出库作业方面，第一是侧重产成品的合格出库，第二是产品运输前的各种配货问题，同时还包括运输工具的选择，是否外包运输等。

学习目标

最终目标：

能熟练操作制造业仓储出库作业

促成目标：

1. 能准确按流程进行出库作业
2. 能准确执行"先进先出"要求

【项目任务】

苏州天佑电器拟完成一批仓库物品的出库作业。

【任务实施】

（1）业务员在当日16：30之前填写次日的销售订预算清单报送商务部输单，并在公司办公自动化上输入工作联系单，销售预算清单一式四联，一联仓库、一联业务员、一联商务、一联业务会计。仓库在当日按销售预算清单提前备货，办公室根据业务员在公司办公自动化的工作联系单统一安排发货车辆，保证货物及时送达客户。

（2）业务员必须完好保管所有销售预算清单，以便与财务和客户结算、备查，否则后果自负。

（3）商务部输单员审核预算清单后输入销售订单，并在预算清单上加盖"已录"，然后由商务部主管对销售订单进行审核。

（4）仓库管理员根据审核无误的销售预算清单，才可办理物资出库手续，并在预算清单上加盖"货已发"章。商品出库时要关注商品的价格、规格、型号与预算清单是否一致，审批程序是否符合规定，货物名称及编号是否统一，如有异常，应及时通知经办人员改正，否则拒绝出库，出库时应特别关注低于最低售价的商品。

（5）业务员必须在十天内处理所下的订单，如果处理不及时，公司将根据订单金额每天加收1‰管理费。

（6）出库单上的商品编号、名称、规格、型号必须与实物一致，如有异常，应及时通知经办人员改正，否则拒绝出库。

（7）仓库根据核对无误的销售订单关联生成发货单并打印，发货单一式五联，三联业务会计（其中两联由业务员经客户签字后送交业务会计，一联仓库与预算清单配对后送交业务会计）、一联仓库、一联客户，发货单反映数量、含税单价、税额、价税合计。仓库汇总当日发货单后报业务会计进行核销。

（8）仓库每天记账，次日由业务会计负责打印出库单，出库单一式四联，一联仓库、一联业务员、两联业务会计，出库单上反映数量、采购进价；与发货单配对，并负责将出库单送交仓库、业务员。

（9）如因销售急需放行的商品，可采取紧急放行措施，但事后必须及时补办各项手续。

（10）发货单由业务员或技服人员送达客户签收后交业务会计核销。

（11）仓库必须严格按照发货单上开具的商品名称、编码、规格、型号、数量发货，违规操作造成的账实不符等后果，由经办人承担全部责任。

（12）商品出库要遵循"先进先出"原则，以免造成呆滞、积压、过期、贬值等经济损失。

（13）仓库每日及时配对发货单、销售预算清单，核对无误后一并报送业务会计。

（14）编制、打印、报送发货日、周、月报表。

（15）禁止虚开无实物的出库单。

小 试 身 手

■ 任务描述

原材料领料出库与产成品出库。将学生分别设在不同部门和岗位，通过模拟审核、备料、发料作业，完成出库流程。

特别要求：先进先出。

一、活动须知

1. 人员安排
每6人为一个小组，每个小组指定一名学生为组长。

2. 工具准备
托盘搬运车、托盘、纸箱若干个、出库信息、空白出库单、物料卡与台账。

3. 学生设计
设计内容包括人员分工、操作流程（对给出任务实施方案者加分）。

二、活动步骤

第一步：明确工作任务

制造业出库工作任务书

工作任务			课时	
班级：	组长：		组员：	
任务目标				
任务描述				
相关资料及资源				
工作成果				
注意事项				

第二步：任务分配

活动组织

任务分解	学生角色分配
领料填单作业	作业组共（　　）人，其中： 单据处理（　　）人： 领料员（　　）人： 其他：
备料作业	作业组共（　　）人，其中： 单据处理（　　）人： 仓库备料员（　　）人： 人工复核（　　）人： 其他：
交接登记作业	作业组共（　　）人，其中： 仓库备料员（　　）人： 领料员（　　）人： 单据处理（　　）人： 其他：

第三步：任务说明

任务 1：审核领料凭证

（1）领料员分别填制领料单和产品出库单。

（2）仓管人员审核凭证的合法性的真实性。

任务 2：备料作业

仓管人员遵照"先进先出"原则按单取料，集中堆放所取物品，凭单对物品进行复核。

任务 3：物料交接

仓管人员与领料人员当面清点物料，在凭证上签字办理移交手续。

任务 4：登记作业

仓管员编制物品收发日报表及出货台账。

三、任务评价

考核内容	考核标准	分值	实际得分
制造业仓储出库作业	审核出库凭证细致程度	3	
	安排好出库货物的堆放场地	3	
	出库符合"先进先出"要求	5	
	认真检查出库货物	3	
	认真核对出库凭证	3	
	正确登账	3	
合　计		20	

知识库

主要实践知识

一、物料发放的方式

（一）发料

物料管理部门或仓储单位根据生产计划，将仓库储存的物料，直接向制造部门生产现场发放的现象，称之为发料。

发料是仓库的日常工作之一，也是进行物料控制的重要环节。作为仓管员，对哪些情况可发料、哪些应拒绝发料要有所了解。以下情况应当拒绝发料：

（1）不是规定的领料人领料。

（2）没有"生产计划单"的领料。

（3）生产还未进行的过早的领料（囤料）。

（4）应该领用差一级品质的物料，而执意要领较好物料的。

（5）"领料单"填写不清、不全、不规范。

（6）"领料单"没有按有关规定交主管领导审批。

（7）超计划领料。

（二）领料

制造部门现场人员在某项产品制造之前填写"领料单"向仓库单位领取物料称为领料。

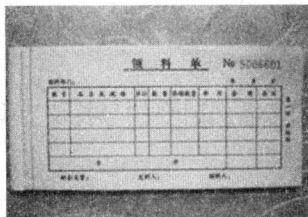

众所周知，领料方式对物料控制不太严格，但为什么有的企业采取领料方式不采取发料方式呢？原因如下：

（1）ABC 类物料中 C 类物料偏多，物料政策一般不加以严格控制，而采用领料方式。

（2）生产计划常变更或物料计划做得不好，进料常延迟或过分紧急，致使管理人员很难掌握主动的发料方式，只好采取领料方式。

（3）因观念的差距，认为物料不必严格控制而采用领料方式。

（4）已经习惯了，不想改变。

小看板

物料的发放有其适用范围，并非所有物料的需求都可由仓库部门发料。对于直接需求的物料，采取发料的形式；对于间接需求的物料，则采用物料需求部门到货仓领料的方式。

二、怎样控制物料发放作业

（一）审核领料凭证

当领料人员持领料单到仓库领料时，仓管员应就以下方面对领料单进行审核：

（1）审核出库凭证的合法性和真实性，查看领料单上是否有相关部门的印章或负责人的签名。

（2）核对领料单上的领料日期，发现超过有效领料日期的，应请其重新开具。

（3）核对领料单上物品品名、型号、规格、数量是否与实际库存相符。

（二）备料

（1）备料要按物品出库凭证（如"领料单""物品出货通知单""物品调拨单"等）所列项目进行，不得随意变更。其一般步骤见图3-1：

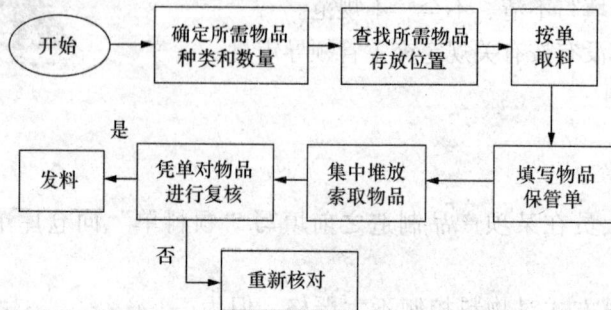

图3-1　物品备料流程图

（2）备料时要按号找位、据单配货，遵照"先进先出"的原则，并采用适当的备料方法。

（3）采用"先进先出"的方法。在出库时，应采用先进先出的方法，以确保物品储存的质量，防止由于储存时间过长导致物品损坏、变质。

（4）使用适当的备料方法。根据需准备物品的不同，仓管员要采用原箱捆备料、原堆桩原货垛备料、拆箱拆捆备料等方法。它们各自的适用范围和操作方法如表3-2所示。

表3-2　备料方法适用范围操作说明

备料方法	适用范围	操作说明
原箱捆备料	出库物品量或购销发运量较大的发货业务	不需拆箱拆捆，只需按整箱整捆备齐物料就可以发放
原堆桩原货垛备料	发货量是整批数、品种单一的物品	在货物原堆桩、原货垛处，按领料单上的品名、数量点齐，并在原货垛上标出发货量记号，待取料时，仓管员在原货垛处按事先标定的数量记号将物品点交发放即可
拆箱拆捆备料	料量较小，或领料、发运量大，但品种多样，需拆零配料的业务	备料时将物品拆箱、拆捆，料备好后再对物品进行重新包装，并在包装内附上装箱单，其上注明所装料的品名、牌号、规格、数量和装箱日期，并由装箱人签字或盖章

（三）备料发放

当仓管员准确无误地完成备料工作后，接下来就是对所备物品进行发放。

（1）当面清点物品。领料单上的物品备齐后，仓管员要与领料人员再一次确认发料单的填写及章是否确实、编号是否连续，并一起对物品进行最后一次清点，以确保物品类、数量准确。

（2）办理移交手续。物品清点无误后，仓管员应该在领料单上填写实际发放数量并签字，然后将领料单交给领料人员，请领料人员在相应位置签字。

（3）物品交付。移交手续办理完成后，就可以让领料人员将物品领走了。

（四）做好登记作业

物品发放完毕后，仓管员要根据领料单调整库存目，使账、物、卡重新统一，并编制"物品收发日报表"及"出货台账"，以便为日后的统计工作打下基础。

三、物料发放常见问题如何处理

（一）无单领料

无单领料是指没有正式领料凭证而要求领料，如以"白条"和电话领料，遇到这种情况，仓管员不能发料。

（二）凭证问题

发料前验单时，若发现领料凭证有问题，如抬头、印鉴不符，有涂改痕迹，超过了领料有效期，应立即与需用部门联系，并向上级主管反映。备料后复核时发现凭证有问题，仓管员应立即停止发料作业。总之，手续不符，仓管员有权拒绝发料。

（三）单料不符

发料之前验单时，若发现提料凭证所列物品与仓库储存的物品不符，一般应将凭证退回开单部门，经更正确认后，再行发料。遇到特殊情况，如某种物品马上要断料，需用部门要求先行发货，然后再更改提料凭证时，经上级连管批准后，可以发料，但应将联系情况详细记录，并在事后及时补办更正手续。若备料后复核时发现所备物品与提单凭证所列不符，应立即调换。

（四）包装损坏

对物品外包装有破损、脱钉、松绳的，应整修加固，以保证搬运途中的安全。发现包装内的物品有霉烂、变质等质量问题或数量短缺时，不得以次充好，以盈余补短缺。

（五）料未发完

物品发放，原则上是按提料单当天一次发完，如确有困难，不能当日提取完毕，应办理分批提取手续。

（六）料已错发

现料已错发，首先应将情况尽快通知需用部门，同时报告上级主管，然后了解物品已发到什么环节或地方，能及时追回的应及时追回；无法追回的，应在需用部门的的帮助下，采取措施，尽量挽回损失，然后查明原因，防止日后再出现类似情况。

四、外协加工物料发放的控制

外协加工与采购作业最大的不同点，就是企业要供料给外协加工厂。这就涉及"用料"管理的问题，尤其当己方将原料交给对方，经过对方的加工，已变成半成品（也可能变成直接投入生产现场的在制品）的形态，这又涉及双方的权利与义务即责任关系，比单纯的采购作业复杂得多。

（一）外协加工用料管理

1. 物料是企业的资产

生产用物料是资产中的一类，可以定义为"半流动资产"，而由企业提供给外协加工厂的物料，是企业付钱买入的，交给外协加工厂，可以视为外围的在制品，仍是企业的资产，企业绝对有权利去保有它。外协加工厂受企业之托，也绝对有义务去维护它；即使变成完工品，在还未送到仓库之前，仍是在制的料品，依然在企业的账项之内。

因此，盘点一定要包括这种外协加工料品。如果有数量上或品质上的损失，外协加工厂按理都要负责任，企业可以要求外协加工厂赔偿。

2. 物料是成本项目之一

这跟生产现场的领料一样，一旦领用，就列入物料成本项目。为了控制成本，发料时应很细心，应该依用料标准去计算用料量，多发少发都不可以。

3. 物料是投入生产的资源

既然是资源，就要高效率地利用。不要太早发料，以免积存；当然也不能太晚发料，以免影响生产进度。

（二）定额发料管制

外协加工的发料作业，与内部生产制程部门的领发料是完全一样的，主要是由生管部门提出，依照制造命令单上的生产批量、产品与制程，找到产品用料清，计算其标准需用料量，依此资料正式开立外协加工定额领料单。

有定额用料量，就可能会有超耗领用量。为严密控制发料，在这种情况下，该由外协加工厂商通过生管部以开立"外协加工补料单"，再向仓库要求发料，而且其核准的阶层也要提高。

（三）外协加工发料的时机

外协加工发料最好是在开立正式的外协加工订制单时，就计算其料需求量，即时开立外协加工定额领料单，与备料料品（实物）一并交予外协加工厂商。最理想的状况是，由外协加工厂到我方仓库，双方同时清点所备料品。

不过，现实中有些工厂是如此操作的：生管部先发出外协加工订制单给外协加工厂做准备，待快要投产时，才由外协加工厂到我方仓库依所备外协加工定额领料单来清点领料。有些工厂则考虑外协加工厂的人力状况，由我方送料到外协加工厂点收，同时收回已完工的半成品，这也是很人性化的好方法。

五、补料作业怎么控制

补料是当原来所发放的材料数量不足时，再次进行材料的申请。补料有两种情形：一种是材料不足而进行的补料，另一种是超计划领料。

（一）材料不足造成的补料

材料不足造成的补料是一种正常的补料，造成补料的原因主要有：物料计划遗漏；生产计划改变，生产量扛增加；材料的利用率低。申请补料，应填写补料相关程序进行补料。

（二）超计划领料

超计划领料往往是由于损耗预留不足、材料品质差导致利用率低、操作及加工过程中损坏、物料丢失、出现品质问题、物料挪用、加工错误造成物料报废、工艺更改、产品更改等引起的。对于超计划领料，必须由制造部相关人员填具"物料超领单"方可领料，并要注明超领物料所用的制造命令号码、批量、超领物料编号、名称、规格及超领数量、超领率，并详细阐明超领原因，仓管员一定要按照公司的规定认真核对"超领物料单"，在符合规定的情形下才可发料。

六、退料怎么处理

退料是对生产的剩余材料或其他各种不能再使用的材料进行缴仓的工作。退料便于材料的统一管理，可以防止材料的丢失、损坏。

（一）退料的类型

所退物料的类型有：

（1）当天下班前仍没有用完的易燃易爆危险品，比如：油漆、天那水等。

（2）订单生产任务完成后的剩余材料。

（3）需要缴库管理的特殊材料、贵重材料等。

（4）可以再用的边角余料。

（5）加工错误但可以通过改制用到其他产品生产上的报废零部件。

退料应按照有关程序进行，并填写退料单，仓管员要核对退料单的内容与实物是否相符方可退料入库。

（二）退料的处理方式

1. 余料缴库

余料缴库是指制造部门将其领用而剩余的物料再退回到仓储部门。余料退回时，退料单位应该填写退料报告单，连同所退物料，到仓储部门办理退料。

2. 坏料缴库

坏料是指损坏而不能使用的物料，任何企业皆不可避免。坏料退回时需开具坏料报告单，连同坏料一并缴回仓储单位。

3. 废料缴库

废料是工厂在制造过程中，遗留下来的碎残物料，其本身仍有残余价值。制造部门应在一定期间内将其搜集，并开立废料报告单，与废料一并缴回仓储部门。

（三）退料的作业程序

1. 余料收缴

生产部门人员在生产中发现有余料时，须加以整理、包装、称重后，填写"余料收缴单"，收缴人员会同磅秤点收人员签认后送仓库，仓管人员将收缴余料立账管理。

2. 存放管理

仓库应按类别分区堆放各类余料。余料应分类定量，包装好，清点无误后，由仓管人员分类存放到指定位置，并在余料卡上填注入库的日期及数量，以后按先进先出的原则送生产部门使用，以防存放过久而变质。

3. 处理运用

仓库收缴的余料，必须全数予以检选，去除异物，分类、分色、分级并定量包装、存放。仓库应建立样卡，如需测定物性时，则委请技术部门办理。生产部门在审核制造通知单时，移有可用余料的订单，应即查核仓库的余料量，如有适用的，即通知仓库备料，以供生产时转用。无回收价值的余料，应定期予以标售，避免变成滞料，也有助于堆放区域环境的整顿。

（四）退料的作业流程

（1）退料单位填写退料单。

（2）仓库依退料单查验数量、种类，签核后留一联，将其余三联送到退料单位、厂务部、财务部。

（3）仓库做料账记录，厂务部查明原因。

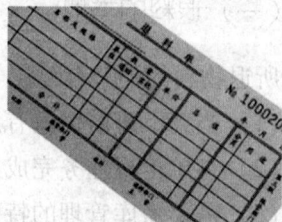

（五）退料缴存的内容

退料缴库的内容应包括物料的编号、来源、名称、规格、单位、数量等。务流程则是经过制造部门、仓库部门、品管部门、财务部门，而其控制要点综合如下：

1. 制造部门

（1）制造部门的退料内容包括规格不符的物料、超发的物料、不良的物料、呆料、废品、可用的边材及可加工的半成品。

（2）制造部门不良的物料经汇总后，填写退料缴库单一式四联，经制造部门主管核章后，连同不良品送往仓库部门办理退料缴库的工作。

2. 仓库

仓管人员收到退料缴库单与不良品时，先核对无误后签章，第一联由制造部门存查，第二至第四联连同不良品，由仓库部门送往品管部门和进料检验单位，再委请进料检验单位检验。

3. 品管部门

（1）品管部门检验后将退料区分为报废品、不良品与良品三类，并在退料库单上标明，经检验员与品管主管核检后，通知仓库部门领取，仓库部门的管理人员核对无误，送请主管核准，第二联由仓库部门存查，第三联送品管部门，第四联送财务部门。

（2）仓库部门的管理人员根据退料缴库单第二联，不良品送不良品库，并记入不良品账，准备与厂商交换，良品放入料架并记账。

七、物料调拨怎么控制

1. 物料的借入与归还作业

物料无法如期供应时，采购人员可以与有关友厂商洽，借用部分物料。其作业程序为：

（1）由采购人员提出借用申请，说明借用理由、库存状况、借用数量、最近交货日期及拟归还日期，呈总经理核准后，拟具借据，经权责人员审核后，加盖司业务章，向友厂借料。

小看板

借据一般应复印四份，一份由采购人员自留以督偕促还料，一份交仓库作收料依据，一份交物控单位了解物料状；一份送财务部。

（2）借用的物料进厂时，由仓管人员依借据所列物料名称、规格、数量，填制"料验收单"，并于备注栏内注明"借入物料"，依进料检验流程办理收料。

（3）借入物料不记入仓库账册。

（4）借入物料归还时，由采购人员提出申请，附上借据副本，经总经理核准后，送仓库，仓管员核对品名、规格、数量无误后，备料归还。

2. 物料的借出与收回作业

（1）友厂向本公司借用物料时，必须经过本公司生产管理部物控人员及总经理核准后才可借出。

（2）借用友厂须出具借据，加盖其公司印章，并经本公司总经理核签后，方向仓库借用物料。

（3）仓库应将借据原件保留，并复印三份，分别交物控人员、采购及财务部，并在物料管制卡备注栏上注明"借出"字样。

（4）借出的物料由借用厂商归还时，由仓管人员填写"进料验收单"，并备注"借出料收回"，交品管部按进料流程验收。

（5）如检验不合格，仓管人员应立即会同物控或采购人员洽请借用厂商处理。

（6）如检验合格且全数归还，仓库应将借据归还借用厂商。

3. 委外加工的物料调拨

交由外协厂商加工后，再返回本公司使用的物料，一般适用"物料领发管理定"。如该物料在外协厂商加工时极易产生不良而导致物料超用或其他管理便时，可适用物料调拨作业。

外协厂商每次向仓库领用物料，采用借用方式，待厂商送料入厂时，根据所物料数量抵扣借用物料，以方便随时确认外协厂商仍持有本公司物料的数量，供盘点、对账时使用。

4. 特殊物料的调拨

制造单位问仓库领用的物料属"不易分割性"物料，如整捆的内配线等，适用物料调拨方式。其作业程序为：

（1）可将多出的发料视同物料调拨到制造部，待该批完工后，制造部将多出料调拨退回。如制造部连续使用的物料，可在下批发料中扣除上批调拨数量。

（2）制造部完工后，因物料超用而无法全部或部分退回物料，应补开"物料领单"。

（3）调拨至制造部的物料在账目管理上仍属仓库物料，仅在物料管制卡内备注"调拨"即可。如采用电脑管理，则可沿用上述方式，或虚拟"现场仓"而将调拨物料挂账于"现场仓"。

5. 仓库之间物料的转移

本公司内分属不同账目的两个仓库之间，某种物料由一个仓库转移至另一个仓库时，由收料仓库出具物料调拨单，注明调拨物料的编号、名称、规格、数量，经权责人员核准后进行调拨。调拨单一般一式三联，两个仓库及物控人员各存一联。

八、成品出库怎么管理

（一）成品发出有何要求

成品出库应按照成品出库计划进行，并遵循以下要求：

（1）从成品仓发出的产品，必须是经过检验员检验合格的库存良品。发出时做好以下事项：

①确认出库单填写完整、内容正确。

②确认出库的实物与出库单的内容相一致。

③确认出库的产品包装状态完好。

④确认出库的运送方式符合要求。

⑤按出库的账目入账。

⑥门卫须确认出库批准事项并记录。

（2）出货装车时需要做好以下事项：

①确认出货的文书，如出货通知。

②确认出货数量、产品流水号码、箱号等。

③确认产品包装状态、贴纸、其他标记。

④确认出货地点。

⑤确认托运公司的车、船时刻及装运工作。

⑥确认回条。

（3）从成品仓发出到其他地方的产品必须有批准的"出仓单"和"放行票"，并在仓管人员的监护下出库。

（二）出库工作流程是怎样的

1. 接单后的准备

在通常情况下，仓库调度在成品出库的前一天，接到从外运公司或从其他方面送来的提货单后，应按去向、船名、关单等，分理和复审提货单，及时正确地制好有关班组的出库任务单、配车吨位单、机械设备单以及提货单等，分别送工班长、机械班、仓管员、收发员或理货员，以便做好出仓准备工作。

当仓管员从调度手中接到出仓通知后，应做好以下工作：

（1）在进出仓业务通知牌上写明隔天出仓产品的品名、规格、数量以及产品货位货号、发往地点等，以利于工班的及时配合。

（2）按提货单所写的入库凭证号码，核对好储存凭证（即仓管员的账），根据存凭证上所列的货位、货号寻找到该批产品货垛，然后将提货单与储存凭证、桩脚卡、产品进行核对，确认正确无误后，做好出仓标记，以确保单、货相符。

（3）仓管员应和堆桩工协商撤桩方法。如堆桩工和仓管员意见不统一，一般应按仓管员的意见办。

（4）在有理货条件的情况下，可先将出仓产品按产品去向、关单，运到理货场地上并理好货，以利于运输车辆一到即能进行装车作业。对运到理货场地上的产品，应写明关单。

2. 初核

审核成品出库凭证，主要是审核正式出库凭证填写的项目是否齐全，有无印鉴，所列提货单位名称、产品名称、规格、重量、数量、唛头、合约符号等是否正确，单上填写字迹是否清楚，有无涂改痕迹，单据是否超过了规定的提货有效期。如发现问题，应立即联系或退请业务部门更正，不允许含糊不清地先行发货。

3. 配货

按出库凭证所列的项目内容，核实并进行配货。

（1）属于自提出库的产成品，不论整零，仓管员都要将货配齐，经过复核后，再逐项点付给提货人，当面交接，划清责任。

（2）属于送货的产成品，应按分工规定，由保管人员在包装上刷写或粘贴必要的各种发运标志，然后集中到理货场所待运。

4. 待运

（1）送货的产成品，不论整件或拼箱的，均须进行理货，集中待运。

（2）待运产成品，一般可分公路、航空、铁路等不同的运输方式、路线和收货点。进行分单（票）集中，便于发货。

（3）待运商品要按配车的要求，清理分堆，以利装运。要按运输工具预约的库时间，以先后顺序理货，随到随装，不误时间。

5. 发货

运输部门人员持提货单到仓库时，仓管员或收发理货员应逐单一一核对，并点货交给运输人员，分清责任。

（1）当运输车辆到仓库提货时，仓库车辆调度应指明装货的库号和配车情况。

（2）当运输车辆到仓库装货时，仓库仓管员或收发理货员应指明装车产品，现场监督装车，同时再一次对货单进行核对。对于边发货边装车的产品，还应及时查核轧桩脚余数。

（3）装车时，应指导装车工人轻拿轻放，并按一定顺序装载。完毕后，将发出的产品和有关单据同运输人员办理交接手续，分清责任。

小看板

仓库发货，原则上是按提货单当天一次发完，如确有困难不能当日提取完毕，应分批提取。仓管员须向提货人交代分批提取手续，每批次发货时均应记录并核对，谨防差错。

（4）仓管员在产品装车完毕后，应开具随车清单，由运输人员凭随车清单调度室去调换门票，仓库门卫凭门票放行。放行时，门卫应核对车号、品名、数量，正确无误后方可放行；对于小型仓库，也可由仓管员直接开门票放行。

发货结束，应在随车清单上加盖"发讫"印记，并留据存查。

6. 复核

仓管员发货后，应及时核对产品储存数，同时检查产品的数量、规格等是否与注的账面结存数相符。随后核对产品的货位量、货卡，如有问题，及时纠正。

7. 销账销卡

产品出库工作结束后，仓管员应销账销卡、轧桩脚余数。在产品出库工作中必须防止包装破损和受到污染的产品出库。

九、材料退库应办理退库手续

在处理材料退库事项时，一定要办理退库手续。

（一）多领退库

多领材料，应及时开具红字领料单，连同完好的材料一起退库。仓管员按入库程序办理入库手续。

（二）假退库

月末车间末用完的材料、实物可以不退库，而只办理假退库手续，由车间开具红字领料单，列明材料名称、规格、数量、单价、金额、退料单位、经办人员等内容，交库房记账。同时，开具一张相同内容的蓝字领料单，日期注明为次月初，与红字领料单一起交库房仓管员，次月记账。

十、退货产品怎么处理

退货产品是出货后，由于某些原因又被客户退回到公司的产品。主要包括两类：

（一）顾客检验退货品

顾客检验退货品是指被顾客整批退回的未经使用的产品。这类退货产品一般是因顾客或其他机构在检验中发现了某些问题而引起的。仓库对它们的应对方法：

（1）按"退货单"接纳退货品，清点数量，确认物品状态。

（2）按相关规定将退货品安置在不合格品区，并做好标志。

（3）通知品质部进行检验。

（4）通知工程技术部分析检验结果，并制定处理措施。

（5）由生管部制订返工计划，生产部按计划实施返工，返工后品质部再检验。

（6）品质部检验合格后，才能入库，等待再次出货。

（二）顾客使用退货品

顾客使用退货品是指已经使用过的非批量性产品。这类退货产品一般是因顾客在使用时发现了某些产品本身的功能或性能问题，致使顾客产生不满意而引起的。仓库的应对方法为：

（1）按"退货单"接纳退货品，清点数量，确认物品状态。

（2）按相关规定将退货品安置在不合格品区，并做好标志。

（3）通知品质部进行检验，记录检验结果。

（4）通知工程技术部分析检验结果，依据分析结果制定纠正和预防措施，以改善生产。

（5）将退货品实施拆机处理，生管部安排拆机计划，生产部按计划拆机。

（6）拆出的零件视完好情况分类后交物料部处理。良品交来料检验，不良品及来料检验的不合格品作报废处理。

（7）检验合格的良品重新办理入库手续。

我知道吗？

1. 简述物料的发放方式？
2. 物料出库的情形可分为哪几种？

附录：

附表 1：教师评整体项目

项目评价表	项目名称		时间：
	课程名称		项目承接人
评分内容	标准分值	小组评分20%	教师80%
制定项目作业计划			
是否制定项目实施方案	5		
实施方案是否合理	3		
确定项目内容与方案			
是否确定了问题和解决问题的方案	5		
是否考虑了安全和劳动保护措施	3		
是否考虑环保及文明施工措施	3		
明确项目实施过程与步骤			
实施步骤是否正确	3		
是否安全文明作业	3		
是否独立完成工作任务	5		
是否在规定时间内完成	5		
本项目各任务得分（60）：			
任务1			
任务2			
任务3			
本人对项目编练的评价			
请描述本项目的优点	2		
（1）			
（2）			
（3）			

有待改进之处		
（1）	3	
（2）		
（3）		
总分	100	
项目组员签名	班组长签名	教师签名

附表2：教师评学生

学生评价表		被评价学生	
项目名称		评价时间	
评价项目	评价标准/内容	评价结果	
出勤情况 （共5分）	（5分）很好，无缺席和迟到早退 （4分）较好，有请假，没有无缺席 （3分）一般，没有无故缺席，但有迟到早退 （2分）较差，有无故缺席，有迟到早退 （1分）很差，经常无故缺席，迟到早退		
遵章守纪 （共5分）	做到一点得1分，本项目计分求和： ▲不离岗、不串岗 ▲安全作业、规范操作 ▲安静作业、轻声交流不喧哗 ▲听从指导老师意见 ▲按时下课、不提前退场		
团队合作 （共5分）	（5分）很好，工作积极，主动承担艰苦工作 （4分）较好，积极参加工作，与同事合作，服从分配 （3分）一般，参加工作，但不够主动积极，偶有不合作 （2分）较差，有时不参加工作，有时不与同事合作，有时不服从分配 （1分）很差，经常不参加工作，不与同事合作，不服从分配		

附表 3：学生互评表

项目名称							

评价人：　　　　　班级：　　　　　学号：　　　　　时间：

评价内容	评价标准	组员姓名				
		1	2	3	4	5
团队合作	（5分）团队荣誉至上，主动承担艰苦工作 （4分）积极参加工作，与同事合作，服从分配 （3分）参加工作，但不够主动积极，偶有不合作 （2分）有时不参加工作，有时不与同事合作，有时不服从分配 （1分）经常不参加工作，不与同事合作，不服从分配					
遵章守纪	做到一点得1分，本项目计分求和： ▲服从组内任务安排 ▲不离岗、不串岗 ▲安全作业、规范操作 ▲安静作业、轻声交流不喧哗 ▲按时下课、不提前退场					

附表 4：学生自评表

项目名称					

自评人：　　　　　班级：　　　　　学号：　　　　　时间：

评价内容/标准	好	较好	一般	较差	差
	5分	4分	3分	2分	1分
1. 我愿意参加组内合作活动					
2. 我能自觉遵守活动时间和活动规则					
3. 我能明确自身角色和职责					
4. 我能积极表达自己的观点					
5. 我能尊重并保留其他成员的观点和意见					
6. 针对不同意见和观点，我能够与组员进行讨论					
7. 我愿意帮助其他组员完成某项任务					
8. 在互助中我们共同完成预期任务					

项目四
流通仓储作业

流通仓库是指除具有保管功能之外的，面对厂商，集中客户需求实行流通加工（装配、简单加工、包装、开价、理货）、配送等功能的仓库。同学经常去超市购物，大家是否知道，这许多大大小小的超市背后，完全是靠它的流通仓库即配送中心来进行商品补给。通过本项目学习，达到以下的学习效果。

😊 温馨提示

我们将带您走进 H 大型超市配送中心，对它的作业方式看个究竟，同时帮助您实现以下目标！

最终目标：
能熟练完成流通仓内操作业务

促成目标：
1. 能熟练操作流通仓入库作业
2. 能熟练操作流通仓在库作业
3. 能熟练操作流通仓出库作业

某连锁超市配送中心

配送中心基本资料

【公司简介】

华润万家苏州配送中心于 2002 年建成并投入使用，配送中心占地面积 3.1 万平方米，仓库使用面积 2 万平方米。

苏州配送中心坐落于美丽的历史名城苏州市吴中经济开发区，毗邻苏州太湖风景区，距苏嘉杭高速吴中入口仅 2 千米，南邻苏嘉杭高速，北接沪宁高速、312 国道，周边环境优美，交通便利。

苏州配送中心为华润万家苏南 220 多家门店提供商品配送服务。其中，苏南大型超市（含小型大卖场）14 家，标准超市近 210 家。同时，还为浙东、浙北门店大、标超门店提供配送服务。

【组织结构】

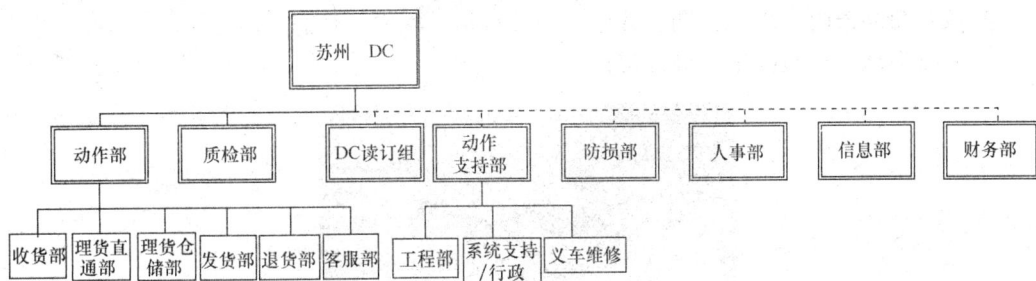

【任务实施】

企业实战

【环节 1】 订货预约

供应商在接收到送货订单后，在送货前至少提前一天与配送中心预约人员联系，确认到货时间及到货车辆。

【环节 2】 场内卸货

供货商将车辆停泊到《预计到货单》上"收货码头"的指定信息，将车辆停靠在该码头进行卸货码板。

卸货待验

卸货完毕，在收货场地按序排列，开箱等待验收。

【环节3】 验收

RF 枪验收

① 使用 RF 枪（无线射频扫描枪）扫描商品条码进行验收；
② 核对商品条码、生产日期、数量、包装规格、堆叠等信息；
③ 验收确认，在验收单上做标记；

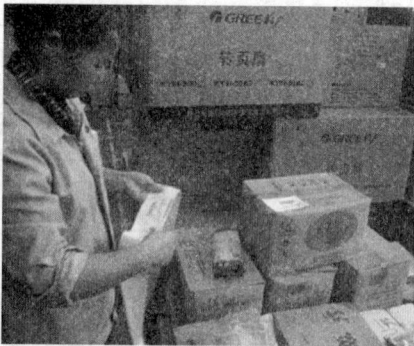

贴验收标签

④ 验收人员打印标签，核对商品条码、张贴验收标签；
⑤ 供应商对已贴验收标签的商品进行封箱；
⑥ 验收人员在 RF 上做验收提交动作；

领验收回单

⑦ 供应商到单据员处领取验收清单，供应商签字、DC 盖验收章，供应商带一联离场。

【环节4】上架

存储商品验收后，由理货人员按验收标签提示，上架到相应储位或拣货位。

【环节5】拣货

拣货人员按拣货单的内容从货架存储区拣取门店或客户所需商品。

【环节6】理货

① 将各区域拣选商品按门店集中；
② 核对门店信息；
③ 使用 RF 整理合并；

④ 检查是否齐整，移至待发货区。

【环节7】发货

装车人员使用 RF 枪扫描托盘标签，核对该托盘上周转箱数量，确认后扫描车辆编号进行装车。

【环节8】补货

晚班对次日出货商品进行出货量补货。

任务一 订单处理

任务目标

1. 能对订单进行有效性分析;
2. 熟悉订单处理操作流程;
3. 具备订单处理作业操作技能。

情景设置

苏州 H 公司物流配送中心的主要任务是为客户在本地区的连锁分店提供商品的仓储、配送服务,以减轻客户的物流管理负担;依据与客户签订的合同及订单需求,组织供货。该配送中心主要存放食品、饮料、日用品等生活物资。

目前该配送中心部分现有商品数量如表 4 - 1 所示。客户对应货物订单汇总如表 4 - 2 所示。请为该配送中心做好订单处理工作。

本任务主要涉及客户订单处理工作,通过任务分解,分析具体任务内容,要求学生准确、及时地完成客户订单处理,熟悉相关工作程序及软件处理。

表 4 - 1　　　　　　　　　　A 公司配送中心部分现有商品一览表

序号	品 名	规 格	数量/箱	重量/（kg/箱）	体积/mm³	包装
1	蒙牛牛奶	250g/袋	50	8	70×50×40	30 袋/箱
2	光明牛奶	250g/袋	30	8	70×50×40	30 袋/箱
3	可口可乐	1.25L/瓶	40	12.5	60×45×35	8 瓶/箱
4	百事可乐	1.25L/瓶	30	12.5	60×45×35	8 瓶/箱
5	雕牌洗衣粉	1000g/袋	60	12.5	65×45×30	12 袋/箱
6	奥妙洗衣粉	1000g/袋	50	12.5	65×45×30	12 袋/箱
7	中华香皂	125g/块	50	7.9	60×40×30	60 盒/箱
8	力士香皂	125g/块	40	7.9	60×40×30	60 盒/箱
9	白猫洗洁精	500g/瓶	90	12.5	60×40×30	24 瓶/箱
10	金鱼洗洁精	500g/瓶	50	12.5	60×40×30	24 瓶/箱

表 4 - 2　　　　　　　　　　　　A 公司客户订单汇总表

序号	品 名	规 格	数量/箱	重量/（kg/箱）	体积/mm³	包装
1	蒙牛牛奶	250g/袋	30	8	70×50×40	30 袋/箱
2	光明牛奶	250g/袋	40	8	70×50×40	30 袋/箱
3	可口可乐	1.25L/瓶	25	12.5	60×45×35	8 瓶/箱
4	百事可乐	1.25L/瓶	30	12.5	60×45×35	8 瓶/箱

续表

序号	品　名	规　格	数量/箱	重量/（kg/箱）	体积/mm³	包装
5	雕牌洗衣粉	1000g/袋	50	12.5	65×45×30	12 袋/箱
6	奥妙洗衣粉	1000g/袋	60	12.5	65×45×30	12 袋/箱
7	中华香皂	125g/块	50	7.9	60×40×30	60 盒/箱
8	力士香皂	125g/块	70	7.9	60×40×30	60 盒/箱
9	白猫洗洁精	500g/瓶	80	12.5	60×40×30	24 瓶/箱
10	金鱼洗洁精	500g/瓶	10	12.5	60×40×30	24 瓶/箱

步骤：

第一步：发放工作任务书

工作任务书主要包括实训任务目标、任务描述和和工作成果等内容。一般格式如表 4-3 所示。

表 4-3　　　　　　　　　　　　订单处理工作任务书

工作任务				总学时	
班级		组长	组员		
任务目标					
任务描述					
相关资料及资源					
工作成果					
注意事项					

第二步：任务分配

对任务进行分解，并根据任务目标，对学生进行分组和任务分配，具体如表 4-4 所示。

表 4-4　　　　　　　　　　　　订单处理任务分配表

任务	学生角色分配
订单处理	作业组共（　　）人，其中： 订单处理员（　　）人： 其他：

第三步：任务说明

（1）接受订单。

（2）确认订单。

①审查客户信用。

②检查客户订单是否真实、有效，重点检查品名、数量、送货日期、价格和包装

情况。

（3）设定订单号码。

（4）建立客户档案。

（5）存货查询及依订单分配存货。

①输入商品代号，调出存货资料；

②计查看此商品是否缺货；

③依订单分配存货；

④进行缺货处理。

（6）计算拣取的标准时间。

①计算每一单元拣取的标准时间；

②计算每品项拣取的标准时间；

③计算每一订单或每批订单拣取的标准时间。

（7）依订单排定拣货顺序。

（8）分配后存货不足的处理。

现有存货数量不足，客户又不愿以替代品替代时，应兼顾双方利益，处理方式有以下几种：

①重新调拨；

②补送；

③删除不足额订单；

④延迟交货；

⑤取消订单。

客户希望所有订单一起配送到达，且不允许过期交货，而公司也无法重新调拨时，则只有将整张订单取消。

（9）订单处理输出。

第四步：学生执行任务

（1）根据教师的讲解，结合自己的理解，绘制订单处理流程图。

（2）根据教师的讲解，结合自己的理解，经小组商讨决定，采用调整系统原有数据或设定客户订单的方式，模拟以上各情形进行合理分工，完成订单处理，并进行记录。

第五步：形成文字说明

成果展示

根据本组订单处理任务完成情况，编写简明的订单处理方案说明，以备成果展示。

（1）提交订单处理流程图。

（2）根据订单处理结果，学生需提交设定的原始数据及客户订单，及系统生成的客户订单处理结果等。

任务评价

学生通过与老师进行交谈，思考哪些由于操作失误造处成的缺陷应重新处理，以后如何避免这些问题。

老师对字生的实训结果进行评分，同时将评分结果记录到订单处理任务评价表中，如表 4－5 所示。

表 4－5　　　　　　　　　　　　　订单处理任务评价表

考核要素	评价标准	分值/分	评分/分		
			自评（20%）	小组（30%）	教师（50%）
订单处理	订单内容确认仔细、无遗漏	20			
	单编编号、商品分类正确	20			
	查询准确、客户凭证、入库单填写正确	20			
	出库单、送货单填写正确	20			
	要素填写规范	20			
合　计					
评价人签名					

技能拓展训练

【训练一】　　有效订单的识别

某配送中心部分货物的现有库存情况如表 4－6 所示。

表 4－6　　　　　　　　　　　某配送中心部分货物的现有库存

序号	品　名	规　格	数量/箱	重量/（kg/箱）	体积/mm³	包装
1	蒙牛牛奶	250g/袋	50	8	70×50×40	30 袋/箱
2	光明牛奶	250g/袋	30	8	70×50×40	30 袋/箱
3	可口可乐	1.25L/瓶	40	12.5	60×45×35	8 瓶/箱
4	百事可乐	1.25L/瓶	30	12.5	60×45×35	8 瓶/箱
5	雕牌洗衣粉	1000g/袋	60	12.5	65×45×30	12 袋/箱
6	奥妙洗衣粉	1000g/袋	50	12.5	65×45×30	12 袋/箱

从表 4－7 至表 4－11 的订单中识别出 3 月 5 日的有效订单。

表 4 − 7　　　　　　　　　　　　订单一

	客户 A			送货时间：3 月 4 日下午		
序号	品　名	规　格	数量/箱	重量/（kg/箱）	体积/mm³	包装
1	蒙牛牛奶	250g/袋	10	8	70×50×40	30 袋/箱
2	光明牛奶	250g/袋	20	8	70×50×40	30 袋/箱
3	可口可乐	1.25L/瓶	20	12.5	60×45×35	8 瓶/箱
4	雕牌洗衣粉	1000g/袋	20	12.5	65×45×30	12 袋/箱

表 4 − 8　　　　　　　　　　　　订单二

	客户 B			送货时间：3 月 5 日上午		
序号	品　名	规　格	数量/箱	重量/（kg/箱）	体积/mm³	包装
1	蒙牛牛奶	250g/袋	15	8	70×50×40	30 袋/箱
2	可口可乐	1.25L/瓶	20	12.5	60×45×35	8 瓶/箱
3	雕牌洗衣粉	1000g/袋	35	12.5	65×45×30	12 袋/箱
4	奥妙洗衣粉	1000g/袋	25	12.5	65×45×30	12 袋/箱

表 4 − 9　　　　　　　　　　　　订单三

	客户 C			送货时间：3 月 5 日上午		
序号	品　名	规　格	数量/箱	重量/（kg/箱）	体积/mm³	包装
1	蒙牛牛奶	250g/袋	40	8	70×50×40	30 袋/箱
2	光明牛奶	250g/袋	5	8	70×50×40	30 袋/箱
3	可口可乐	1.25L/瓶	4	12.5	60×45×35	8 瓶/箱
4	百事可乐	1.25L/瓶	5	12.5	60×45×35	8 瓶/箱
5	奥妙洗衣粉	1000g/袋	10	12.5	65×45×30	12 袋/箱

表 4 − 10　　　　　　　　　　　订单四

	客户 D			送货时间：3 月 5 日上午		
序号	品　名	规　格	数量/箱	重量/（kg/箱）	体积/mm³	包装
1	百事可乐	1.25L/瓶	15	12.5	60×45×35	8 瓶/箱
2	雕牌洗衣粉	1000g/袋	2	12.5	65×45×30	12 袋/箱
3	奥妙洗衣粉	1000g/袋	50	12.5	65×45×30	12 袋/箱

表 4 – 11 　　　　　　　　　　订单五

客户 E						送货时间：3 月 6 日上午
序号	品　名	规　格	数量/箱	重量/（kg/箱）	体积/mm³	包装
1	蒙牛牛奶	250g/袋	10	8	70×50×40	30 袋/箱
2	光明牛奶	250g/袋	5	8	70×50×40	30 袋/箱
3	可口可乐	1.25L/瓶	7	12.5	60×45×35	8 瓶/箱
4	百事可乐	1.25L/瓶	12	12.5	60×45×35	8 瓶/箱
5	雕牌洗衣粉	1000g/袋	6	12.5	65×45×30	12 袋/箱
6	奥妙洗衣粉	1000g/袋	5	12.5	65×45×30	12 袋/箱

任务二 入库作业

任务目标

1. 了解入库作业的工作内容及步骤;

2. 培养学生编制入库作业计划的能力;

3. 熟练组织货物入库,掌握货物入库的操作技能。

情景设置

苏州 H 物流配送中心准备为客户进一批商品,所进商品的品名、数量、重量、体积等如表 4-12 所示。请为该配送中心做好进货入库工作。

本任务主要涉及物资入库作业管理,通过任务分解,分析具体任务内容,要求学生准确、及时地办理货物的入库验收及交接手续;熟练掌握各种常见的货物堆码方法;熟悉入库相关单据的填制。

表 4-12   A 公司配送中心进货商品一览表

序号	品　名	规　格	数量/箱	重量/（kg/箱）	体积/mm³	包装
1	蒙牛牛奶	250g/袋	50	8	70×50×40	30 袋/箱
2	光明牛奶	250g/袋	30	8	70×50×40	30 袋/箱
3	可口可乐	1.25L/瓶	40	12.5	60×45×35	8 瓶/箱
4	百事可乐	1.25L/瓶	30	12.5	60×45×35	8 瓶/箱
5	雕牌洗衣粉	1000g/袋	60	12.5	65×45×30	12 袋/箱
6	奥妙洗衣粉	1000g/袋	50	12.5	65×45×30	12 袋/箱
7	中华香皂	125g/块	50	7.9	60×40×30	60 盒/箱
8	力士香皂	125g/块	40	7.9	60×40×30	60 盒/箱
9	白猫洗洁精	500g/瓶	90	12.5	60×40×30	24 瓶/箱
10	金鱼洗洁精	500g/瓶	50	12.5	60×40×30	24 瓶/箱

步骤

第一步:发放工作任务书

工作任务书主要是包括实训任务目任务目标、任务描述和工作成果等内容,如表 4-13 所示。

表 4-13   入库作业工作任务书

工作任务				总学时	
班级		组长	组员		
任务目标					

续表

工作任务		总学时	
任务描述			
相关资料及资源			
工作成果			
注意事项			

第二步：任务分配

对任务进行分解，并根据任务目标，对学生进行分组和任务分配，具体如表 4 – 14 所示。

表 4 – 14　　　　　　　　　　　　　入库作业任务分配表

任务分解	学生角色分配
入库前准备作业	作业组共（　　）人，其中： 作业计划（　　）人： 文件单据准备（　　）人： 工具设备准备（　　）人： 作业条件准备（　　）人： 其他：
验收作业	作业组共（　　）人，其中： 验收工具准备（　　）人： 资料验收（　　）人： 数量验收（　　）人： 质量验收（　　）人： 单据验收（　　）人： 其他：
组托作业	作业组共（　　）人，其中： 托盘堆码（　　）人： 组托方式选择（　　）人： 条码扫描（　　）人： 其他：
上架作业	作业组共（　　）人，其中： 叉车工（　　）人： 条码扫描（　　）人： 搬运工（　　）人： 单据处理（　　）人： 其他：

第三步：任务说明

根据"任务分解"，具体说明如下。

任务1：入库前准备作业

1. 制订入库作业计划

（1）熟悉入库货物状况；

（2）全面掌握仓库库场情况；

（3）妥善安排货位；

（4）制订仓储计划；

（5）设定装卸搬运工艺。

2. 入库准备作业

（1）人力准备；

（2）文件单据准备；

（3）工具设备准备；

（4）作业条件准备。

任务2：验收作业

1. 引导车辆进入月台

2. 核对实物与预入库单的一致性

包括：核对货物数量、编号和交货期。

3. 检查货物

检查外包装、规格；酌情进行抽样拆箱检查。

4. 清点货物数量

（1）清点样品箱内货物数量，确认无误后，将样品放回包装箱内。

（2）清点托盘上整件货物数量。

①实际交货数量与交货通知单上的数量比较。

②实际交货数量与预入库单上的数量比较。

5. 检验无误后，签收送货单

6. 货箱标记

（1）做已验标记。

（2）标记该托盘货物数量。

（3）标记入库储位号。

任务3：组托作业

1. 确定组托码放的方式

合货物及托盘尺寸，确定组托码放方式。

2. 确定托盘紧固方法

3. 进行堆码作业

4. 用条码扫描仪扫描货物条码和托盘条码

任务4：上架作业

1. 获取储位安排

2. 入库交接

进库员与保管员共同查看货单是否一；如一致，则签验收单确认；如不一致，查找原因。

3. 上架操作

（1）叉车司机根据储位安排将托盘放入对应储位；

（2）叉车司机用条码扫描仪扫描托盘条码；

（3）叉车司机用条码扫描仪扫描货位条码。

如果放托盘时发现储位非空，则要求保管员立即查找储位异常原因，及时纠正。

4. 上架后的确认

叉车司机和保管员使用条码扫描仪查询该储位的数据信息，再次确认入库的正确性。

成果展示

根据入库作业：任务，学生展示入库结果，并提交相关单据。

任务评价

学生通过与老师进行交谈，思考哪些由于操作失误造成的缺陷应重新处理，以后如何避免这些问题。

老师对学生的实训结果进行评价，同时将评分结果记录到入库作业任务评价表中，如表 4－15 所示。

表 4－15　　　　　　　　　　入库作业任务评价表

考核要素	评价标准	分值/分	评分/分		
			自评（20%）	小组（30%）	教师（50%）
入库作业	器材准备充分、无遗漏	25			
	验收准确、全面，符合所进决品特性	25			
	堆垛、上架方式正确	25			
	单据齐全、填写规范	25			
合　计					
评价人签名					

技能拓展训练

【训练一】　托盘码垛训练

（1）训练目标：掌握托盘货物码垛方法。

（2）训练内容：托盘、装盘、码垛方法训练。

（3）训练器材：1000mm×1200mm 木制托盘或塑料托盘，若干个各种尺寸的纸箱，应用重叠式、纵横交错式、旋转交错式、正反交错式码垛方法进行训练。

（4）训练组织：2 人一组，4 种方法轮训。

（5）训练时间：限 10min 内完成。

任务三 在库作业

任务目标

1. 熟悉在库作业内容；

2. 提高整仓、盘点作业技能。

情景设计

苏州 H 物流配送中心在接收 A 供应商的一批货物后，需将部分货物进行移库，需移库的货物如表 4 - 16 所示。然后对整个仓库进行盘点。

任务主要涉及整仓作业、盘点作业。整仓作业是为提高配送中心作业效率和空间利用率进行的储位调整。盘点作业是为了准确掌握库存数量而对库中货物进行数量清点。

表 4 - 16　　　　　　　　盘点商品信息表

序号	品　名	规　格	数量/箱	重量/（kg/箱）	体积/mm³	包装
1	蒙牛牛奶	250g/袋	3	8	70×50×40	30 袋/箱
2	光明牛奶	250g/袋	3	8	70×50×40	30 袋/箱
3	可口可乐	1.25L/瓶	1	12.5	60×45×35	8 瓶/箱
4	百事可乐	1.25L/瓶	2	12.5	60×45×35	8 瓶/箱

步骤

第一步：发放工作任务书

工作任务书主要包括实训任务目标、任务描述和工作成果等内容，如表 4 - 17 所示。

表 4 - 17　　　　　　　　在库作业工作任务书

工作任务					总学时	
班级		组长		组员		
任务目标						
任务描述						
相关资料及资源						
工作成果						
注意事项						

第二步：任务分配

对任务进行分解，并根据任务目标，对学生进行分组和任务分配，具体如表 4 – 18 所示。

表 4 – 18 在库作业任务分配表

任务分解	学生角色分配
整仓作业	作业组共（　　）人，其中： 工具准备（　　）人： 单据准备（　　）人： 软件准备（　　）人： 整仓作业（　　）人： 其他：
盘点作业	作业组共（　　）人，其中： 盘点员（　　）人： 软件操作（　　）人： 其他：

第三步：任务说明

据表 4 – 18 中"任务分解"，具体说明如下。

任务 1：整仓作业

1. 整仓作业准备

（1）工具准备：准备好训练使用的条码扫描仪及储位码。

（2）软件调试：WMS 调试及条码扫描仪调试无异常即可进行操作。

2. 整仓作业

（1）扫描原商品储位码和目标储位码。

（2）输入移动商品的量及相关数据。

（3）系统确认后将货物移到目标储位。

任务 2：盘点作业

1. 盘点前的准备

（1）选择盘点周期。

（2）选择盘点时间点。

（3）选择盘点方式：可选的盘点方法有异动盘点、循环盘点、全面盘点。

（4）训练盘点人员：包括盘点的程序、表格的填写、工具的使用等。

（5）冻结库存账及清理盘点场所。

2. 盘点作业

（1）准备盘点。

① 将盘点人员分组；

② 划分小组负责区域。

（2）生成盘点表。

进入 WMS 盘点模块，选定盘点区域，产生并打印盘点表。

（3）初盘。

① 找到对应储位，一人负责清点货物，一人负责在盘点表上做记录。

② 货物信息正确，在记录行上打钩确认；货物信息错误，要在记录行上记录实际的货物数量及名称。

（4）复盘

① 初盘完毕，在 WMS 中打印盘点差异表。

② 盘点人员互换角色，根据盘点差异表重新盘点存在差异的储位。

③ 复盘人员需用不同于初盘时所用笔的颜色填表。

④ 按照储位上实际的货物信息来修改盘点差异表。

⑤ 复盘完毕，盘点人员在盘点差异表上签字确认。

（5）调整复盘差异

① 复盘完毕，操作人员上交盘点差异表。

② 根据复盘结果，在 WMS 中注明差异原因，调整盘点结果。

第四步：教师演示

演示 1：教师演示整仓作业过程。

演示 2：教师演示盘点作业过程。

第五步：学生执行任务

学生分组轮训，练习在库作业处理。

执行任务 1：

（1）读懂所给任务，熟悉整仓准备具体内容，正确操作 WMS 及条码扫描仪。

（2）完成布置的整仓作业。

执行任务 2：

（1）读懂所给任务，熟悉盘点准备具体内容，正确操作 WMS 及条码扫描仪。

（2）完成布置的盘点作业。

成果展示

根据在库作业任务，学生展示整仓、盘点作业结果，并提交移库产生的出库单、入库单，及盘点生成的盘点单。

实训评价

学生通过与老师进行交谈，思考哪些由于操作失误造成的缺陷应重新处理，以后如何避免这些问题。

老师对学生的实训结果进行评价，同时将评分结果记录到在库作业实训评价表中，如表 4-19 所示。

表 4 – 19　　　　　　　　　　　　在库作业实训评价表

考核要素	评价标准	分值/分	评分/分		
			自评（20%）	小组（30%）	教师（50%）
在库作业	移库操作正确、熟练	25			
	盘点前准备充分	25			
	盘点仔细、全面、无遗漏	25			
	单据齐全、填写规范	25			
合　计					
评价人签名					

任务四　出库作业

任务目标

1. 熟悉出库作业的流程；
2. 培养学生编制出库作业计划的能力；
3. 掌握拣选、复核、打包作业技能；
4. 熟练组织货物出库，掌握货物出库的操作技能。

情景设置

某物流配送中心依据客户订单送货要求，组织出库作业。出库商品信息如表 4-20 所示，客户需求如表 4-21 所示，出库方式为送货上门，试完成该订单的货品出库作业。

表 4-20　　　　　　　　　出库商品信息表

序号	品　名	规　格	数量/箱	重量/（kg/箱）	体积/mm³	包装
1	蒙牛牛奶	250g/袋	20	8	70×50×40	30 袋/箱
2	光明牛奶	250g/袋	25	8	70×50×40	30 袋/箱
3	可口可乐	1.25L/瓶	30	12.5	60×45×35	8 瓶/箱
4	百事可乐	1.25L/瓶	25	12.5	60×45×35	8 瓶/箱
5	中华香皂	125g/块	20	7.9	60×40×30	60 盒/箱
6	力士香皂	125g/块	18	7.9	60×40×30	60 盒/箱

表 4-21　　　　　　　　　客户需求情况一览表

客户名称	需求品种及数量					
	蒙牛牛奶	光明牛奶	可口可乐	百事可乐	中华香皂	力士香皂
A	5	10	8	10	6	5
B	5	5	10	5	6	4
C	6	4	12	6	4	3
D	4	4	10	4	4	6

任务主要涉及物资出库作业管理，通过任务分解，分析具体任务内容，要求学生能按照拣货单要求，正确、快捷地拣选作业，并组织复核、打包及装车送达业务。

步骤

第一步：发放工作任务书

工作任务书主要包括实训任务目标、任务描述和工作成果等内容，如表 4-22 所示。

表 4 – 22 工作任务书

工作任务				总学时	
班级		组长	组员		
任务目标					
任务描述					
相关资料 及资源					
工作成果					
注意事项					

第二步：任务分配

对任务进行分解，并根据任务目标，对学生进行任务分配，具体如表 4 – 23 所示。

表 4 – 23 出库作业任务分配表

任务分解	学生角色分配
拣选作业	作业组共（　　）人，其中： 单据处理（　　）人： 拣货员（　　）人： 其他：
复核作业	作业组共（　　）人，其中： 单据处理（　　）人： 人工复核（　　）人： 条码扫描仪复核（　　）人： 其他：
打包作业	作业组共（　　）人，其中： 叉车工（　　）人： 单据处理（　　）人： 理货员（　　）人： 其他：

第三步：任务说明

根据表 4 – 23 中"任务分解"，具体说明如下。

任务1：拣选作业

首先，确定拣选方式。

其次，执行拣选任务。

1. 播种式拣选作业

（1）领取拣货货物汇总表，并签名确认。

（2）拣取总量，置于通道。

① 确认无误后，在拣货表货物数量右侧打钩；

② 储位货物数量不足时，在拣货表对应的货物数量上画圈，并在其右侧标出实际拣取的数量。

（3）签单确认：完成拣货任务后，拣货员签署拣货单，并将货物放到暂存区。

（4）分货：暂存区的分货人员将货物逐一分配到对应门店，等待复核。

2. 摘取式拣选作业

（1）领取拣货单，并签名确认。

（2）拣取货物：

① 拣货人员根据拣货单指示逐一拣取货物，及时在拣货单相的应货物右侧钩出；

② 当储位上货物数量不足时，应报告相关管理人员，进行移库补货处理；若无，则在拣货单对应的货物数量上画圈，并在其右侧标明实际拣取数量；

③ 将拣出的货物放入物流箱。

（3）签名确认：

① 拣货任务完成后，将货物放到复核区，等待复核。

② 拣货员签名确认。

任务2：复核作业

配送中心常采用人工复核和条码扫描仪复核两种复核方式。

1. 人工复核作业

（1）领取单据；

（2）检查单据；

（3）清点货物，并做复核标记；

（4）检查无误，签名盖确认，提交单据。

2. 条码扫描仪复核作业

（1）领取单据。

（2）检查单据。

（3）清点货物：找到要复核的货物，用条码扫描仪逐一对商品进行扫描。

（4）检查差异：客户货物扫描完毕后，查看条码扫描仪上有无差异显示。

（5）检查无误，签名确认，提交单据。

任务3：打包作业

1. 自动打包机打包

（1）检查准备。

① 安装打包带；

②检查各部位螺钉、螺母、弹簧是否有松动。

（2）打包机打包。

①接通电源；

②预热烫头；

③选择送带定时时间（送带长度控制）；

④启动电机；

⑤包件定位；

⑥捆扎；

⑦送带及复位；

⑧退带及复位；

⑨关机。

2. 手动打包机打包

（1）检查整套工具；

（2）确定包装带长度；

（3）固定一端包装带；

（4）固定另一端包装带；

（5）安装钢扣；

（6）抽紧包装带；

（7）打钢扣。

第四步：教师演示

演示1：

（1）教师演示摘取式拣选；

（2）教师演示播种式拣选。

演示2：

（1）教师演示人工复核及条码扫描仪复核拣选过程；

（2）教师演示条码扫描仪的操作方法

演示3：教师演示货物打包过程。

第五步：学生执行任务

执行任务1：

学生分组轮训，模拟拣货员岗位，练习对货物进行摘取式拣选及播种式拣选。

（1）读懂所给任务，熟悉拣选作业的两种方式及各自特点。

（2）练习摘取式拣选方式。

（3）练习播种式拣选方式。

执行任务2：

学生分组轮训，模拟复核员岗位，练习对货物进行人工复核及条码扫描仪。

（1）读懂所给任务，熟悉人工复核及条码扫描仪复核作业方法。

（2）进行人工复核。

（3）熟悉条码扫描仪的操作方法，进行条码扫描仪复核。

成果展示

根据出库作业任务，学生展示出库作业结果，并提交出库单、复核单及送货单等。

任务评价

学生通过与老师进行交谈，思考哪些由于操作失误造成的缺陷应重新处理，以后如何避免这些问题。

老师对学生的实训结果进行评价，同时将评分结果记录到出库作业任务评价评分表中，如表 4 – 24 所示。

表 4 – 24　　　　　　　　　　　　出库作业任务评价评分表

考核要素	评价标准	分值/分	评分/分		
			自评（20%）	小组（30%）	教师（50%）
出库作业	分拣正确、无误、快捷	25			
	复核仔细、全面、无遗漏	25			
	包装合理、符合装卸搬运及运输要求	25			
	单据齐全、填写规范	25			
合　计					
评价人签名					

任务五　退货作业

任务目标

1. 熟悉退货作业的流程；
2. 培养学生处理退货的能力。

情景设置

某物流配送中心给客户送货时，带回客户的退货，配送中心退货组在接收退货后，依据不同的退货原因，进行退货处理。退货商品信息如表 4 - 25 所示，客户退货原因如表 4 -26所示。试完成该客户的退货处理。

表 4 - 25　　　　　　　　　　退货商品信息表

序号	品　名	规　格	数量/箱	重量/（kg/箱）	体积/mm³	包装
1	蒙牛牛奶	250g/袋	2	8	$70 \times 50 \times 40$	30 袋/箱
2	光明牛奶	250g/袋	3	8	$70 \times 50 \times 40$	30 袋/箱
3	可口可乐	1.25L/瓶	1	12.5	$60 \times 45 \times 35$	8 瓶/箱
4	百事可乐	1.25L/瓶	2	12.5	$60 \times 45 \times 35$	8 瓶/箱
5	中华香皂	125g/块	1	7.9	$60 \times 40 \times 30$	60 盒/箱
6	力士香皂	125g/块	2	7.9	$60 \times 40 \times 30$	60 盒/箱

表 4 -26　　　　　　　　　　客户退货原因一览表

客户	退货商品	退货数量/箱	退货原因
A	蒙牛牛奶	1	
	光明牛奶	2	
B	可口可乐	1	
	蒙牛牛奶	1	
C	百事可乐	2	
	力士香皂	1	
	光明牛奶	1	
D	中华香皂	1	
	力士香皂	1	

本任务主要涉及物资退货处理业务，通过核实退货原因，依据相关合约及规定，进行退货处理。要求学生能依据不同退货原因，正确地处理退货业务。

步骤

第一步：发放工作任务书

工作任务书主要包括实训任务目标、任务描述和工作成果等内容，如表4-27所示。

表4-27   退货作业工作任务书

工作任务				总学时	
班级		组长	组员		
任务目标					
任务描述					
相关资料及资源					
工作成果					
注意事项					

第二步：任务分配

对任务进行分解，并根据任务目标，对学生进行任务分配，具体如表4-28。

表4-28   退货作业任务分配表

任务分解	学生角色分配
返品回收	作业组共（ ）人，其中： 配送（ ）人： 客户（ ）人： 退货处理（ ）人： 其他：
返品交接	作业组共（ ）人，其中： 退货处理（ ）人： 软件操作（ ）人： 配送（ ）人： 其他：
返品处理	作业组共（ ）人，其中： 退货处理（ ）人： 软件操作（ ）人： 叉车工（ ）人： 其他：

任务分解	学生角色分配
交单收班	作业组共（ ）人，其中： 配送（ ）人： 退货处理（ ）人： 其他：

第三步：任务说明

据表 4 - 28 中"任务分解"，具体说明如下。

任务1：返品回收

1. 准备退货单

2. 在店验收

（1）货物检查；

（2）货物清点；

（3）退货单签收。

3. 返品上车

不同客户退货需做区隔，以方便识别。

任务2：返品交接

1. 返品到库

（1）退货卸车；

（2）堆码托盘。

2. 入库交接

3. 在库点对

配送员与退货验收人员根据退货单信息检查返品数量、规格是否正确。

4. 货物签收

（1）确认无误后，退货验收人员在退货单上签字确认。

（2）把退货单的其中一联交回配送员。

任务3：返品处理

1. 确定返品类型

按返品质量分为良品、次品和残品。

按返品原因分为质量问题的返品、协议退货的返品、过期退回商品和送错退回商品。

2. 返品整理

（1）良品整理好，放于固定位置。

（2）不良品转入返品库储位，并按照供应商分类整理。

（3）残次品做报损准备。

3. 返品处理

（1）良品使用库内调拨单转入正常仓。

（2）不良品可按流程退回给供应商。

（3）残次品使用货物报损单做报损处理。

任务4：交单收班

（1）配送车辆返回停放。

（2）配送员到调度室上交配送单据和车钥匙。

（3）整理、交接后，收工下班。

第四步：教师演示

演示1：教师演示返品回收过程。

演示2：教师演示返品交接点对和签收过程。

演示3：教师演示返品处理过程。

演示4：教师演示交单收班过程。

第五步：学生执行任务。

学生分组轮训，模拟退货员岗位，练习对退货进行处理。

执行任务1：

（1）根据退货单，进行返品验收。

（2）返品上车，区隔放置。

执行任务2：

（1）明确返品退货原因。

（2）进行返品交接点对。

（3）完成返品签收。

过程指导

1. 返品的交接清点须当面进行。

2. 退货单据应保持完整。

3. 退货交接完成后，双方在退货单上签名确认，收退员与配送员都应各执一联。

执行任务3：

（1）合理区分返品。

（2）正确进行返品处理。

执行任务4：

完成交单，收班并清理现场。

过程指导

1. 物流箱回收要确保数量的准确。

2. 确保单据齐全，并及时交给调度室主管。

3. 确保每一张单据都有配送员的签名。

4. 做好车辆的例行检查，确保车辆次日的正常运营。

成果展示

根据退货处理任务，学生展示退货处理结果，并提交相关单据。

任务评价

学生通过与老师进行交谈，思考哪些由于操作失误造成的缺陷应重新处理，以后如何避免这些问题。

老师对学生的实训结果进行评价，同时将评分结果记录到评价评分表中，如表4-29所示。

表4-29　　　　　　　　　　　　退货作业任务评价评分表

考核要素	评价标准	分值/分	评分/分		
			自评（20%）	小组（30%）	教师（50%）
退货处理作业	退货原因分析正确	30			
	退货处理得当	30			
	单据齐全、填写规范	30			
	整个操作熟练有序	10			
合　计					
评价人签名					

温馨提示

在进行拣货时，一般要按照"先进先出""易坏先出""已坏不出"的原则。

知识库

主要实践知识

一、如何进行拣货作业

拣货就是按照订单的要求准确地拣选客户所需商品，为保证商品能够迅速、准确地出库，通常按以下程序进行拣货。

1. 确定拣货方式

通常拣货方式有摘果式、播种式两种，应根据出库商品的性质选择合适的拣货方式。

（1）摘果式。在以下情况下一般采用摘果式方式拣货：

①订单大小差异较大，订单数量变化频繁，尤其是在季节性较强的商品配送等情况下。

②商品外形体积变化较大，商品差异较大的情况下。如化妆品、家具、百货、电器、高级服饰等。

小看板

摘果式是指针对每一份订单所列的商品品种和数量进行拣货的方式；播种式是将多张订单集合在一起，按照商品品种类别加总后进行拣货的方式（先拣后分）。每种拣货方式都有自己的优缺点，在选择的时候要综合评价后再做决定。

（2）播种式。在以下情况下一般采用播种式方式拣货：

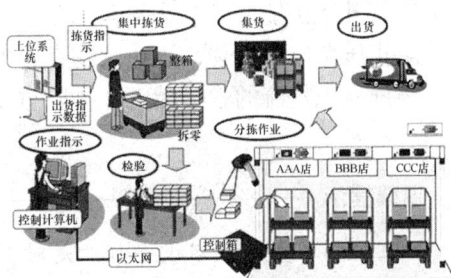

①自动化、系统化程度较高的库房。
②订单变化较小，订单数量稳定的配送中心。
③商品外型较规则、固定的商品出货。

2. 制定拣货清单

根据所选择的拣货方式形成不同的拣货清单。

（1）摘果式。根据每一个份订单形成一份拣货清单。

（2）播种式。将多张订单集合成一批，按照商品品种类别把多张订单上的商品进行加总形成拣货清单。

3. 安排拣货路线

根据拣货清单上的商品储位来安排拣货路线，基本原则为使拣货人员行走最近的路线。

4. 分派拣货人员进行拣货作业

拣货员根据拣货清单，按照事先规划好的拣货路线巡回于仓库中，照拣货清单所列商品及数量，把商品逐一从仓库储位或其他作业区中出放在托盘或其他容器上，然后集中在一起与出货单放在指定位置，由出货验收人员检查。

牢 记 要 点

拣货作业程序包括：

☞ 确定拣货方式

☞ 制定拣货清单

☞ 安排拣货路线

☞ 分派拣货人员进行拣货作业

二、如何做到货物装卸搬运的合理化

装卸搬运作业不仅是繁重的工作，而且是仓储作业中投入劳动量最多、导致货物残损频率最高的重点环节。通过以下措施，可以做到装卸搬运的合理化。

1. 减少装卸搬运次数

（1）准确掌握仓储物品的流通动向，根据仓储协议确定货物流通计划，合理选择仓位，必要时采用分点存放。

（2）防止压堵出库货物，避免货物在仓库内倒仓。

（3）合理组织物流的各项活动，排除重复装卸搬运。

> 温馨提示
>
> 在使用托盘等成组设备作业是时，一定要使用标准化的成组设备。

2. 采用托盘化、集成化等成组作业

将货物码放在托盘上，然后连同托盘一起进行装卸搬运，如能连同盘一起出库，将会使货物全程的卸搬运效率大大提高。此外，还可以采用其他器材，如绳网、货箱其他较大容器进行成组集成，这会大大提高装卸搬运效率。

3. 使装卸搬运移动距离最近

（1）尽可能使运载车辆、搬运工具接近货物存放的位置，或尽量使车辆进入装卸作业区。

（2）使装卸作业设备能够直接进入作位置，尽可能消除完全采用人力的水平搬运。

4．省力化作业

省力化作业的主要方法有：

（1）充分利用重力。从卡车、铁路货车上卸物时，利用卡车与地小搬运车之间的高度差，采用滑板、溜槽等工具，依靠货物自身的重力自上向下作业。

（2）要减少重力影响。

①在装卸时要尽量配合简单的机具，尽量避免重物提升作业，从而减少重力的影响，也能减少体力的消耗，达到省力的目的。

②在出库作业区建设与车厢同样高度的车辆作业平台。

5．使装卸搬运作业衔接流畅

要尽量避免货物先卸下，在地面堆放，然后再从地面装上车辆的装卸和搬运脱节的现象发生。

6．提高货物的灵活性指数

货物装卸搬运过程中避免把货物散落在地面上，尽可能把货物码放在托盘、送货小车上，或装载到台车上，最好直接码放在传送带上，尽可能提高货物装卸搬运的灵活性指数，从而提高下一道工序的完成效率。

小看板

装卸搬运灵活性指数"是指对于不同放置状态的货物做了不同的灵活性规定，卸搬运的灵活性指数分为 0～4 共 5 个等级（如表 4－30 所示），货物的装卸搬运灵活性指数越高，则其下一道工序越容易完成，装卸搬运的效率越高；灵活性指数越低，下一道工序越不容易完成，装卸搬运效率越低。

表 4－30　　　　　　　　　装卸搬运灵活指数表

编号	物品码放状态	灵活性指数
1	零散放在地面上	0
2	放入箱内	1
3	码放到托盘、送货小车上	2
4	装载到台车上	3
5	码放到传送带上	4

三、如何处理商品出库凭证问题

商品出库凭证作为商品出库的依据，如出现问题将会影响货物的准时、准确出库，可通过以下方法来解决出库凭证所遇到的各种问题：

0级

1级

2级

3级

4级

1. 出库凭证假冒、复制、涂改

如果发现出库凭证有假冒、复制、涂改等情况时，应及时与仓库保卫部门以及领导联系，进行妥善处理。

2. 出库凭证上规格开错或印鉴不符

如果发现出库凭证规格开错或印鉴不符时，保管员不得调换规格发货，必须通过制票员开票方可重新发货。

小看板

严禁无凭证、电话、口授发货，任何白条子都不能作为发货凭证，任何人都不能强制保管员将库存商品借用、试用。

3. 出库凭证超过提货期限

当出库凭证超过提货期限，用户前来提货，必须先办理手续，按规定缴足逾期仓储保管费，然后才可以发货。

4. 商品进库时未验收，或者期货未进库

当遇到商品进库时未验收，或者期货还没进库的出库凭证时，一般应暂缓发货，并通知货主，等货物到了并验收后才能发货。

5. 出库凭证遗失

如客户因各种原因将出库凭证遗失，客户应及时与仓库发货员和账务人员联系挂失；如果挂失时货物已被提走，保管员不再承担责任，但要协助报案，尽量帮助货主单位找回商品，如果货物还没被提走，保管人员和账务人员查实后，做好挂失登记，将原凭证作废，缓期发货。

小案例

小张是一家仓库的保管员，主要负责电器电子产品储存保管工作。由于这些产品价值高，所以小张平时工作十分认真，坚持原则，生怕发生一丝一毫的差错。一次公司财务部门的经理想通过小张暂借一台公司库房里的电脑使用一周，说好一定给小张打一张借条并按时完好归还，小张十分为难，一方面他不想得罪公司领导，可是他又不想违反商品出库的规定——没有出库凭证坚决不能让商品出库。经过再三考虑，小张决定坚持原则，没有答应公司领导的要求。

四、如何处理商品出库中的问题

商品在出库过程中存在很多问题，正确处理这些问题可以挽回企业和客户的损失。针对各种不同的问题应该采取不同的方法进行处理。具体内容如下：

1. 提货数与实际数不符

当遇到提货数量大于商品实际库存数量时，无论是何种原因造成的，都需要和仓库主管部门以及货主单位及时取得联系后再处理。具体处理方式如下：

（1）如属于入库时记错账，则可以采用"报出报入"方法进行调整。

小看板

报出报入法是指先按库存账面数开具商品出库单销账，然后再按照实际库存数重新入库登账，并在入库单上签明情况。

（2）如属于仓库保管员串发、错发而引起的问题，应由仓库方面负责解决库存数与提单数间的差数。

（3）如属于货主单位漏记账而多开出库数，应由货主单位出具新的提货单，重新组织提货和发货。

（4）如果是仓储过程中的损耗，需考虑该损耗数量是否在合理的范围内，并与货主单位协商解决。合理范围内的损耗，应由货主单位承担；而超过合理范围之外的损耗，则由仓储部门负责赔偿。

2. 串发货与错发货

在这种情况下，如果商品尚未离库，应立即组织人力，重新发货。如果商品已经提出仓库，保管人员要根据实际库存情况，会同货主单位运输单位共同协商解决。一般在无经济损失的情况下由货主单位重新按实际发货数冲单解决。如果形成了直接的经济损失，应按赔偿损失单据冲转调整保管账。

小看板

串发和错发，主要是指发货人员对商品种类规格不很熟悉的情况下，或者由于工作中的疏漏，把一定规格、数量的商品错发出库的情况。

3．退货处理

商品出库后，因出库时发生的差错造成商品退货，这时要对这部分品进行妥善处理，才能树立企业形象，最大限度地挽回损失。退货一般按照以下程序进行：

（1）用户填写"退货申请表"，在收到同意退货的通知后，须按规定的运输方式办理运输。

（2）仓库在收到客户的退货时，应尽快清点完毕，如有异议，必须以书面形式提出。

（3）退回的货品与退货申请表是否相符，以仓库清点为准。

（4）仓库应将退入仓库的货品，根据其货物原因，分别存放、标识。对属供应商造成的不合格品，应与采购部门联系，催促供应商及时提回。

（5）登记入账：对于已发放的货品和退回的货品，要及时入账，并时向其他部门报送有关材料。

我知道吗？

1．请您根据自己的理解判断下列说法的正误，正确的打"√"，错误的打×。

（1）在货物装卸搬运的过程中，装卸搬运的次数越少越好，搬运的距离越近越好。

（2）为使装卸搬运合理化，可以使用任何规格的容器对货物进行集装化。

（3）在货物出库时，先把货物从仓库里搬运到车辆作业平台的地上，然后再从地面装上车辆，这种装车方式是很合理的。

（4）货物的灵活性指数越小，越不容易转入下一站的运输操作。

参考答案：（1）√ （2）× （3）× （4）√

2．下面是一个仓库商品表，请回答按照"先进先出""易坏先出""已坏不出"的原则，商品的出库顺序应该怎样安排？

产品编号	进仓日	数量	生产日期	保质期
1	2014－2－10	50000	2014－2－1	6个月
2	2014－4－21	25000	2014－1－8	6个月
3	2014－6－11	38000	2014－5－8	6个月

参考答案：2、1、3

3．请回答商品出库时发生以下问题时，应该采取的措施，填写到表格中：

序号	出库问题	对策
1	因损耗造成的提货数与库存数不符	
2	因发货员失误把货物串货，但货物还未发出	
3	因发货错误造成客户退货	
4	因商品入库时记错帐造成的发货数与库存数不符	

参考答案：

1. 要和货主协商解决，合理范围内的损耗由货主承担，不合理范围内的损耗由仓储企业负责赔偿。

2. 应重新组织发货。

3. 按照退货程序处理。

4. 采用报出报入法处理。

附录:

附表 1:教师评整体项目

项目评价表	项目名称		时间:
	课程名称		项目承接人
评分内容	标准分值	小组评分 20%	教师 80%
制定项目作业计划			
是否制定项目实施方案	5		
实施方案是否合理	3		
确定项目内容与方案			
是否确定了问题和解决问题的方案	5		
是否考虑了安全和劳动保护措施	3		
是否考虑环保及文明施工措施	3		
明确项目实施过程与步骤			
实施步骤是否正确	3		
是否安全文明作业	3		
是否独立完成工作任务	5		
是否在规定时间内完成	5		
本项目各任务得分(60):			
任务 1			
任务 2			
任务 3			
任务 4			
任务 5			
本人对项目编练的评价			
请描述本项目的优点			
(1)	2		
(2)			
(3)			

有待改进之处		
(1)	3	
(2)		
(3)		
总分	100	
项目组员签名	班组长签名	教师签名

附表 2：教师评学生

学生评价表		被评价学生	
项目名称		评价时间	
评价项目	评价标准/内容	评价结果	
出勤情况 （共5分）	（5分）很好，无缺席和迟到早退 （4分）较好，有请假，没有无缺席 （3分）一般，没有无故缺席，但有迟到早退 （2分）较差，有无故缺席，有迟到早退 （1分）很差，经常无故缺席，迟到早退		
遵章守纪 （共5分）	做到一点得1分，本项目计分求和： ▲不离岗、不串岗 ▲安全作业、规范操作 ▲安静作业、轻声交流不喧哗 ▲听从指导老师意见 ▲按时下课、不提前退场		
团队合作 （共5分）	（5分）很好，工作积极，主动承担艰苦工作 （4分）较好，积极参加工作，与同事合作，服从分配 （3分）一般，参加工作，但不够主动积极，偶有不合作 （2分）较差，有时不参加工作，有时不与同事合作，有时不服从分配 （1分）很差，经常不参加工作，不与同事合作，不服从分配		

附表3：学生互评表

项目名称							

评价人：	班级：	学号：	时间：

评价内容	评价标准	组员姓名				
		1	2	3	4	5
团队合作	（5分）团队荣誉至上，主动承担艰苦工作 （4分）积极参加工作，与同事合作，服从分配 （3分）参加工作，但不够主动积极，偶有不合作 （2分）有时不参加工作，有时不与同事合作，有时不服从分配 （1分）经常不参加工作，不与同事合作，不服从分配					
遵章守纪	做到一点得1分，本项目计分求和： ▲服从组内任务安排 ▲不离岗、不串岗 ▲安全作业、规范操作 ▲安静作业、轻声交流不喧哗 ▲按时下课、不提前退场					

附表4：学生自评表

项目名称						

自评人：	班级：	学号：	时间：

评价内容/标准	好	较好	一般	较差	差
	5分	4分	3分	2分	1分
1. 我愿意参加组内合作活动					
2. 我能自觉遵守活动时间和活动规则					
3. 我能明确自身角色和职责					
4. 我能积极表达自己的观点					
5. 我能尊重并保留其他成员的观点和意见					
6. 针对不同意见和观点，我能够与组员进行讨论					
7. 我愿意帮助其他组员完成某项任务					
8. 在互助中我们共同完成预期任务					

项目五
仓储管理系统操作

随着现代物流业的迅猛发展，作为物流核心环节之一的现代仓储业需要完成强大的流通功能，传统的仓储手工作业管理方式已不能适应这种需要。因此，以计算机作为载体的仓储管理信息系统已逐步广泛应用于仓库管理，有效地提高了物流运作效率。

温馨提示

在本项目中，同学们将在老师的指导下进行软件安装训练，通过操作练习，熟练掌握一款仓储管理软件的应用并能对其他软件进行分析！

最终目标：
能熟练操作仓储管理软件

促成目标：
1. 能熟练进行仓储软件的安装与系统环境设置
2. 能准确模拟仓储软件各操作流程
3. 能准确地查询与生成仓储报表并作简单分析

任务一 系统设置

打开管理软件，在主界面上的左上方第一栏就是【系统设置】，如图 5 – 1 所示：

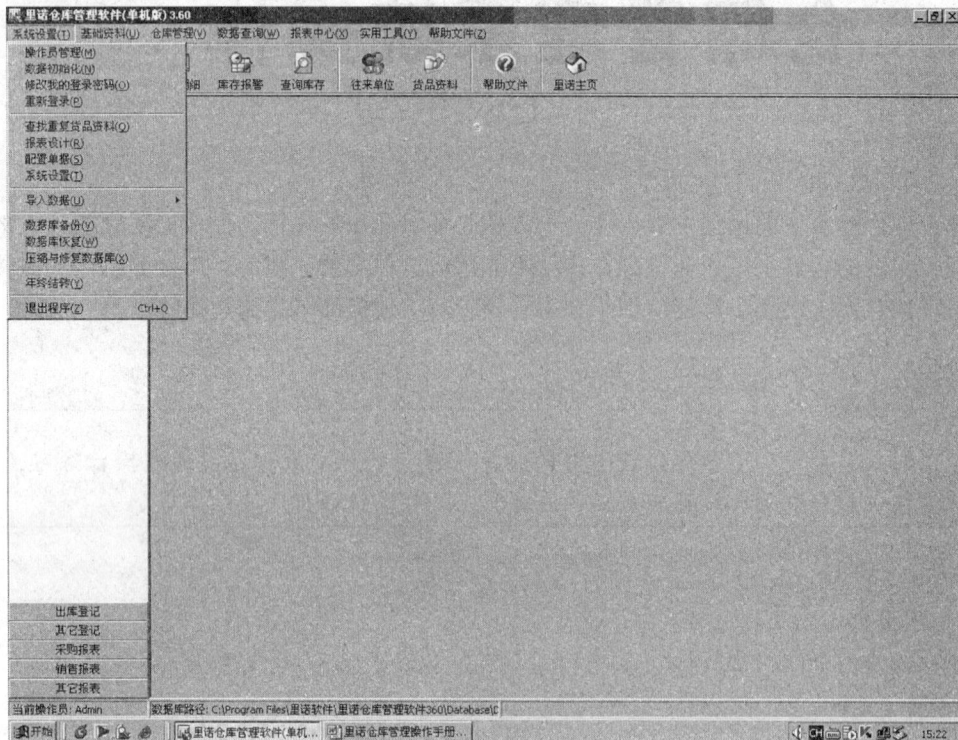

图 5 – 1

点击【系统设置】，在系统设置下方会显示【系统设置】的内容，包括操作员管理、数据初始化、修改我的登录密码、重新登录、报表设计、配置单据、系统设置、导入数据、数据库备份、数据库恢复、压缩与修复数据库、年终结转、退出程序。下面分别将这些功能作简要介绍。

一、操作员管理

新建、删除使用本软件的操作员，授权他们可以使用哪些功能。此功能只有系统管理员可以使用。

（一）进入界面

单击【系统设置】，选择其中的【操作员管理】，见图 5 – 2。

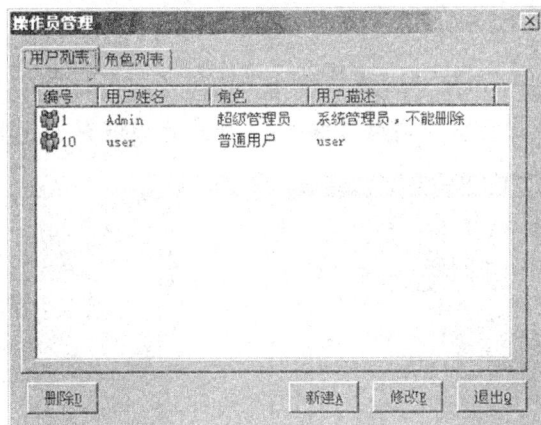

图 5-2

（二）增加操作员

单击【新建】按钮，见图 5-3。

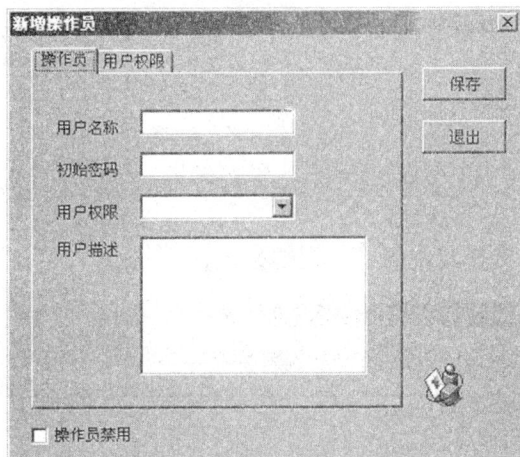

图 5-3

输入用户名称、初始密码、选择用户权限，可对用户进行适当描述，按【保存】后就点【退出】，就完成了新操作员的添加。

（三）删除操作员

选择要删除的操作员，单击【删除】按钮。

（四）修改操作员

选择要修改的操作员，单击【修改】按钮，可对操作员作相应修改，修改后需保存。

（五）用户权限

选择要修改的操作员，单击【修改】按钮，选择【用户权限】，出现以下画面，点击【权限】栏下的编辑框，出现对号后点【保存】，该操作员就有了此权限，见图5-4。

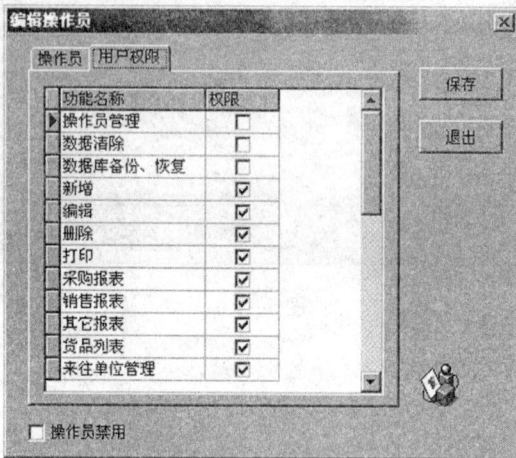

图5-4

二、数据初始化

（一）进入界面

单击【系统设置】，选择其中的【数据初始化】，见图5-5。

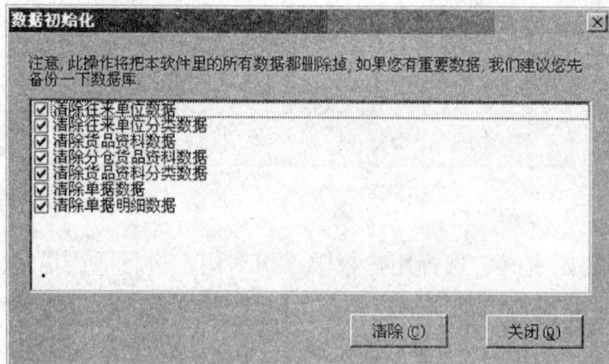

图5-5

（二）数据清除

选择要清除的数据，即数据前出现对号，按【清除】后点【关闭】，就可清除相应数据。

三、修改我的登录密码

（一）进入界面

单击【系统设置】，选择其中的【修改我的登录密码】，见图 5-6。

（二）密码修改

输入当前密码、新密码，然后对新密码进行验证，按【确定】后关闭此窗口，就可完成密码修改。

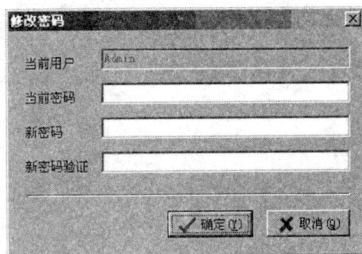

图 5-6

四、重新登录

（一）进入界面

单击【系统设置】，选择其中的【重新登录】，见图 5-7。

（二）重新登录

选择用户名称，输入密码，按【确定】，就可重新登录该系统。

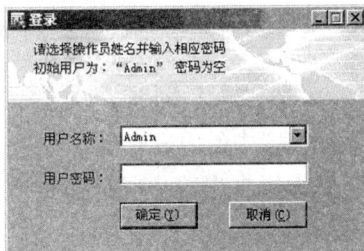

五、报表设计

请参考帮助文档。

图 5-7

六、配置数据

（一）进入界面

单击【系统设置】，选择其中的【配置数据】，见图 5-8。

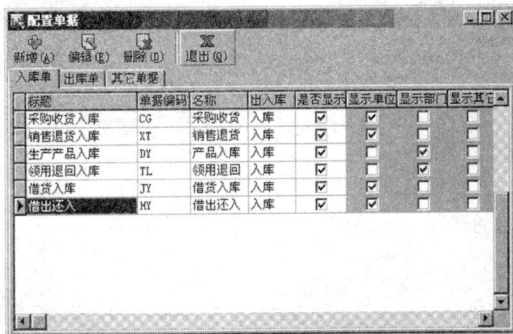

图 5-8

单据有入库单、出库单及其他单据，可进行新增、编辑与删除，新增内容只有重新启动软件后才能生效。

七、系统设置

单击【系统设置】，选择其中的【系统设置】，见图 5 - 9。

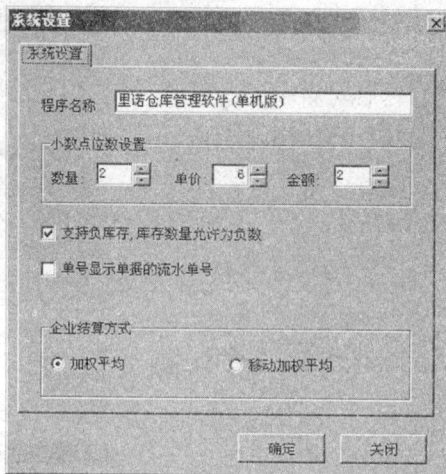

图 5 - 9

系统设置中的内容有程序名称、小数点位数设置、支持负库存、单号显示、企业结算方式，在编辑框中输入相应数据或点取，按【确定】按钮后点【关闭】，就完成了系统设置。

八、导入数据

（一）进入界面

单击【系统设置】，选择其中的【导入数据】，以【导入往来单位】为例，见图 5 - 10。

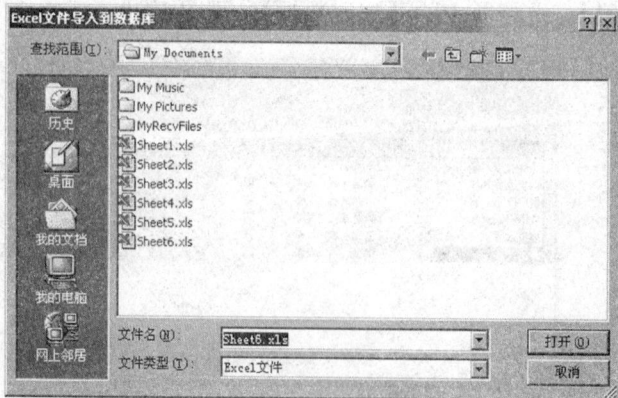

图 5 - 10

（二）导入数据

选择要导入的文件名，点击【打开】按钮，后出现图 5－11 所示画面。

将 Excel 字段下的字段名与源字段的字段名一一对应好，具体方法是：用鼠标左键点击 Excel 字段下的编辑框，再点该编辑框最右侧，会弹出一个下拉按钮，画面如图 5－12 所示，选择相应字段名与源字段名对应好。字段名一一对应好后选择默认的仓库，点开始按钮，就可导入数据。

注意：如果导入数据过程中发生错误，那么极有可能是数据字段没有对应好或者 Excel 中货品编码不是唯一。

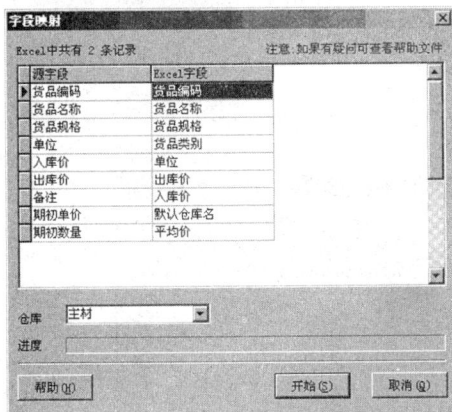

图 5－11

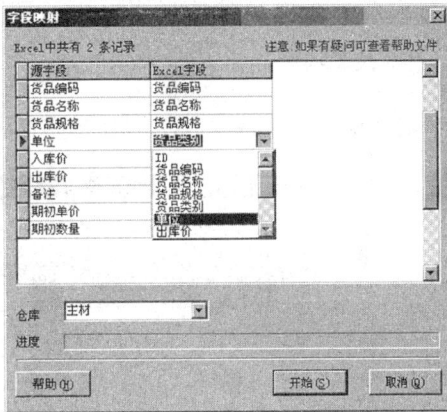

图 5－12

九、数据库备份

单击系统设置，选择其中的【数据备份】，见图 5－13。

选择相应的文件夹，点击【数据备份】按钮，就可完成数据存放在该文件夹中。

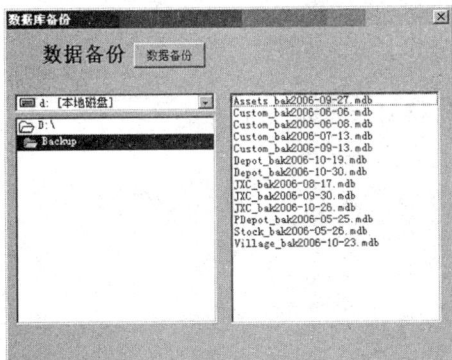

图 5－13

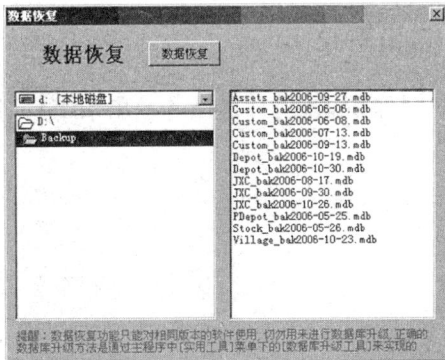

图 5－14

十、数据库恢复

单击系统设置，选择其中的【数据恢复】，见图 5－14。

选择相应的备份文件，点击【数据恢复】按钮，就可完成该数据的恢复。

十一、压缩与修复数据库

随着软件操作次数的增多，数据库存储数据的效率和软件运行速度降低，压缩数据，可以减小数据库大小，提高软件运行速度。

单击【系统设置】，选择其中的【压缩与修复数据库】，稍后会出现如图 5 - 15 所示画面。

点击【OK】按钮，压缩数据库成功。

图 5 - 15

十二、年终结转

单击系统设置，选择其中的【年终结转】，见图 5 - 16。

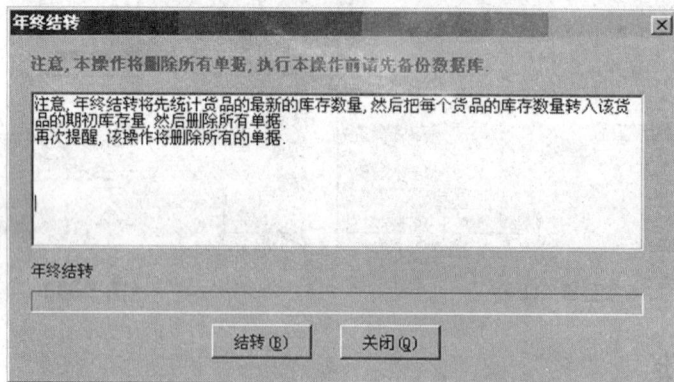

图 5 - 16

注意界面上的提醒，点击【结转】按钮就可完成库存的结转。

十三、退出系统

单击【系统设置】，选择【退出系统】，稍后就会关闭此系统。

任务二　录入基础资料

一、货品管理

【货品管理】分【货品资料】与【货品分类管理】，其中【货品资料】包含有【货品分类管理】的操作方法，下面就介绍一下【货品资料】的界面与操作方法：

【货品资料】

（一）进入界面

单击【基础资料】，选择其中的【货品管理】→【货品资料】，见图5-17。

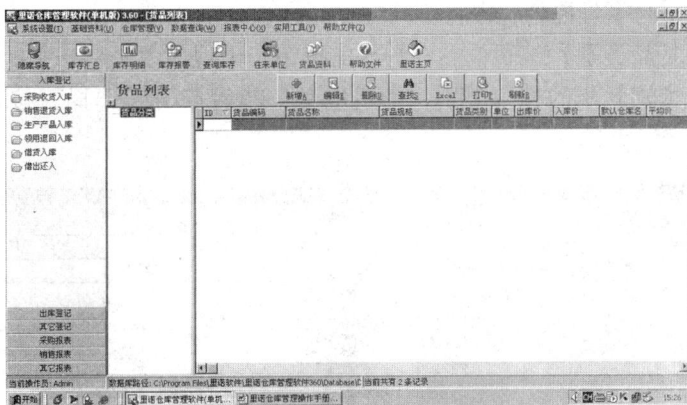

图5-17

（二）添加货品

点击【新增】按钮，出现如图5-18所示画面。

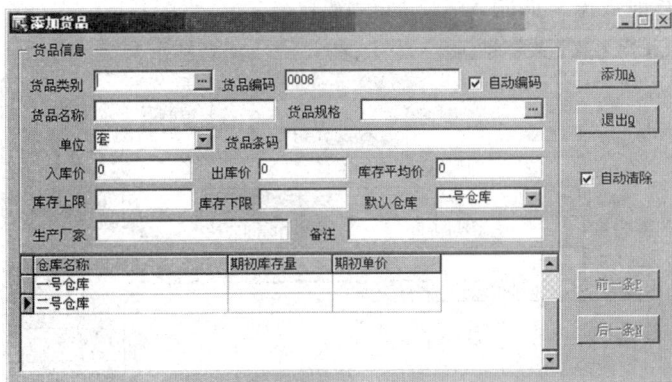

图5-18

选择货品类别，出现如图 5 – 19 所示画面。

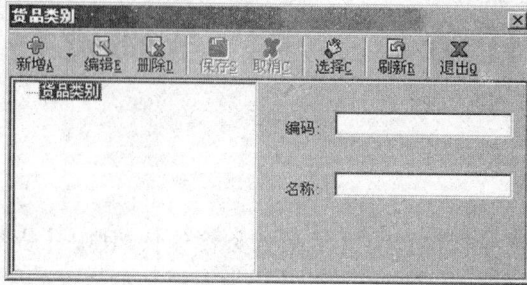

图 5 – 19

按【新增】，输入编码与名称，然后保存，退出，又退回到添加货品对话框。

注意：【货品类别编码】与【货品编码】是两个不同的概念。【货品类别编码】是将货品归为不同类别后再对这一类别进行编码，而【货品编码】就是直接将货品编上不同的数字、字母或数字与字母混合，以将不同的货品区分开来。

再次点击【货品类别】编辑框右端的导航按钮，出现如图 5 – 20 所示画面。

选中【货品类别】下的相应类别，如机电类，然后点击【选择】按钮，就出现如图 5 – 21所示画面。

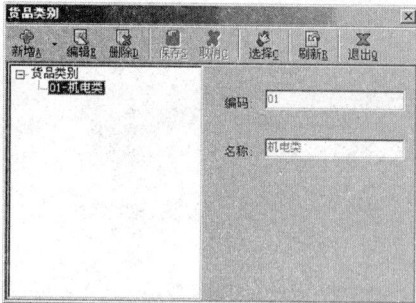

图 5 – 20

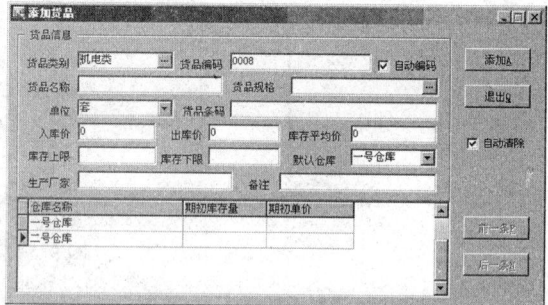

图 5 – 21

这样就完成了【货品类别】的录入。

然后再录入其他数据，如图 5 – 22 所示例子。

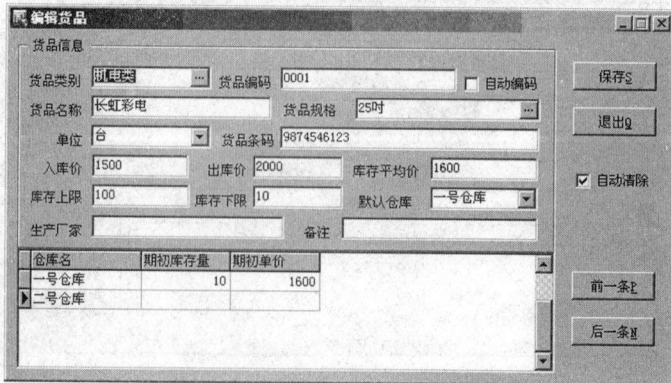

图 5 – 22

点击【添加】按钮，再点【退出】。这样【货品资料】的相关数据就录入了，图面如图 5 – 23 所示。

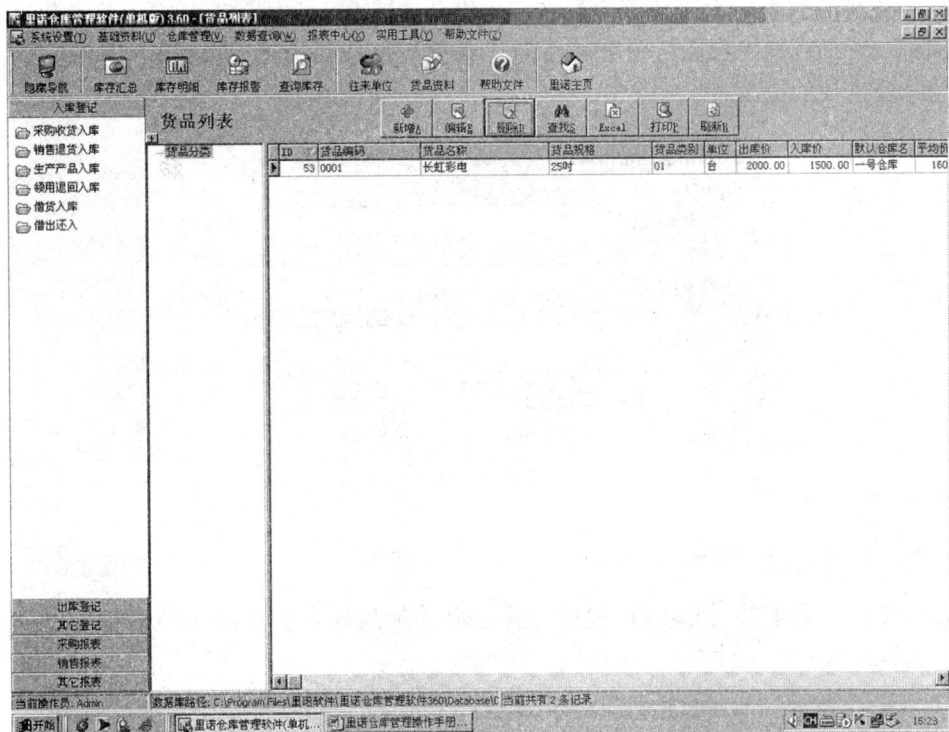

图 5 – 23

用如上的方法可完成其他货品资料的添加。

（三）编辑货品

选中相应的货品，然后点击【货品列表】中【编辑】按钮，出现【编辑货品】对话框。可对货品信息中的相关数据进行修改，修改后需点【保存】才生效。

（四）删除货品

选择要删除的货品，然后点击货品列表中的【删除】按钮，会出现如图 5 – 24 所示对话框，点击【是】就可删除该货品。

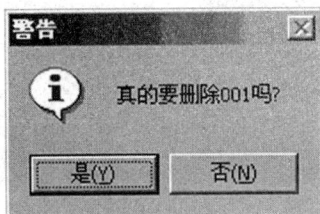

图 5 – 24

（五）查找货品

点击【货品列表】中的【查找】按钮，出现如图5-25所示对话框，输入货品编码、货品名称、货品规格中的任何一个，点击【查找】按钮后退出，就可在【货品列表】表格中显示要查找的货品。

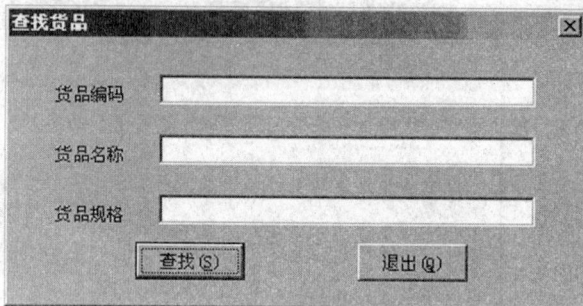

图 5 - 25

（六）导出 Excel 文档

点击货品列表中的【Excel】按钮，就可将【货品列表】中的货品资料导出成 Excel 文档，可保存在相应文件夹中。如图5-26。

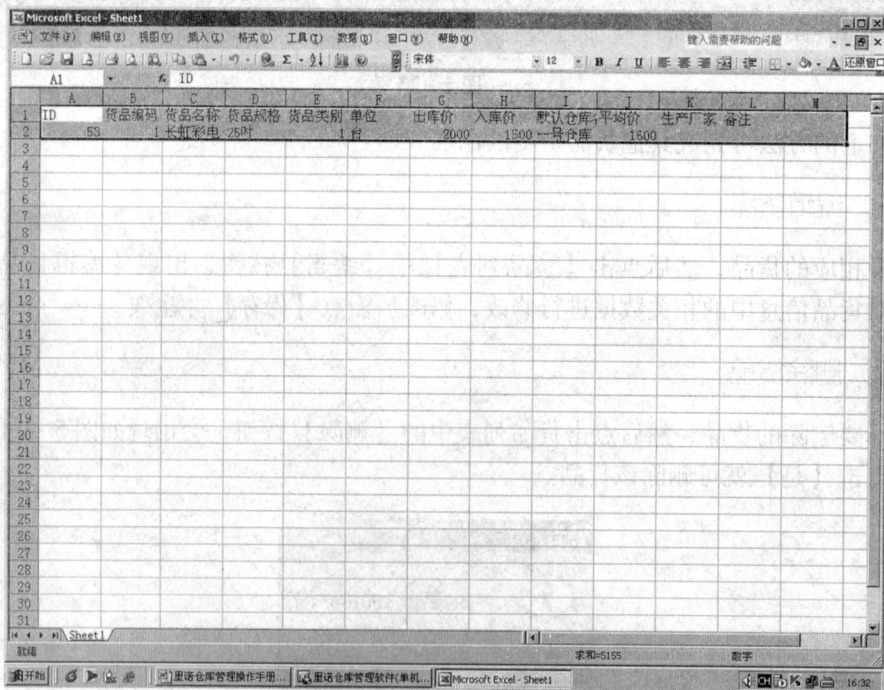

图 5 - 26

（七）打印

点击货品列表中的【打印】按钮，先是完成打印的预览，如图 5-27 所示，然后可在此对话框中可完成打印操作。

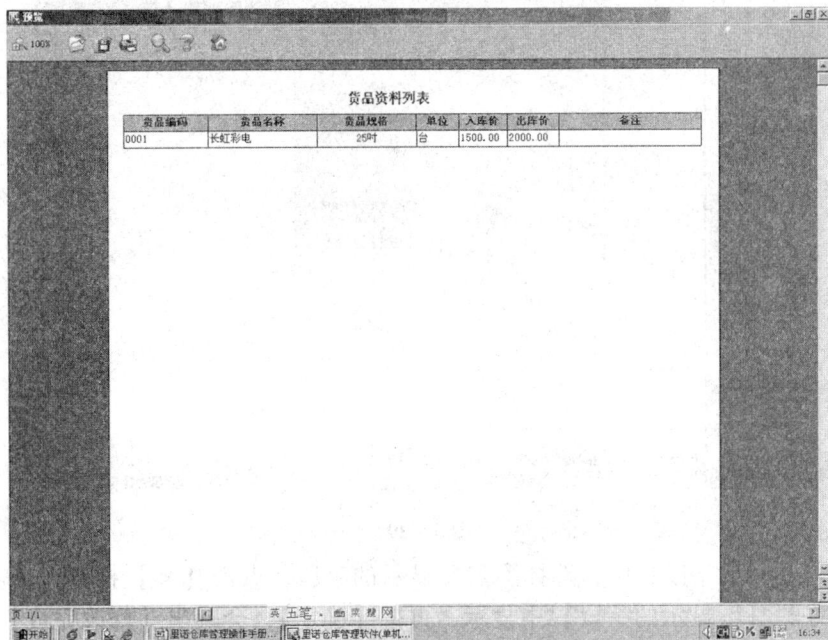

图 5-27

（八）刷新

在【货品列表】中，还有【刷新】功能。【刷新】是对已录入数据的刷新。

（九）设置显示属性与保存表格属性

在【货品列表】中，选中一货品，右击鼠标，出现如图 5-28 所示画面。

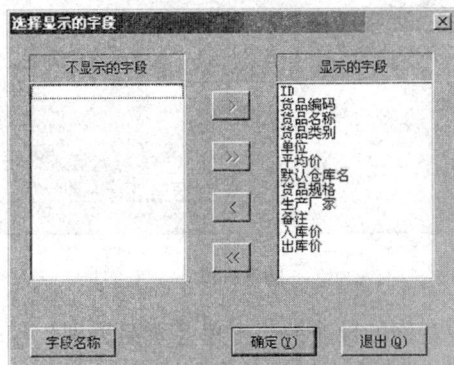

图 5-28

点击【设置列显示属性】，出现如图 5 - 29 所示画面。

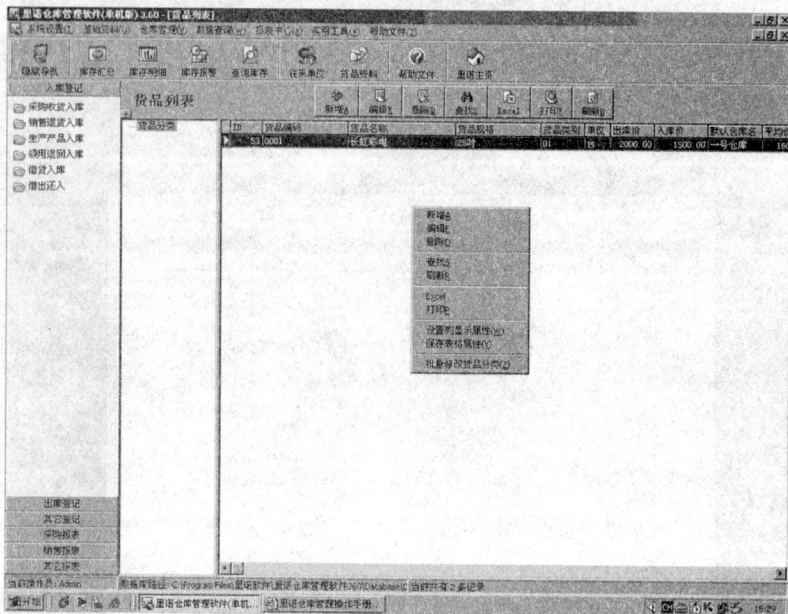

图 5 - 29

在右栏【显示的字段】中，选择不需要显示的字段，点击【＜】按钮，不需要显示的字段就在左栏【不显示的字段】中显示，再按【确定】，会跳出【修改完成】对话框，点击当中的【OK】按钮。再点击【取消】按钮，退出对话框。点击【货品列表】中的【刷新】按钮，不需要显示的字段就不会显示了。

【保存表格属性】就是对已修改的表格属性进行保存。

（十）批量修改货品分类

在【货品列表】中用鼠标左键拖动选择多个货品，然后点击右键，选择【批量修改货品类别】，出现如图 5 - 30 所示画面。

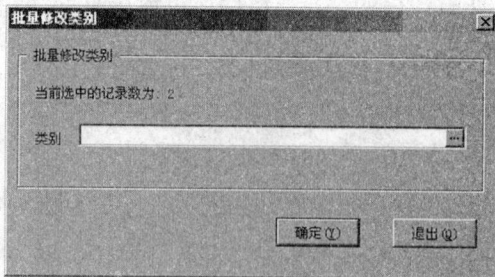

图 5 - 30

点击【类别】编辑栏中右侧的导航键，出现【货品类别】编辑框，如图 5 - 31 所示。

选中需要的类别，然后点击【选择】按钮，退出【货品类别】编辑框，重新回到【批量修改类别】编辑框，如图 5 - 32 所示。

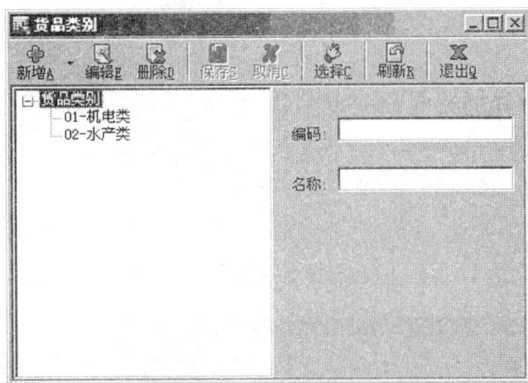

图 5 – 31

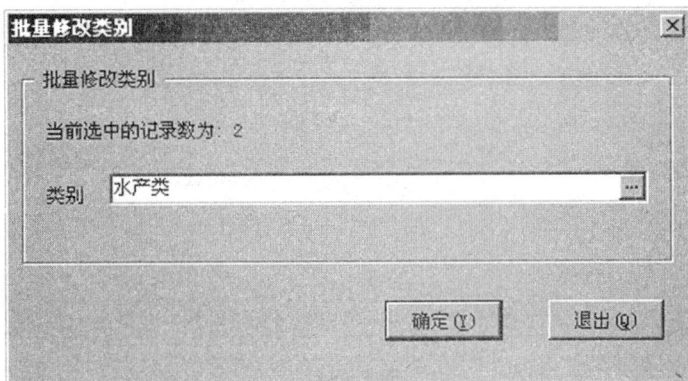

图 5 – 32

点击【确定】按钮，出现修改成功对话框，见图 5 – 33。

图 5 – 33

点击【确定】按钮，再次回到【批量修改类别】对话框，点退出然，回到【货品列表】对话框。点【刷新】按钮，批量修改货品分类完毕。

二、往来单位管理

【往来单位管理】分【往来单位资料】与【单位分类管理】，其中【往来单位资料】包含【单位分类管理】。

（一）进入界面

单击主画面【基础资料】，选【往来单位资料】，出现如图5-34所示画面。

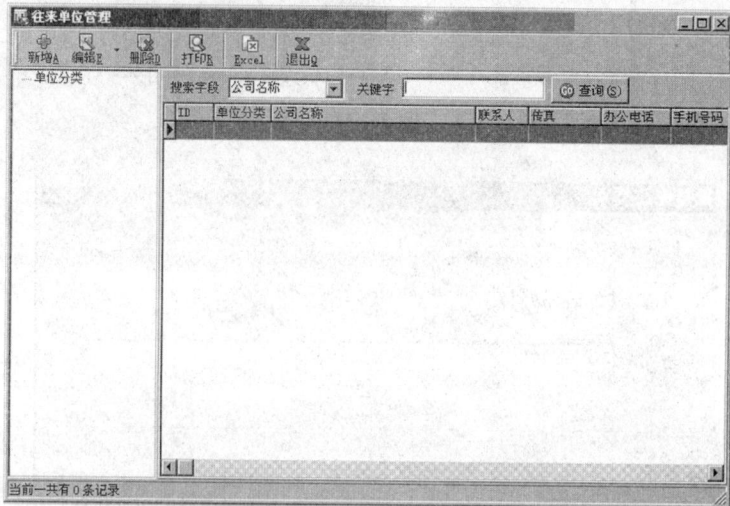

图5-34

（二）添加往来单位

点击【往来单位管理】对话框中的【新增】按钮，录入相应数据。其中在【单位类别】中，点击编辑框右端的导航按钮，出现如图5-35所示对话框。

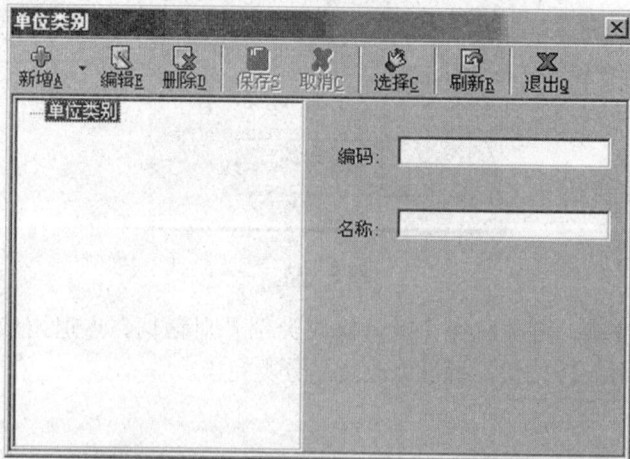

图5-35

点击【单位类别】中的【新增】按钮，输入相应的编码与名称后按【保存】后退出，又回到【往来单位管理】对话框。在该对话框中录入相应数据后按【保存】后退出，就完成了往来单位的添加，效果如图 5 – 36 所示。

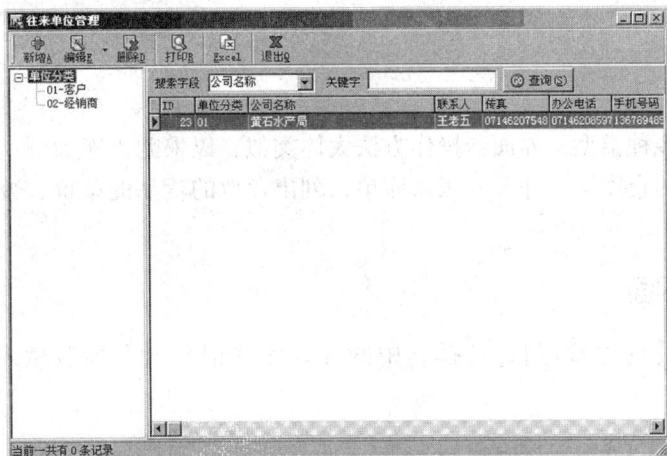

图 5 – 36

（三）往来单位的编辑、删除、打印、导出 Excel.

在往来单位管理中，还有编辑、删除、打印、导出 Excel 等功能，操作方法可参考货品资料的录入。

三、仓库资料、常用计量单位、部门资料、员工信息、特殊字符管理

这几项基础资料的添加、编辑、删除、打印等操作与上面介绍的往来单位操作类似，请参考以上操作。

四、公司概况

此项【基础资料】要求软件使用者将所在公司的相关信息录入其中，录入完毕后按【确定】按钮就完成了此项操作，界面如图 5 – 37 所示。

图 5 – 37

任务三　仓库管理

一、入库登记

入库登记分多种类型，界面与操作方法大体类似，以采购入库为例：公司采购的产品需要存放到相应的仓库里，并开一张入库单，列出存放的货品的单价、数量、金额以及存放的时间等。

（一）进入界面

单击主画面【仓库管理】，选择其中的【入库登记】【采购收货入库】，画面如图5－38所示。

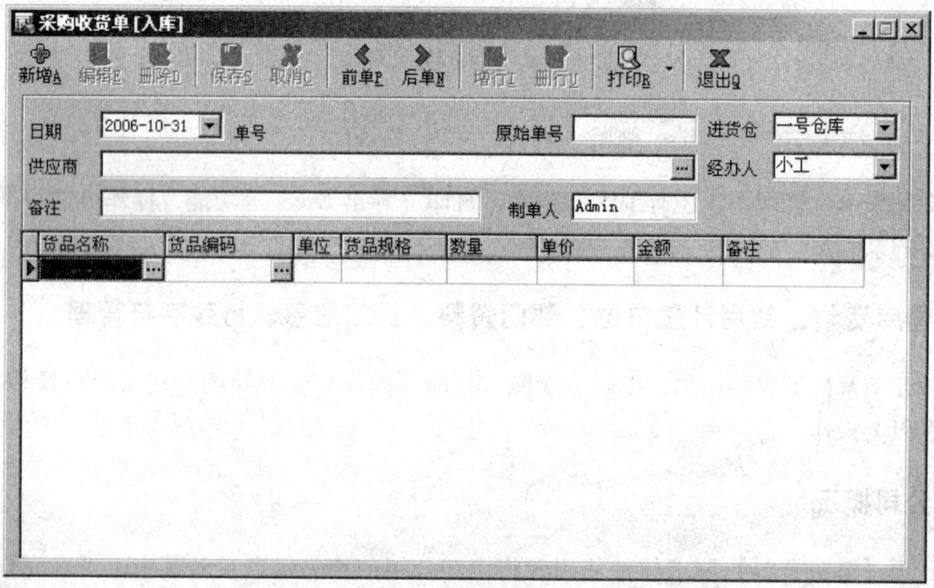

图5－38

（二）增加入库单

单击【新增】按钮，该窗口即处于新增状态，画面如图5－39所示。

（1）日期：日期一栏会自动生存当天日期。

（2）单号：单号一般自动产生，不需要修改。

（3）原始单号：原始单号根据情况可以输入，也可不输入。

（4）选择进货仓：点【进货仓】编辑框右边下拉按钮，选择该入库单货品进入的仓库。

（5）选择供应商：点【供应商】编辑框右边导航按钮，在弹出的来往单位导航界面选择该入库单的供应商。

（6）选择经办人：点【经办人】编辑框右边下拉按钮，选择该入库单的经办人。

（7）备注：在【备注】编辑框中输入需要备注的内容。

（8）制单人：制单人可自动生成。

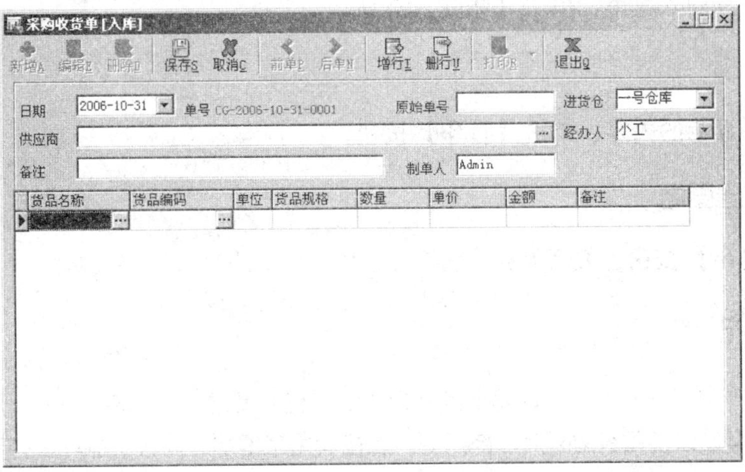

图 5－39

（9）输入入库货品：鼠标在【货品编码】或【货品名称】栏下导航按钮点一下，在出现的货品资料信息导航界面选择货品，然后，在【数量】栏输入数量，在【单价】栏输入单价。在【金额】栏点一下可自动生成金额，在【备注】栏输入相应备注信息。点【保存】后出现如图 5－40 所示。至此一张新的采购收货入库单生成。

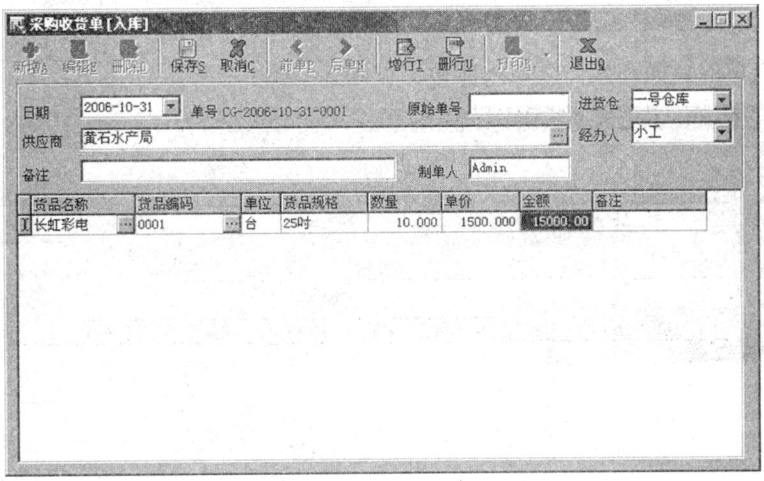

图 5－40

（三）编辑入库单

当打开采购收货入库单窗口时，显示的是上一次最近增加的入库单，可以通过单击

【前单】、【后单】等按钮转移到其他入库单，点击【编辑】按钮，该窗口即处于修改状态，【货品编码】栏下可进行【增行】、【删行】操作，界面和其他操作类似增加入库单。

（四）删除入库单

选中要删除的入库单，单击【删除】按钮。

（五）打印

用于打印显示的内容，单击【打印】按钮。

（六）退出画面

单击【退出】按钮，关闭界面。

二、出库登记

在企业生产经营活动中，出库是个经常操作的过程并要求开出库单，列出您出库的货品的单价、数量、金额以及领料的时间、部门等。此模块用来增加、修改、删除、打印出库单。

出库单的界面和操作类似入库单，可参考以上操作。

三、库存盘点单

由于存货数量较多、管理不善、自然损耗等原因，有可能库存数量与账面数量不符。需要进行存货清查，调整账面数量，并开一张盘点单，列出所盘点的货品的原来数量、现在数量、单价以及盘点的时间、经手人等。因是在本公司内或部门内盘点，所以没有供应商这一项。

库存盘点单的界面和操作类似入库单，见图 5-41。

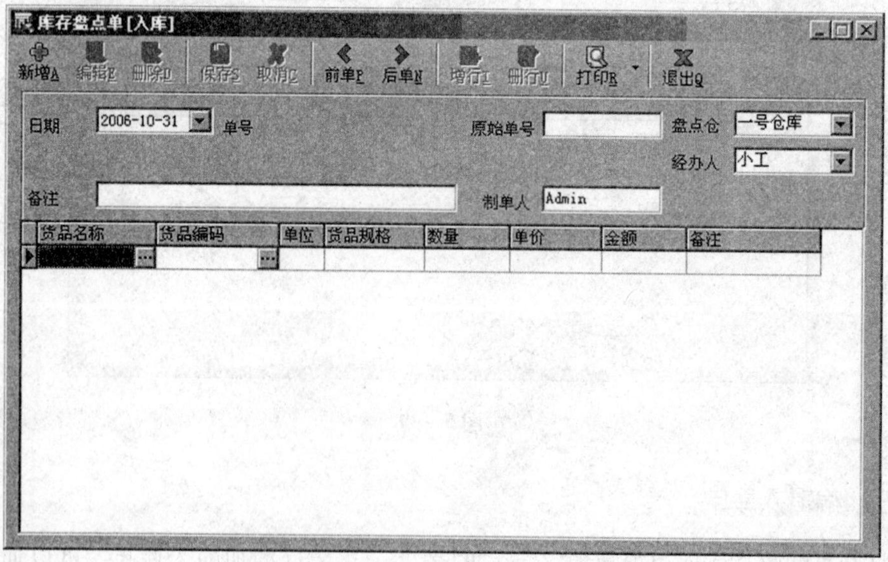

图 5-41

四、库存调拨单

如果您所在的公司有多个仓库，可能需要把某个仓库的货品调拨到另外一个仓库，并开一张调拨单，列出您所调拨的货品的单价、数量、金额以及调拨的时间、经手人等。

库存调拨单的界面和操作类似入库单。

任务四 数据查询

【数据查询】分【查看所有单据】与【查看库存】，下面分别介绍。

一、查看所有单据

（一）进入界面

单击主画面【数据查询】，选择其中的【查看所有单据】，如图 5 - 42 所示。

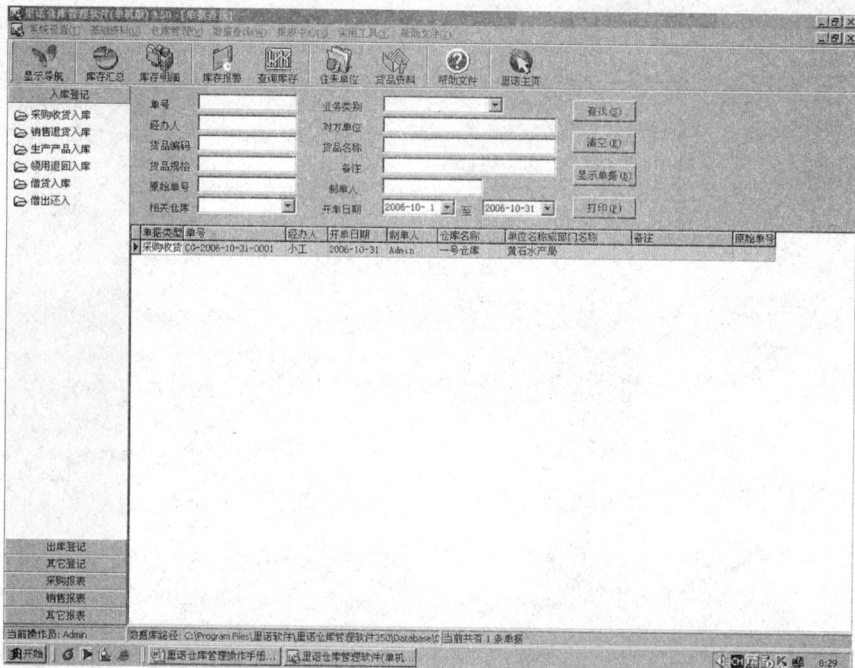

图 5 - 42

第一次打开界面时，开单日期会自动显示该月月初第一天到当天的日期。
在单据类型下栏会自动显示从月初第一天到使用当天的所有单据。

（二）查找单据

在查询所有单据对话框中，可进行单个查找，也可进行组合查找。

1. 单个查找

在开单日期编辑框中设置一定的时间段，选择一个相应的字段名（如单号、经办人），在字段名后的编辑框中输入相应内容，点一下查找按钮，在单据类型下栏就会很快显示所要查找的单据。

2. 组合查询

在开单日期编辑框中设置一定的时间段，选择两个或两个以上相应的字段名，在字段名后的编辑框中输入相应内容，点一下查找按钮，在单据类型下栏就会很快显示所要查找的单据。

（三）清空

为查询方便，可将上一次在编辑框中的内容消除掉，在查询所有单据对话框中点【清空】按钮即可。

（四）显示单据

选择相应单据，在查询所有单据对话框中点【显示单据】按钮，即可显示该单据的相应对话框。

二、查看库存

（一）进入界面

单击主画面【数据查询】，选择其中的【查看库存】，画面如图 5－43 所示。

图 5－43

（二）查询

点击一下【查询】按钮，就可显示最新的库存数量。如图5-44所示。

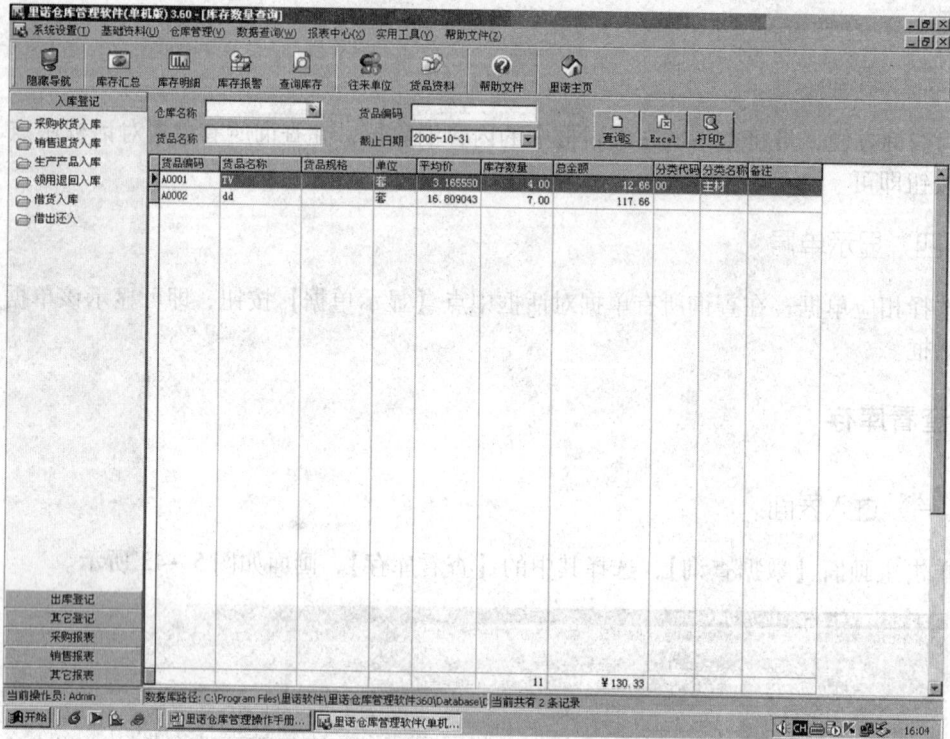

图5-44

如果要查相应的货品类别，可点击【货品类别】上的导航按钮，选择相应的货品类别，再次点一下【查询】按钮，就可查找到相应的库存数量。

（三）Excel

点击【Excel】按钮后导出 Excel 文件。

（四）打印

用于打印显示的内容，单击【打印】按钮。

任务五 报表查询

报表主要分为两大类：汇总表与明细表。下面以【供应商供货汇总表】与【供应商供货明细表】为例讲一讲报表的界面与操作。

一、供应商供货汇总表

（一）进入界面

单击主画面【报表中心】，选择其中的【货品采购报表】【供应商供货汇总表】，画面如图 5 - 45 所示。

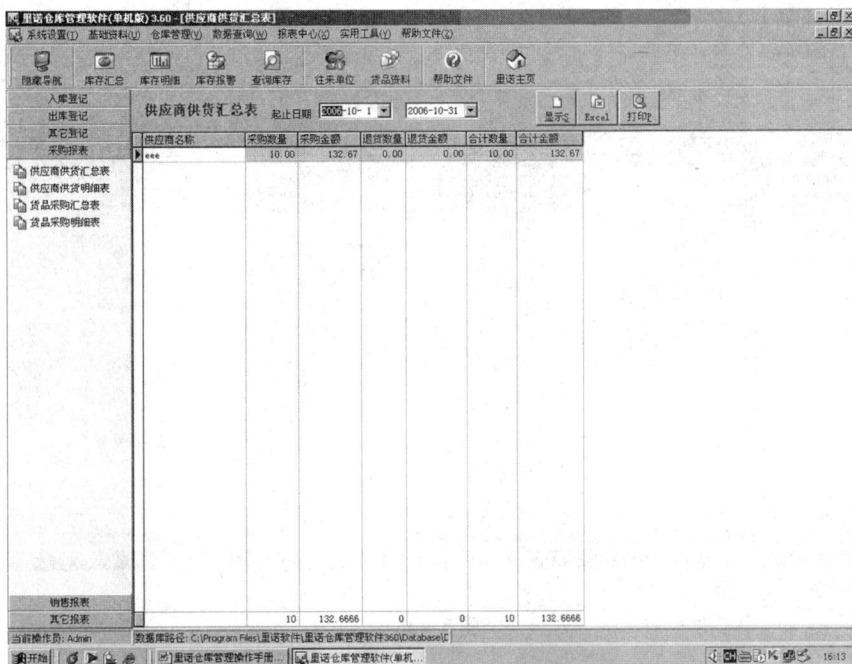

图 5 - 45

打开界面后，【起止日期】会自动显示该月月初第一天与当天的日期，【供应商名称】下的表格栏也会自动显示该时间段内所有单据，在表格底下一行对各种数量与金额进行汇总。

（二）显示

如果要显示某一时间段内不同供应商的供货汇总情况，在【起止日期】输入不同的时间段后按【显示】按钮，就会在表格中很快显示要查找的内容。

（三）导出 Excel 文件

点击【Excel】按钮后导出成 Excel 文件。

（四）打印

用于打印显示的内容，单击【打印】按钮。

二、供应商供货明细表

（一）进入界面

单击主画面【报表中心】，选择其中的【货品采购报表】【供应商供货明细表】，画面如图 5 - 46 所示。

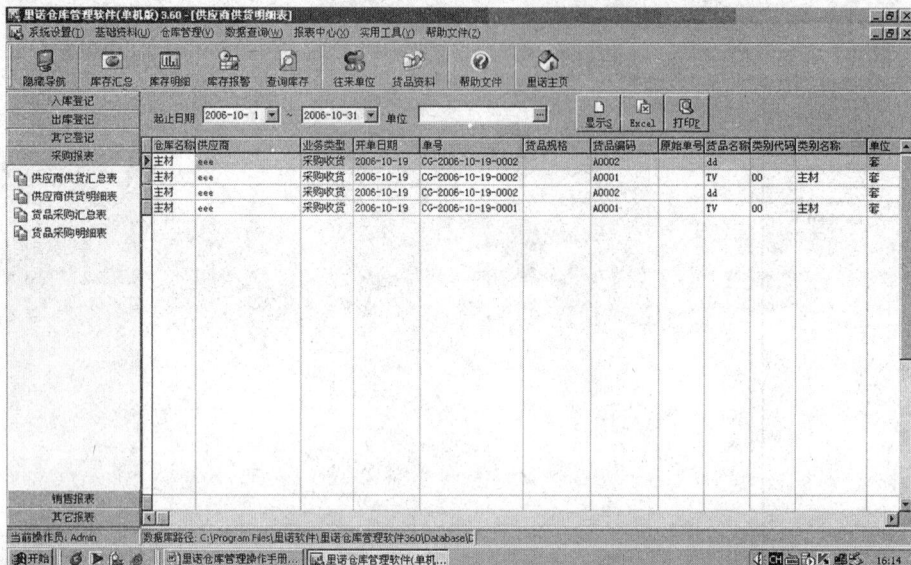

图 5 - 46

打开界面后，【起止日期】会自动显示该月月初第一天与当天的日期，【供应商】下的表格栏也会自动显示该时间段内供应商供货的所有单据，在表格底下一行对数量与金额进行了汇总。

（二）显示

如果要显示某一时间段内不同供应商的供货明细情况，在【起止日期】输入不同的时间段后按【显示】按钮，就会在表格中很快显示要查找的内容。

（三）Excel

点击【Excel】按钮后导出成 Excel 文件。

（四）打印

用于打印显示的内容，单击【打印】按钮。

小 试 身 手

下发学生里诺仓库软件，学生自行安装并进行操作练习。练习任务如下：

（1）北京华博电子有限公司与苏州苏宁电器达成交易意向，现向上海九州物流公司租赁临时仓库，请快速录入以下信息：

①添加一个仓库

仓库名称：七号仓库	仓库地址：上海市杨浦区武川路 68 号
仓库面积：10000m²	服务水平：8
仓库类型：普通库	建筑结构：高层货架库
经营单位名称：九州物流	经营主体：自有
联系人：何洪升	经营单位地址：上海市赤峰路 12 号
电话：021－550740××	手机：139××××839
仓储费率：20 元/（m²·月）	搬运费率：5 元/m³

②仓库设置

分区数：2	区内货架：50	货架储位数：4
分区 1：5000m²	区内货架数：50	货架储位数：4
货位内产品数：16	存放新科－DVD：2500	
分区 2：5000m²	区内货架数：50	货架储位数：4
货位内产品数：4	存放金龙鱼豆油：2.5L	

（2）苏果连锁超市在湖南鸿程物流有限公司存有部分存货，现该超市高楼门便利店急需一批货物，该超市总部发来了一份出库订单如下，请按要求操作：

①出库订单录入

事件：客户发来一张出库订单，具体内容如下：

出库订单编号：CK05010	出库合同号：CK05010	出货单位：湖南鸿程物流有限公司
联系人：赵安平	出库日期：今天	结算方式：现金
承运单位：九州物流	承运单位代码：011	联系人：许金
电话：0731－54788××	手机：130××××332	
出库产品：方便面—康师傅－T300	出库数量：30 箱	

备注：发往高楼门便利店

其他需要输入的信息不限定内容。

②出库订单复核

事件：对出库编号为 CK05010 的出库订单进行复核操作

操作要求：对该出库订单订单的货物进行复核（按货物出库复核有 4 件不合格操作，不合格原因为"型号不符"）。

任务评价

检查内容	考核标准	分值	实际得分
保税仓入库作业	仓库添加正确	5	
	仓库设置正确	5	
	出库订单填制正确	5	
	出库订单复核正确	5	
合　计		20	

知识库

主要理论知识

仓储与配送管理信息系统的基本构成

在现代物流企业中广泛采用的信息技术主要包括：计算机和网络通信，数据库及数据管理系统，以及条码扫描技术、射频技术为代表的自动识别技术，电子数据交换（EDI），地理信息系统（GIS），全球定位系统（GPS）等。信息技术在物流系统中的应用，降低了物流成本，提高了物流系统的运作速度、效率和效益，提升了物流系统的服务质量及服务水平，成为提高物流系统生产率和竞争能力的主要来源。

（一）仓储管理系统

仓储管理系统（Warehouse Management System，略作 WMS）是现代仓储企业进行货物管理和处理的业务操作系统，是用来管理仓库内部的人员、库存、工作时间、定单和设备的软件实施工具（Software Execution Tool）。这里所称的"仓储"包括生产和供应领域中各种类型的储存仓库和配送中心。

WMS 在 20 世纪 70 年代中期问世，发展迅速。现今的 WMS 可以实现本地一个仓库的精细化管理，也可实现制造企业、物流企业、连锁业在全国范围内、异地多点仓库的管理；它可以对货物存储和出货等进行动态安排，可以对仓储作业流程的全过程进行电子化操作；可以与客服中心建立数据接口使客户通过互联网实现远程货物管理，可以与企业的ERP 系统实现无缝连接；可应用于各种行业的单体仓库精细化管理；可应用于制造企业、物流企业、流通业及其他特殊行业的全国范围内异地仓库的管理。

WMS 按照常规和用户自行确定的优先原则来优化仓库的空间利用和全部仓储作业。对上，它通过电子数据交换等电子媒介，与企业的计算机主机联网，由主机下达收货和订单的原始数据，对下，它通过无线网络、手持终端、条码系统和射频数据通信等信息技术与仓库的员工联系。上下相互作用，传达指令，反馈信息，更新数据库，并生成所需的条码标签和单据文件。

1. WMS 的功能模块

一个完整的仓储管理系统应包括如下功能模块：仓储业务受理模块、入库作业管理模块、库存管理模块、出库作业管理模块、盘点模块、报表统计模块、信息查询模块、人员管理模块、财务结算模块，整个仓储管理系统功能结构如图 5 - 47 所示。

图 5 - 47　仓储管理系统功能模块

（1）业务受理模块。仓储管理人员根据仓储业务申请，进行仓储业务的受理操作，为入库管理做准备。仓储业务受理模块登记客户对货物储存业务的相关信息，以便管理人员做出合理的仓储管理方案。模块包含的信息如：客户信息、货物名称、存货性质、存货重量、存货体积、入库日期、出库日期等。

（2）入库作业管理模块。根据业务受理清单列出入库信息，经过审核确认后，根据客户要求或货物性质选择仓库，并根据仓位占用信息进仓位的分配，同时修改仓库信息，从而完成实际入库操作，同时生成入库货物明细通知。入库管理可以对入库货物明细通知进行维护管理和打印，维护的同时对仓库信息进行相应的修改，如图 5 - 48 所示。

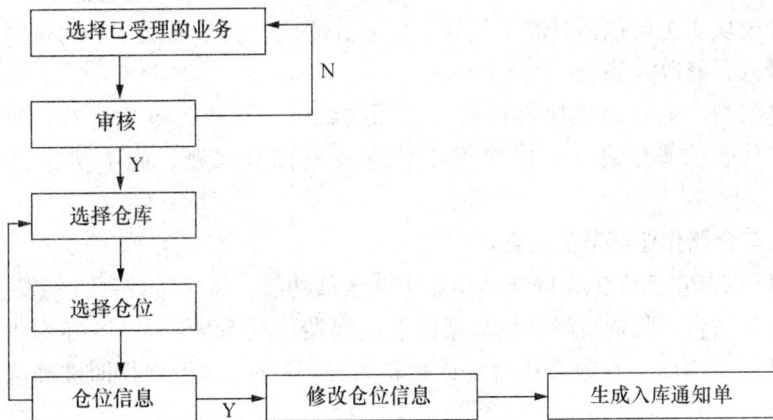

图 5 - 48　入库作业管理

（3）库存管理模块。负责各种物料的收发存管理，实时处理入库作业管理系统、出库作业管理系统提供的数据，随时更新库存信息以反映库存的动态变化。该功能模块包括收发存管理、库存状况分析、ABC分类管理和呆滞物料管理等子模块。收发存管理提供某段时间内库存物流的信息状况，随机显示和打印当前的库存量等信息；库存状况分析提供库存中现有量、计划收到量、已分配量、可用量等库存信息；ABC分类管理对库存的货物进行分类管理；呆滞物料管理提供库存积压货物的品种、数量及积压金额，便于采取措施进行处理。

（4）出库作业管理模块。仓库管理员根据客户的实际需求和实际库存情况，提前做好出库准备。一旦确定出库后，以最快的速度生成出库货物明细通知单，同时修改仓库信息和配送业务信息或运输业务信息，完成出库作业，并对出库申请进行审核，以保证出库货物的正确无误。出库管理可以对出库货物明细通知单进行维护管理和打印，在维护的同时对仓库信息或配送业务信息或运输业务信息进行相应的修改，如图5-49所示。

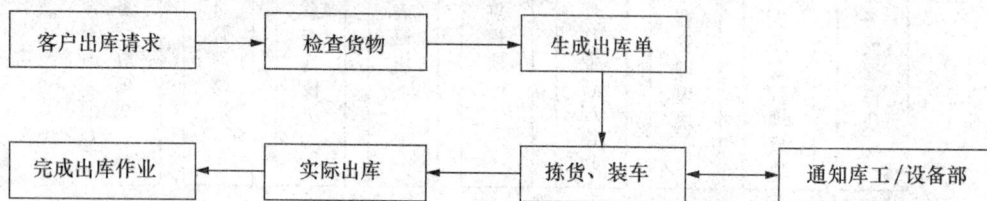

图5-49 出库作业管理

（5）其他功能模块。

盘点模块。该模块显示品名规格、品牌、批号、前期库存、本期入库、本期退库、本期退货、现库存等信息。

报表统计模块。此模块实现了对入库和出库数据的统计，包括对仓位汇总、费用汇总和库存汇总等的统计功能，并可打印输出查询结果。

信息查询模块。该模块可以查询所有物品信息，包括曾经存放过的和现在存放在仓库中的物品信息。为了查询数据的方便，本模块支持按物品名称查询、物品编码、生产厂商名称、生产厂商代码查询，数据动态实时更新。

人员管理模块。主要包括对职工代号、姓名、职位、联系电话、身份证号码和住址等基本信息的录入、修改与删除。

财务结算模块。通过该模块进行财务方面的统计、结算，包含运费计算、收款、付款、预付款、代收款等信息。本模块可以管理及查询流水账、成本费用、应收应付账款等。

2. WMS与仓储作业环节的结合

一个WMS的基本软件包支持仓储作业中的全部功能，从进货站台直到发货站台。

收货：货到站台，收货员将到货数据由射频终端传到WMS，WMS随即生成相应的条码标签，粘贴（或喷印）在收货托盘（或货箱），经扫描，这批货物即被确认收到、WMS指挥进库储存。

储存：WMS按最佳的储存方式，选择空货位，通过叉车上的射频终端，通知叉车司机，并指引最佳途径抵达空货位，扫描货位条码，以核实正确无误。货物就位后，再扫描货物条码，WMS 即确认货物已储存在这一货位，可供以后订单发货。

定单处理：订单到达仓库，WMS 按预定规则分组，区分先后，合理安排。例如：交由 UPS 公司快运的，要下午 2 时前发货；需由公路长途运输的，要 5 时前发货；而有些货物则需特别护送，等等。WMS 按各类需要安排如何最佳、及时地交付订单中货物。

拣选：WMS 确定最佳的拣选方案，安排订单拣选任务。拣选人由射频终端指引到货位，显示拣选数量。经扫描货物和货位的条码，WMS 确认拣选正确后，货物的库存量也同时减除。

发货：WMS 制作包装清单和发货单，交付发运。称重设备和其他发货系统也能同时与 WMS 联合工作。

站台直调：货到收货站台，如已有订单需要这批货，WMS 会指令叉车司机直送发货站台，不再入库。

除此之外，WMS 还能提供更多的附加支持，包括：库存补充，循环盘存，班组工作实时监管等。更先进的 WMS 还能连接自动导向车（AGV）、输送带、回转货架和高架自动储存系统（AS/RS）等，而最近的新趋势则是与企业的其他管理系统相结合，例如：运输管理系统（TMS）、定单管理系统（OMS）和企业资源规划调度系统（ERP）等，使之融入企业的整体管理系统之内。

WMS 软件和进销存管理软件的最大区别在于：进销存软件的目标是针对于特定对象（如仓库）的商品、单据流动，是对于仓库作业结果的记录、核对和管理，对报表、结果分析，比如记录商品出入库的时间、经手人等；而 WMS 软件则除了对仓库作业的结果进行记录、核对、管理，其最大的功能是对仓库作业过程的指导和规范，保证作业的准确性、增加仓库的效率、管理透明度、真实度以降低成本。比如通过无线终端指导操作员给某订单发货：当操作员提出发货请求时，终端提示操作员应到哪个具体的仓库货位取出指定数量的那几种商品，扫描货架和商品条码核对是否正确，然后送到接货区，录入运输单位信息，完成出货任务，重要的是包括出货时间、操作员、货物种类、数量、产品序列号、承运单位等信息在货物装车的同时已经通过无线方式传输到了计算机信息中心数据库。

(二) 配送中心信息系统

物流配送中心是物流活动中的一个节点，是供应商和销售商之间联系的纽带，其主要目的是为了降低物流运输成本，减少产销差距的中介功能，减少销售机会的损失。配送中心为了这些目标的实现主要依赖于配送中心信息系统的建立。配送中心信息系统是包括配送中心业务过程的各个领域的信息系统，包括订单处理、出入库作业运输、仓储作业、拣选作业、运输配送等业务。该系统主要包括业务管理系统（采购处理系统、订单处理系统、仓库管理系统、运输配送管理系统）、业务支持与决策系统（客户关系管理系统、财务管理系统、绩效评价系统等）。结构如图 5 - 50 所示。

1. 采购处理系统

系统支持由采购订单生成采购入库通知单，登记采购物料的规格、数量、入库仓库、

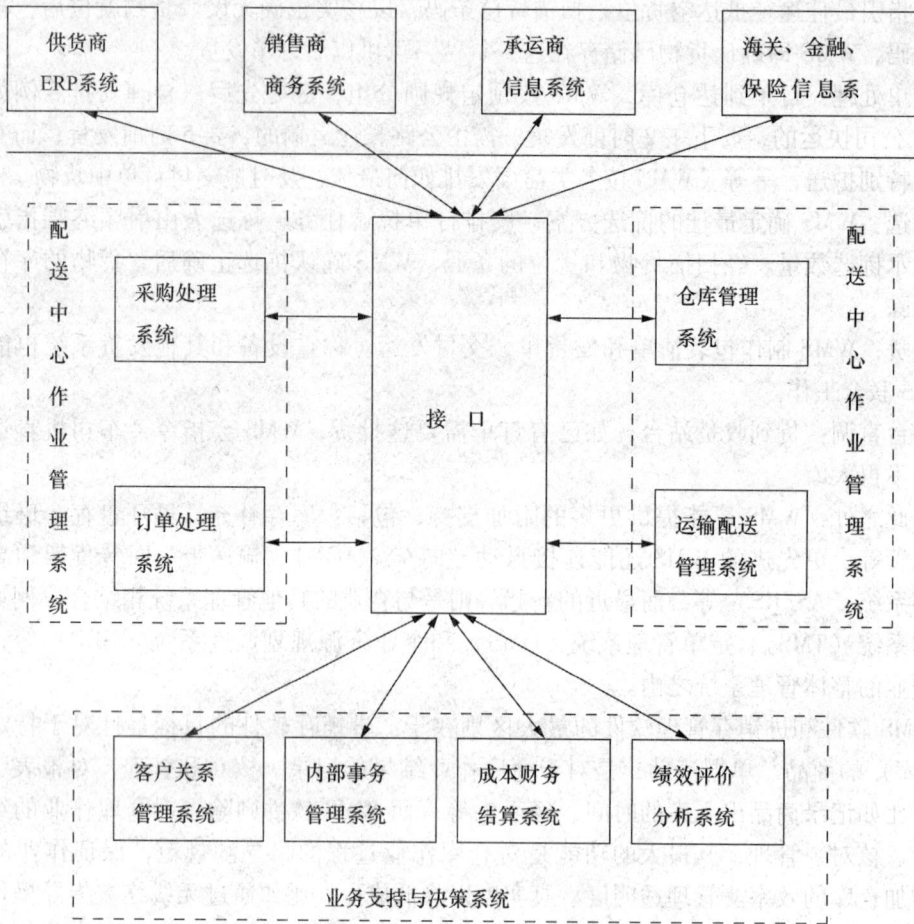

图 5－50　配送中心信息系统

支付方式等信息，同时对采购发票价格、运输费、税款等货款办理结算。系统包括采购申请、采购订单、采购退货、采购付款结算、采购发票、采购成本分析、采购费用分析、采购价格管理、采购分析报表等子系统。

2. 订单处理系统

当接到客户订单后，配送中心就开始了接受订货的工作。自动报价子系统需要输入的数据包括客户名称、询问商品、商品详细规格、商品等级、商品条形码等，然后系统根据这些数据调用产品明细数据库、客户交易此商品的历史数据库等，结合配送中心库存费用来计算销售价格。接着由报价单制作子系统打印出报价单送予客户。报价单经客户签回后即可成为正式订单。

当已配送出去的商品发生退货时，可进入退货数据处理子系统，修改原始数据并作标记。

3. 仓库管理系统

该系统需要其他子系统通过接口进行交流才能真正发挥其作用，其功能在前节已做具体介绍。

4. 运输配送管理系统

根据每一个批次要出货商品所需配送车辆的种类及数量，合理制定派车计划。即由管理人员调用订单数据库，将当日预定出货订单汇总，查询车辆装卸能力数据库、车辆调用数据库、客户数据库、地理信息系统（GIS），将客户按其配送地址分区或不分区，求得最短配送路径、最短配送时间或最低配送成本等最佳配送方案。然后统计该区出货商品的体积与重量，合理分配配送车辆的种类及派车数量，其间考虑车辆积载方式及配载方式，制定出车批次、装车及配送调度，并打印配送批次规划报告、批次配送调度报表等。运输配送管理系统还可选用配送途中传输及控制功能来跟踪重点商品动向，如利用 GPS 技术进行车辆配送状况跟踪。

5. 客户关系管理系统

主要包括供货商和客户的相关信息以及交易信息等。

6. 成本财务结算系统

主要是连接其他各个子系获取相关的资料，输出相应的应收款账单，作为配送中心的收付款凭证，输出各种财务报表以供制定营运政策和营运管理参考。如当商品配送出库后，订购数据即转入应收账款数据库，财务会计管理人员于结账日调用此系统，将应收账款按客户进行分类统计并打印催款单及发票。收到账款后可由会计人员确认并登录，并填写相关凭证作为应收账款的销项并转为收支会计系统的进项。

7. 绩效评价分析系统

主要包括商品销售绩效管理、业务处理绩效管理、仓库保管绩效管理、配送效率管理、设施设备管理、客户服务满意率管理、财务绩效管理等模块。

拓展知识

一、对比国内几款仓库管理软件

（一）里诺仓库管理软件

开发商：黄石里诺软件开发有限公司。

件大小：5.6M。

软件大小：5.6M。

付费模式：共享软件，各版本最便宜为 380 元，最贵为 14800 元。

软件简介：里诺仓库管理软件是一款通用性极强的仓库及货物管理软件，软件适用于食品、五金、保健品、电子、贸易、物资、化妆品、电器等工业、商业、贸易领域的企业。里诺仓库管理软件是一款不可多得的库房管理软件、仓储管理软件。

功能特点：

①软件界面直观、操作简单，支持全键盘操作。

②软件支持入库、出库、退库、调库、借出、归还、盘点等多项货物操作流程。

③软件支持固定单价，加权平均价和移动加权平均法计算成本。

④软件支持多仓库管理，支持自定义出入库类型。

⑤强大的数据导入功能，支持从 Excel 导入货品和往来单位资料。

⑥软件提供了完备的账务系统，可以随时查询或打印月记账、日记账，多方位为企业经营决策提供服务。

⑦货品和来往单位资料支持树形分类管理。

⑧支持自定义单据打印格式，可以任意更换打印机及纸张类型，支持单据套打。

⑨自动对库存超限的商品报警，多种报表功输出功能，让你的仓库管理工作轻松自如外，该软件还具备操作界面友好、灵活、易操作等特点。网络版可以多台电脑联网使，数据共享，同时操作各项功能。

（二）文达仓库管理软件

开发商：台州市文达电脑技术发展有限公司。

软件大小：10M。

付费模式：共享，未找到相关数据。

软件简介：文达仓库管理软件是一套专门针对中小型企业仓储物资管理而开发的专业软件，适用于生产型企业单位原材料及产成品等的采购、仓储、营销等工作的微机辅助管理。

功能特点：软件集成了库存物资的入库、出库、调拨、盘库等数据的录入、维护、汇总、统计、查询、报表打印等一系列功能，对于帮助企业降低管理人员的劳动强度，提高库存物资的管理水平大有裨益。直观的图形化操作界面，以及丰富详细的操作提示，有助于高效快捷地完成仓储物资管理工作；系统提供多种查询方式来帮助管理者快速找到所要的资料。系统提供备份措施来保障数据安全存储，系统支持将仓储物资数据直接导出为 Excel 电子表格、txt 文本文件、Html 网页文件等多种数据格式，进一步方便有效处理仓储物资数据。

部分特色功能：

①支持移动加权平均法和月末一次加权平均法计算物品单价。

②支持材料入库、出库、调拨；盘点处理。

③支持多种格式的入库单和出库单。

④支持生产计划、物料需求计划和采购计划管理。

⑤支持生成每月的物品收发结存表及每种物品的收发明细账。

⑥支持强大的报表自由扩充能力，可以随时挂接 60 多张不同格式不同类别的报表。

⑦支持警戒库存量报警功能。

⑧支持操作员权限控制和仓库限制访问功能。

（三）冠唐仓库管理软件

开发商：成都冠唐科技有限公司。

软件大小：8M。

付费模式：共享，官方无报价。

软件简介：清晰明了，实用易用的仓库管理软件，无试用期限制。冠唐仓库管理系统可根据用户行业的不同，灵活设置单位结构、货品分类、仓库区域划分等功能，并特有"条码录入"模式，适合现代化仓库管理需要。

功能特点：

①创新性地采用可视化的仓库布局图操作，界面直观、操作简单，支持键盘快捷操作。

②软件支持入库、出库、退库、调库、借出、归还、盘点等多项货物操作流程，在此基础上用户可自定义操作流程和各个仓库的默认出入库操作。

③软件支持多仓库管理。

④图形化的货品库存变化曲线图。

⑤可快捷查看近期库存操作和明细。

⑥货品和部门设置支持树形分类管理。

⑦全面的货品查询、出入库条件查询功能。

⑧能对接近库存超限的商品提前预警。

⑨增强版本支持货品有效期管理及提醒功能，网络版可以多台电脑联网使用，数据共享，同时操作。

⑩改进的条码识别模式，操作更加简单、迅速、准确。

（四）精诚仓库管理软件

开发商：枣阳市精诚计算机技术有限责任公司。

软件大小：6M。

付费模式：共享，官方无报价。

软件简介：精诚仓库管理软件（普及版）一款绝对物超所值的仓库管理软件，是针对仓管理开发，功能强大，操作简便，界面友好。

功能特点：

①支持单仓库和多仓库管理体系，可以管理任意仓库、任意品种的库存。

②销售时，可以适时掌握每一个商品的当前库存数、进价。

③可以为商品类别、供货商类别无限分级。

④无处不在的显示商品图片（例）的功能。

⑤支持手工盘点（直接输入需要盘点的商品）与自动盘点（直接按商品类别提取库存）。

⑥支持隐藏特殊商品的功能。

⑦权限设置功能强大，不仅可以设置菜单操作权、仓库操作权、其他操作权限（查看成本权、单据审核权等），还可以通过设置权限组实现对权限的快速分配。

⑧可以设置单价、数量的核算精度即设置小数点位数。

⑨所有单据、报表均可以在打印前预览，并且可以导出为 Excel 文件，然后根据公司的实际需要进行特别编排处理。

⑩支持条码打印。可以自定义条码样式，可以按类别提取库存商品，也可以手工输入商品，还可以手工输入打印条码的数量。

（五）美萍仓库管理软件

开发商：美萍网络技术有限公司。

软件大小：5.8M。

付费模式：共享。

软件简介：美萍库存管理系统是一款专业的库存管理软件，其中包含含货品进出货管理系统，仓库管理系统，报表系统等子模块。软件界面设计简洁、美观，其人性化的软件流程，使普通用户不需培训也能很快掌握软件操作使用方法，极易上手。强大报表与集成查询功能是本软件的最大特色，所有功能在用户需要的使用地方自然体现，不用打开多个窗口重复查询。美萍库存软件广泛适用于公司企业、商场、超市、门店等用于企业库存管理系统，超市存管理系统，仓库库存管理系统，是企业进行信息化管理的强大工具。

（六）信华仓库管理软件

开发商：信华电脑科技公司。

软件大小：10M。

付费模式：共享，官方无报价。

软件简介：信华仓库管理软件是一套专注于各类型生产企业、制造厂家、事业单位、工程安装公司对物料进行管理的专业仓库管理软件。它包括物料的入库、出库、退货、调拨、直拨、领料、退料等各种业务操作。

功能特点：

①软件界面简洁，操作简便易用。只需三步，就能让每一个使用者快速掌握使用。

②自动生成各类报表，每个月为仓库管理员节约一个星期的报表统计汇总时间，提高了工作效率，节省了企业的经营成本。

③设有出入库流水账功能，方便于物流的监督管理，为生产销售服务。

④账单分类统计，可随时统计打印某一供应商的供货情况或某一部门消耗物料的情况或某一生产工程项目使用物料的情况。

⑤数据导出功能，方便各部门随时汇总、核算成本、库存分析整理等，可多方位为企业经营决策提供服务。

⑥仓库数据导入功能，可将原有仓库资料数据通过 Excel 表格分类导入到系统中。

⑦能清楚区分成品，半成品、原材料等不同货物出入库方式。

⑧仓库告警功能，用于物品库存上限和下限的告警。

⑨物品库存查询方便，随便点空白处，右键即可查询物品库存。

⑩单机版可扩展为网络版。

二、如何建个仓库"管理系统"

目前企业所使用的众多信息系统，诸如 WMS 仓库管理系统、TMS 运输管理系统、SCM 供应链管理系统、货代管理系统等等，无一例外的都叫做"管理系统"。

既然叫做管理系统，那它具有的功能应该是管理企业的某一具体领域，比如 WMS 管理企业的仓库，TMS 管理企业的运输，SCM 管理企业的供应链，这里有一个很突出的字眼："管理"。

（一）补上管理系统大漏洞：计划

管理，被学者和经理们引用最多的是以下定义：管理就是在特定的环境下，对组织所拥有的资源进行有效的计划、组织、领导和控制，以便达成既定的组织目标的过程。人们大多采用美国学者哈罗德·孔茨的管理过程理论，将管理的职能划分为：计划、组织、领导和控制。

我们可以这样定义管理职能中的"计划"，就是在事情发生之前，对其进行预测分析，形成有效的解决方法与步骤来解决问题。可惜这一点，很多所谓的管理系统都没有办法实现。我们以 WMS 仓库管理系统为证。

我们来构建一个仓库的现实环境。图 5－51 是某仓库的平面图，看看仓库里面都发生了什么。

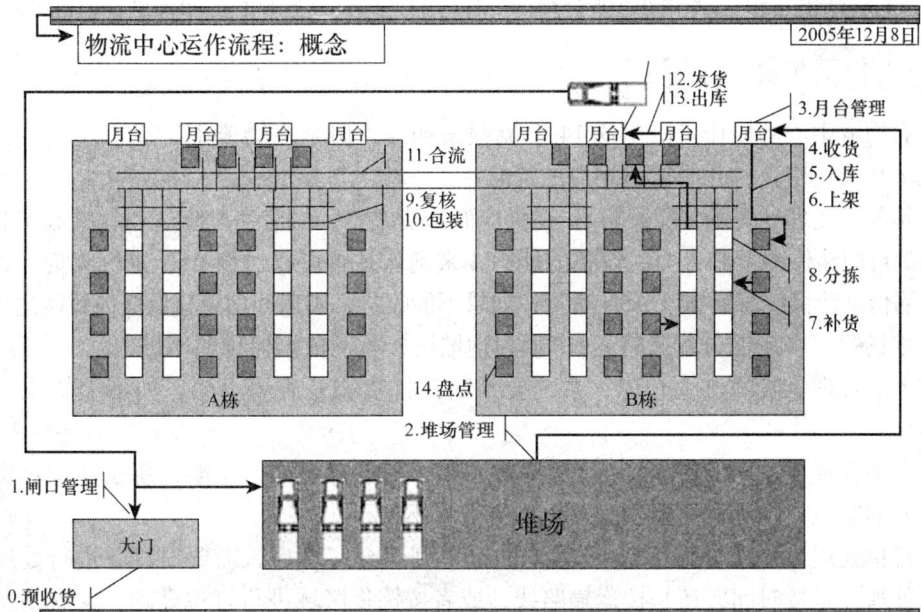

图 5－51　物流中心平面图

先来看整个物流中心的平面布局：左下角是物流中心的进出大门，所有车辆的进出都要由此经过。右下方是一个堆场，作为进出车辆的暂时停放区域。正中的 A 栋建筑物与 B 栋建筑物是两座功能相互独立的仓库。仓库内部红色（黑色块）的部分为货物储存区，黄色（白色块）的部分为货物分拣区，分拣区之间有自动输送线相连。

整个物流中心运作的流程基本是这样：企业的采购中心向供应商下达订单之后，供应商在按订单送货之前发出 ASN（预收货通知单）到物流中心。物流中心收到 ASN 之后，判断储位的储存能力和仓库其他的资源能力是否可以收货，如果可以收货向供应商发出送货指令；如果现有资源不允许收货，则向供应商发出指令告知如何送货。

供应商根据送货指令到达仓库之后，要先去堆场，调度车辆，之后要得到定单。定单那一块有两个仓库，两个仓库根据他调度到某一个月台做出货的动作，或者是收货的动作。

（二）提炼物流中心14个流程

整个物流中心可以划分为14个流程：从车辆进大门之前有一个预收货的处理，到大门的闸口管理，闸口管理更多的是对于车辆的调度，体现在车辆来了之后，是不是应该让它先去堆场，还是先到月台卸货？

去了堆场之后，有一个处理，这个车辆应该怎么停，堆场调度出来之后，会有一个月台的管理，包括入库、上下，会有一个诸如QC的工作，这并不一定每个行业都做。

再往后是一个补货的动作，从储存区往分拣区发货，如果要拆零的话，要有一个复核包装的动作。出完货后，这个定单可能被拆成四份，放在不同的区域进行分拣。

之后要考虑一个合流的问题，要把它合流到哪个暂存区去，怎么样处理合流的东西。之后有一个月台发货的过程，这中间可能会有一个月台的处理，之后是仓库里面的盘点的流程。

（三）制定9项应对策略

所有物流中心的操作可以用这14个流程来涵盖，但是在物流中心运作流程中，需要把握以下9大关键点，并制定出相应的策略：

①预收货处理（资源分配策略）。在供应商送货之前，供应商发出ASN，物流中心根据仓库内的可用储位的量和人力、设备的能力，来确认是否可以对该ASN进行收货。如果可以，返回信息让供应商依据该ASN送货；如果不能收货，则返回信息让供应商暂缓送货。

②堆场管理（资源分配策略）。车辆到达堆场，车辆依据何种顺序进出。

③入库管理。货物进入仓库，系统要判断该批货物是否要上架，如不上架应该放在何处。

④上架管理（上架策略）。一旦货物要上架，则要考虑如何上架，哪个储位对货物来说是最好的储位，既不会上架困难，也不会取货不便。

⑤订单处理（波次分配策略）。客户的订单到达仓库之后，需要对订单进行处理。订单如何处理？是按时间，还是按运输路线，或者按拣货区域进行订单处理？这就是所谓的波次分配。

⑥补货管理（补货策略）。订单经过波次处理，下达到拣货人员手中。这时首先要进行补货作业。补货通常的做法是货物先从储存区下架，然后运送到分拣区上架，这时所涉及的是货物的下架策略与货物的上架策略，补货管理可以看成是两者之间的结合。

⑦拣货管理（任务分配策略）。订单经过波次处理，下达到拣货人员手中以后，拣货人员开始拣货。虽然大多数情况下，拣货人员是根据拣货任务，分区拣货以减少走动的距离，但是往往会出现任务分配不均的情况。如何解决这一现象，就需要有一个好的任务分配策略。

⑧复核包装（拼箱策略）。货物被分拣出来之后，有可能会产生半箱的现象，这时候就需要有拼箱作业。如何拼箱以达到最快的拼箱效率与最小的箱用量，这是值得考虑的。

⑨集货管理（集货策略）。货物被复核包装之后，需要进行到暂存出货区的集货，因为货物不是同时被分拣出来的，需要进行集货策略的控制。

从以上策略中可以看出，仓库在计划方面是非常重要的，计划对仓库的管理是非常重要的。传统的仓储作业管理，常常把货品放在货品到达时最近的可用空间，或不考虑商品动态变化的需求和变化了的客户需求，袭用多年习惯和经验来放置物品。传统型货品布局造成流程速度慢、效率低以及空间利用不足。

目前这一现状正在逐步改变，比如货位优化管理逐步得到重视。货位优化管理是用来确定每一品规的恰当储存方式，在恰当的储存方式下的空间储位分配。货位优化管理追求不同设备和货架类型特征、货品分组、货位规划、人工成本内置等因素，以实现最佳的货位布局，能有效掌握商品变化，将成本节约最大化。

货位优化管理为正在营运的配送中心或仓库提供营运前的关键管理准备。由于很少的仓库管理系统（WMS）和计算机系统能够支持储位优化管理，因此当前大约80%的配送中心或仓库不能够进行正确的货位优化。

（四）完善系统5大功能

关于仓库管理系统，我们认为应该包括五部分，即仓库的计划、仓库的事件管理、仓库的执行过程、数据交换和设备的管理。很多WMS在计划能力方面做得非常差，比如上海医药的仓库，其仓库管理软件和国内的其他软件没什么差别，很多功能根本就没有发挥出来，如图5-52所示。

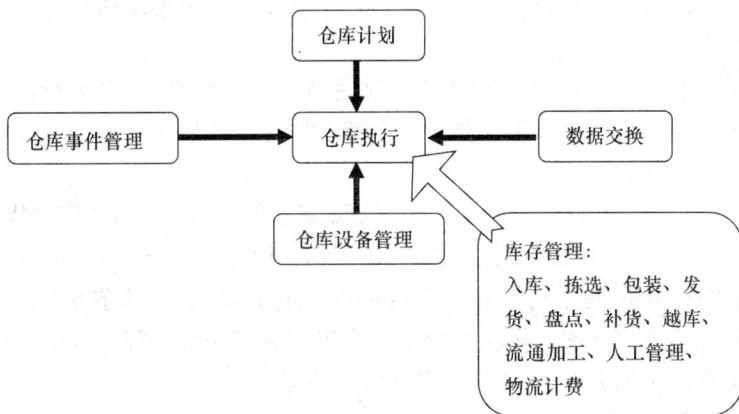

图5-52　仓库管理系统

仓库的计划主要是在现有的物流资源的基础上，根据企业的业务需要，在确保生产的前提下，对仓储、运输、库存计划与管理、供应等环节进行优化，以提升物流效率、降低物流成本。主要的计划工作包括：预收货计划、收货计划、上架计划、补货计划、分拣计划、出货计划、储位优化等内容。

仓库的事件管理是通过WMS帮助企业监控仓库以及供应链中发生的任何意外事件。当发生任何意外事件时，系统自动触发意外，使用各种发式通知相关人员采取必要行动。

具体的细节包括WMS通过侦测意外或紧急问题，采用各种方式例如邮件、短信、传真等，将意外事件对相关责任人员进行通报，然后追踪问题的状态直至解决，建立协同和对问题的升级机制，从而不断将计划与实际情况作比较，从以往的问题中分析并寻求问题的根源，避免再次发生，改善整个流程。

例如：事件管理可对发生于仓库运作期间的所有事件提供自动通知或警报。当现场管理认为某一客户服务异常的时候，电话呼叫、电子邮件或其他方式的个人通信即可予以实时调用。

使用 WMS 的这一功能能够帮助客户增加整个工业链的可视化和实时性，提高客户满意度，通过了解并解决订单延迟或缺货情况，提高订单满足率和配送有效性，减少多余库存或避免缺货情况的发生，并向供应链上所有合作伙伴实时提供关键订单数量和状态，进行供应链协作管理。

仓库的执行过程包括预收货、收货、入库、上架、补货、拣选、出货、盘点等相应功能与流程，前面已经有明确的描述，这里就不再多说。

数据交换：对于一个仓库管理系统来说，上有 ERP 等上位系统，下有 DPS 等下位系统，因此异构的系统架构将无可避免，良好的数据交换能力与异构系统的链接管理对于 WMS 系统来说显得尤为重要。

设备管理：伴随着仓库自动化程度的日益提高，相关的自动化设备需要得到有效的管理与应用。如何管理，这就需要 WMS 系统的有效支持。比如，一旦仓库使用了 AS/RS 系统，就需要 WMS 系统能够有效地监控 AS/RS 系统以及输送线的作业，同时对相关设备进行实时监视。

仓库管理系统需要通过与设备控制的接口，控制输送机和堆垛机作业，并实时接收输送机或堆垛机状态。

目前的 WMS 更像一个自动化的表单的作业系统。笔者认为，WMS 价值应该体现在计划、控制等方面，而不只是仓库里面收货、上架、拣货、补货等，一个自动化的表单的作业系统是没有管理功能的系统。

究其原因，一方面在于基础数据不足，MIS 资源尚不能支持，没有正确的货位优化软件和方法。另一方面，各个企业对这一块还不够重视。但是国内软作业的先行者已经看到了这一工作在提高管理和潜在利润挖掘上的作用，正通过不懈的努力以缩小与世界水平的差距。

管理信息系统的价值体现，不仅是数据的收集，更多的是管理。这个说法也同样适用于其他的管理系统，比如 ERP 软件，供应链软件等等。

三、企业如何选择 WMS 系统

企业选择 WMS 系统而不是使用 ERP 系统的物流管理模块，恰恰体现的 WMS 系统的两大主要特性：第一是储位（货位）管理。因为有了储位的规划和管理，使得物流中心商品的实物管理变得有准确而且简单。通过 WMS 系统随时找到商品存放的位置、存放的数量、仓库的空间使用情况，根据储位的使用规则和商品的库存分布，安排商品入库的上架、出库的拣货、动态盘点等策略，所以说储位管理是仓库进行物流作业的基础。第二是强大快速的订单处理及出货能力。企业随着业务的发展，对仓库的仓储管理能力要求越来越高。当数以万计的商品遍布于仓库的各个角落时，能否快速及时地完成拣货、检验、包装、装车作业，满足大批量订单的出货需求，是验证 WMS 系统成败的关键指标之一，也是企业加快商品库存周转，提高盈利水平的关键因素。

一直以来，WMS 厂商不断地总结与优化拣货作业策略与算法，借助先进的自动化物流设备如自流水线、自动分拣机、电脑辅助拣货系统（CAPS）、动态称重设备等，致力于缩短拣货时间和成本，提高出货的速度和效率，并以此作为 WMS 软件企业的竞争优势。

（1）WMS 系统是个作业管理系统，不是电子商务网站，也不是财务分析软件。谁在使用 WMS 系统？是物流中心的作业人员。物流中心几百号的一线作业工人，每天通过电脑屏幕、报表、掌上电脑、LED 等接受系统发出的作业指令，对他们来说，有两样东西不能搞错。一个是编号，比如储位编号、商品编号、商品条形码、容器编号、作业单据编号等。另一个是数量，比如拣货数量、上架数量、检验数量、盘点数量等。作业人员每天就是不断地通过读写这两种数据执行所有的物流作业。那 WMS 系统如何满足这样的作业需求呢？总结有三点：大、简、快。大就是字体要大，作业人员不像白领那样坐在电脑前工作，他们大多数都是站着工作，眼睛距离电脑屏幕比坐着远，所以系统界面字体应该尽量大，让作业人员容易阅读。尤其是编号和数量等关键信息，更要显眼突出，就像超市结账用的 POS 机一样，显示结账金额的数字很大，提醒结账人员看清收款金额；简就是操作简单、容易。WMS 不是购物网站，不需要花里胡哨、五彩绚丽的动态画面。也不是数据分析系统，像飞机驾驶舱里的操作平台那样，一看就眼晕。WMS 系统的界面多是物流作业分解后的操作界面，如只需要输入拣货数量或上架数量等，除了必要的验证和提示信息外，界面上没有其他冗余的内容。最生动的一个例子就是电脑辅助拣货系统。拣货作业启动后，电子标签亮灯告诉你去哪里拣货？你走到亮灯的地方，就是拣货的储位位置，在储位 LED 显示的数字告诉你拣货的数量，你不需要知道拣的是什么商品，拣货完成 LED 提示你下一个拣货的位置，直到最后一个储位拣货完成，LED 提示你拣货完成。整个拣货过程中，你不需要知道储位编号、商品条码是什么，只需要确认实际拣货的数量与提示的数量一致就可以；快就是系统响应要快。物流中心的作业速度都很快，如果系统的查询速度、数据处理速度还比不上人员的作业速度的话，那系统就成了物流作业的绊脚石。

（2）WMS 系统不是大系统，却是客制化程度非常高的系统。行业不同，商品属性不同，使得物流作业的模式不同。即使同一个行业，也会由于企业的业务模式、物流中心的规划、设备应用水平等的差异，导致系统流程和作业方式各不相同，WMS 系统的客制化程度非常高。这也是 WMS 很难作成产品的原因。

我知道吗？

1. 请自主选择一款仓库管理软件，分别就系统管理、基础数据、业务操作、统计分析等四个方面对所用 WMS 做总结。

2. 某企业属于电子行业，仓库零件种类较多，每日都有供货商送原材料，每天都有材料下车间，该公司对此软件要求是能够记录库存，对每天的进出能自动加减，随时能盘查库存。最好是新手都能用上，具体价格可以商谈。请你帮助该公司推荐一款合适的软件，并说明推荐的理由。

附录：

附表1：教师评整体项目

项目评价表		项目名称	时间：
		课程名称	项目承接人
评分内容	标准分值	小组评分20%	教师80%
制定项目作业计划			
是否制定项目实施方案	5		
实施方案是否合理	3		
确定项目内容与方案			
是否确定了问题和解决问题的方案	5		
是否考虑了安全和劳动保护措施	3		
是否考虑环保及文明施工措施	3		
明确项目实施过程与步骤			
实施步骤是否正确	3		
是否安全文明作业	3		
是否独立完成工作任务	5		
是否在规定时间内完成	5		
本项目各任务得分（60）：			
任务1			
任务2			
任务3			
本人对项目编练的评价			
请描述本项目的优点			
（1）	2		
（2）			
（3）			

续表

有待改进之处		
（1）	3	
（2）		
（3）		
总分	100	
项目组员签名	班组长签名	教师签名

附表 2：教师评学生

学生评价表		被评价学生	
项目名称		评价时间	
评价项目	评价标准/内容	评价结果	
出勤情况 （共 5 分）	（5 分）很好，无缺席和迟到早退 （4 分）较好，有请假，没有无缺席 （3 分）一般，没有无故缺席，但有迟到早退 （2 分）较差，有无故缺席，有迟到早退 （1 分）很差，经常无故缺席，迟到早退		
遵章守纪 （共 5 分）	做到一点得 1 分，本项目计分求和： ▲不离岗、不串岗 ▲安全作业、规范操作 ▲安静作业、轻声交流不喧哗 ▲听从指导老师意见 ▲按时下课、不提前退场		
团队合作 （共 5 分）	（5 分）很好，工作积极，主动承担艰苦工作 （4 分）较好，积极参加工作，与同事合作，服从分配 （3 分）一般，参加工作，但不够主动积极，偶有不合作 （2 分）较差，有时不参加工作，有时不与同事合作，有时不服从分配 （1 分）很差，经常不参加工作，不与同事合作，不服从分配		

附表3：学生互评表

项目名称							
评价人：		班级：		学号：		时间：	

评价内容	评价标准	组员姓名				
		1	2	3	4	5
团队合作	（5分）团队荣誉至上，主动承担艰苦工作 （4分）积极参加工作，与同事合作，服从分配 （3分）参加工作，但不够主动积极，偶有不合作 （2分）有时不参加工作，有时不与同事合作，有时不服从分配 （1分）经常不参加工作，不与同事合作，不服从分配					
遵章守纪	做到一点得1分，本项目计分求和： ▲服从组内任务安排 ▲不离岗、不串岗 ▲安全作业、规范操作 ▲安静作业、轻声交流不喧哗 ▲按时下课、不提前退场					

附表4：学生自评表

项目名称					
自评人：	班级：	学号：		时间：	

评价内容/标准	好	较好	一般	较差	差
	5分	4分	3分	2分	1分
1. 我愿意参加组内合作活动					
2. 我能自觉遵守活动时间和活动规则					
3. 我能明确自身角色和职责					
4. 我能积极表达自己的观点					
5. 我能尊重并保留其他成员的观点和意见					
6. 针对不同意见和观点，我能够与组员进行讨论					
7. 我愿意帮助其他组员完成某项任务					
8. 在互助中我们共同完成预期任务					

项目六
库存管理与绩效分析

对于销售商、物流公司等流通企业和生产企业而言，为了能及时满足客户的订货需求，就必须经常保持一定数量的商品库存。如果企业的存货不足，会造成供货不及时，供应链断裂、丧失交易机会或市场占有率。而商品库存需要一定的维持费用，同时会存在由于商品积压和损坏而产生的库存风险。因此，现代库存管理的任务就是通过适量的库存，用最低的库存成本，实现最佳或经济合理的供应。

温馨提示

常用的库存管理方式有：①ABC 管理法；②定量定货法；③定期订货法。下面您将学习到这些库存管理方法，并实现以下目标！

最终目标：

能对仓库进行科学、标准的库存管理、成本核算和绩效分析

促成目标：

1. 能熟练运用 ABC 分类法对仓内物资进行重点管理
2. 能准确运用仓储成本的计算方法计算仓储成本
3. 能对仓储绩效相关内容进行管理与考核

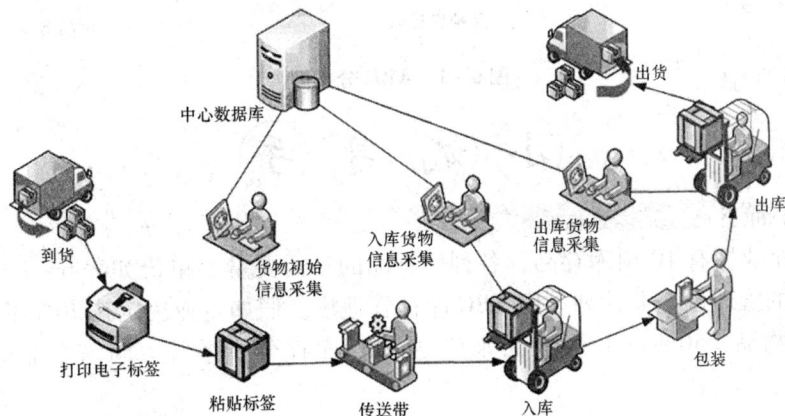

任务一 仓库 ABC 分类

一般来说，企业库存物资种类繁多，每个品种的价格不同，且库存数量也不等。由于企业资源有限，为了使有限的时间、资金、人力、物力等资源能得到更有效的利用，应对物资采用 ABC 分类法管理控制。

学习目标

最终目标：

能准确运本用 ABC 分类法对库存商品进行分类管理

促成目标：

1. 能根据数据制作 ABC 分类表
2. 能准确绘制 ABC 分析图
3. 能对库存商品区别重点与非重点

资料卡

> 80 - 20 法则，这个法则在很多情况下都很适用

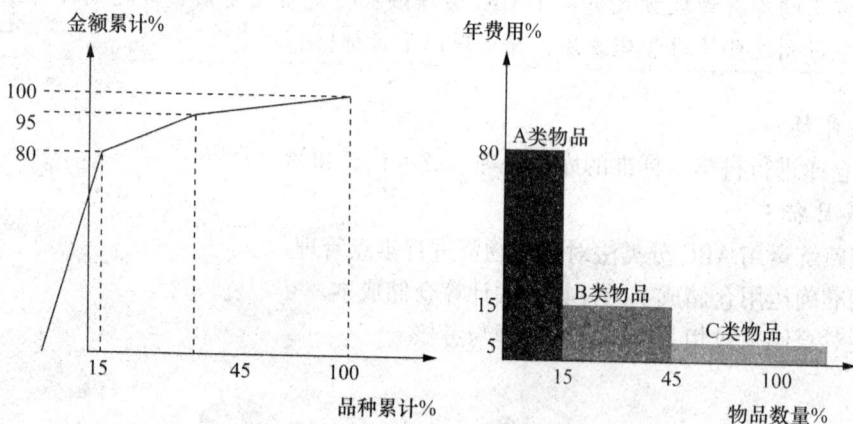

图 6 - 1　ABC 分类图

小试身手

任务描述

某小型企业拥有 10 项库存品，各种库存品的年需要量、单价如表 6 - 1 所示，为了加强库存品的管理，企业计划采用 ABC 库存管理法。假如企业决定按 20% 的 A 类物品，30% 的 B 类物品，50% 的 C 类物品来建立 ABC 库存分析系统。问该企业应如何进行分类？

表6-1　　　　　　　　　　　　某企业库存需求情况表

库存品名称	年需求量（kg）	单价（元）	金额（元）
a	9000	8	72000
b	95000	8	760000
c	4000	4	16000
d	500000	4	200000
e	1000	10	10000
f	125000	5	625000
g	20000	5	100000
h	20000	8	160000
i	5000	5	25000
j	2500	7	17500
合计			1985500

小看板

　　ABC分析法来自于将"微不足道的多数"和"重要的少数"分开的帕累托定律。1879年一个叫Velfredo Pareto的意大利男子在研究社会财富分配时，收集了许多国家的收入统计资料，得出收入与人口关系的规律为：占人口比重不大（20%）的少数人的收入占收入的大部分（80%），而大多数人（80%）的收入只占收入的很小部分（20%），所以分布不平等。由此，他提出很多情况都由少数几个关键的因素所主宰，他的占总数相对很少的一部分却在总的影响力或价值上占很大一部分比重的原理，被称之为"80-20法则"。有人发现这个法则在很多情况下都很适用。例如，在营销研究中可能会发现，一个公司20%的消费者却占其销售额的80%，或者一所大学也会发现其课程中的20%能占据学生学时的80%，或者一项研究也能发现一个城市人口的20%能占到其犯罪的80%。尽管实际的百分比会依范例的不同而略有不同，但"80-20"法则的一些变化通常也是适用的。后来管理学者戴克将该法则用于库存管理。

【任务设计】

1. 活动内容

　　教师将某制造企业盘点结果表分发至各项目小组，各组内互相讨论后根据盘点结果制作ABC分析表，利用Excel软件绘出ABC分析图。各小组成果对比，由同学们找出错误处，老师解释出错原因。师生共同归纳出对ABC不同分类商品的管理措施。

2. 活动组织

序号	活动项目	具体实施	学习资源
1	搜集盘点数据	教师向各项目小组分发企业盘点结果表	企业资料
2	处理数据	学生根据企业盘点数据制作 ABC 分析表，画出 ABC 分析图	Excel 软件
3	结果比较	教师将各项小组所得结果进行对比，可能会有小组因资金累计后未重新排序而产生错误的 ABC 分类	
3	分类管理	学生根据 ABC 分类结果提出对不同类别物品的处理方法与意见	

3. 活动评价

检查内容	考核标准	分值	实际得分
ABC 库存控制管理	ABC 分类结果的准确性	10	
	ABC 分类图制图的规范性	5	
	不同类别提出管理控制意见	5	
合　计		20	

知识库

主要实践知识

一、ABC 分类法的一般步骤

（一）收集数据

根据分析要求、分析内容，收集分析对象的有关数据。例如要对库存商品占用资金的情况进行分析，则可以收集各类库存商品的进库单位、数量、在库平均时间等，以便了解哪几类商品占用的资金较多，以便分类重点管理。

（二）处理数据

将收集来的数据资料进行汇总、整理，计算出所需的数据。一般以平均库存乘上单价，求出各类商品的平均资金占用额。

（三）绘制 ABC 分类管理表

ABC 分类管理表由 9 栏构成，如表 6 - 2 所示。制表的步骤如下：

表 6 - 2 　　　　　　　　　　　　　　　　ABC 分类表

品目累计						平均资金	平均资金占用	
物品名称	品目数累计	百分数（%）	物品单价	平均库存	物品平均资金占用额	占用额累计	累计百分数%	分类结果
①	②	③	④	⑤	⑥ = ④×⑤	⑦	⑧	⑨

①将以上第二个步骤计算出的平均资金占用额的数据，从大到小进行排队；

②将平均资金占用额按高到低的顺序填人表中的第 6 栏；

③以第 6 栏为准，依次在第 1 栏填人相对应的商品名称，在第 4 栏填人商品的单价，第 5 栏填入平均库存，第 2 栏填入 1、2、3、4、5……编号，为品目累计数；

④计算品目累计百分数，并填入第 3 栏；

⑤计算平均资金占用额累计，填入第 7 栏；

⑥计算平均资金占用额累计百分数，填入第 8 栏。

（四）分类

根据 ABC 分类表中第 3 栏中品目累计百分数（%）和第 8 栏平均资金占用额累计百分数（%），进行 A、B、C 三类商品的分类。

A 类：品目累计百分数为 5% ~ 15%，平均资金占用额累计百分数为 60% ~ 80%；

B 类：品目累计百分数为 20% ~ 30%，平均资金占用额累计百分数为 20% ~ 30%；

C 类：品目累计百分数为 60% ~ 80%，平均资金占用额累计百分数为 5% ~ 15%。

注：以上仅为参考比例，实际工作中还应考虑某类商品对生产的重要性等因素，根据需要作具体分析和必要的调整。

（五）绘制 ABC 分类管理图

以品目累计百分数为横坐标，以平均资金占用额累计百分数为纵坐标，按 ABC 分类表第 3 栏和第 8 栏提供的数据，在直角坐标图上取对应点，联结各点的曲线，即为 ABC 分类曲线。按 ABC 分类表上确定的 ABC 三个类别，在图 6 - 2 上表明。ABC 分类管理图也可用直方图表示。

【例 1】某公司仓库的库存商品共有 26 种商品，现要对库存商品进行 ABC 分类法管理，具体操作如下：

①收集 26 种库存商品的名称、单价、平均库存量等资料。

②计算 26 种库存商品的平均资金占用额。

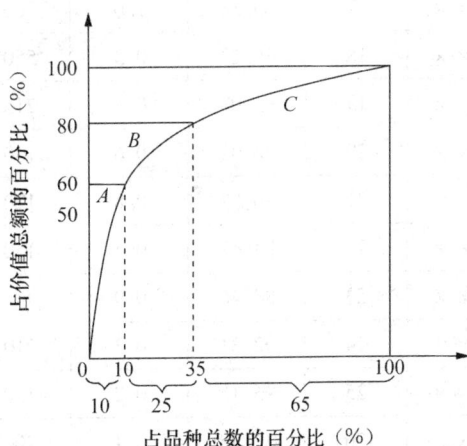

图 6 - 2 　ABC 分类曲线图

③绘制 26 种库存商品 ABC 分类表，如表 6 – 3 所示。

表 6 – 3　　　　　　　　　　库存商品 ABC 分类表

物品名称	品目数累计	品目累计百分数（%）	物品单价（百元/件）	平均库存（件）	物品平均资金占用额（百元）	平均资金占用额累计	平均资金占用累计百分数（%）	分类结果
①	②	③	④	⑤	⑥ = ④×⑤	⑦	⑧	⑨
××	1	3.85	48.0	380	18240.0	18240.0	48.02	A
××	2	7.69	25.0	258	6450.0	24690.0	64.99	A
××	3	11.54	5.0	592	2960.0	27650.0	72.79	A
××	4	15.38	4.5	520	2340.0	29990.0	78.95	B
××	5	19.23	3.0	350	1050.0	31040.0	81.71	B
××	6	23.08	4.6	200	920.0	31960.0	84.13	B
××	7	26.92	1.5	580	870.0	32830.0	86.42	B
××	8	30.77	1.4	560	784.0	33614.0	88.49	B
××	9	34.62	1.1	660	726.0	34340.0	90.40	B
××	10	38.46	0.8	840	672.0	35012.0	92.17	B
××	11	42.31	2.1	250	525.0	35537.0	93.55	B
××	12	46.15	2.5	156	390.0	35927.0	94.58	C
××	13	50.00	0.6	552	331.2	36258.2	95.45	C
××	14	53.85	0.3	920	276.0	36534.2	96.17	C
××	15	57.69	0.1	2620	262.0	36796.2	96.86	C
××	16	61.54	0.4	530	212.0	37008.2	97.42	C
××	17	65.38	1.0	200	200.0	37208.2	97.95	C
××	18	69.23	0.3	550	165.0	37373.2	98.38	C
××	19	93.08	0.7	215	150.5	37523.2	98.78	C
××	20	76.92	0.6	180	108.0	37823.7	99.06	C
××	21	80.77	0.8	120	96.0	37727.7	99.32	C
××	22	84.62	0.5	150	75.0	37802.7	99.52	C
××	23	88.46	0.9	80	72.0	37874.7	99.70	C
××	24	92.31	0.3	210	63.0	37937.7	99.87	C
××	25	96.15	0.2	150	30.0	37967.7	99.95	C
××	26	100.00	0.1	200	20.0	37987.7	100.00	C

ABC 分类表按库存商品平均资金占用额的大小，由高到低依次排队，列表。然后，再

在第①栏中填入对应商品名称，在第④栏中填入商品单价，在第⑤栏中填入平均库存量。在第②栏中填入库存商品的编号（即品目累计数），在第③栏中填入品目累计百分数（如：$1 \div 26 \approx 3.85\%$），在第⑦栏中填入平均资金占用额累计数。最后，计算并在第⑧栏中填入平均资金占用累计百分数（如：$18240 \div 37987.7 = 48.02\%$，$24690 \div 37987.7 = 64.99\% \cdots\cdots$）。

④根据库存商品 ABC 分类表中品目累计百分数和平均资金占用累计百分数，参考 A 类、B 类、C 类商品的分类原则、比例及商品在生产、销售中的重要性，对 26 种库存商品进行分类，分类结果如表 6-3 中第 9 栏所示。

⑤绘制 ABC 分类管理图，如图 6-3 所示。

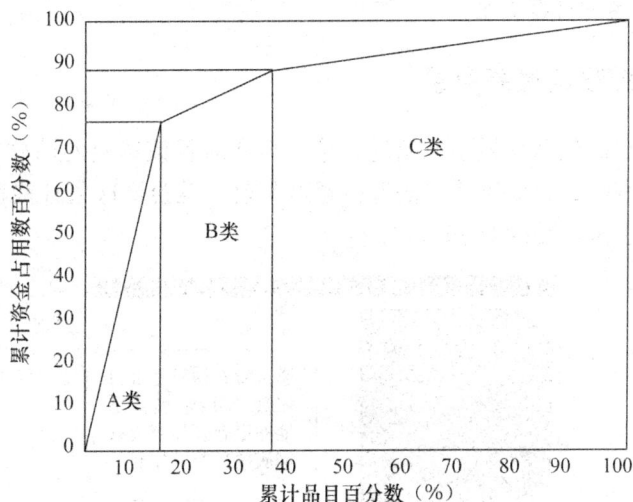

图 6-3　ABC 分类管理图

二、对 ABC 分类结果的管理措施

用上述方法分出 ABC 类货物之后，应在仓储管理中相应采用不同的方法。

（一）对 A 类货物的管理

A 类库存物资数量虽少但对企业最为重要，是需要严格管理和控制的库存。企业必须对这类库存定时进行盘点，详细记录及经常检查物资使用、存量增减、品质维持等信息，加强进货、发货、运送管理，在满足企业内部需要和顾客需要的前提下维持尽可能低的经常库存量和安全库存量，加强与供应链上下游企业的合作以降低库存水平，加快库存周转率。

（二）对 B、C 类货物的管理

B 类库存的状况处于 A 类库存和 C 类库存之间，因此对这类库存的管理强度介于 A 类库存和 C 类库存之间。对 B 类库存进行正常的例行管理和控制即可。

C 类库存物资数量最大但对企业的重要性最低，因而被视为不重要的库存。对于这类库存一般进行简单的管理和控制。比如，大量采购大量库存、减少这类库存的人员和设施、库存检查时间间隔长等。

牢 记 要 点

1. 品种数与资金占用量；
2. ABC 类别的划分依据；
3. 不同类别物品的管理方法。

三、运用红线掌控物料最高存量

假设规定该物料的最高存量不能超过 3 箱，则在放置该物料的墙柱或料架边，在第 3 箱的高度画上一道红线，只要该物料的库存超过 3 包，就会把这条红钱盖住了，表示这种物料的存量已超过上限，见图 6 - 4。

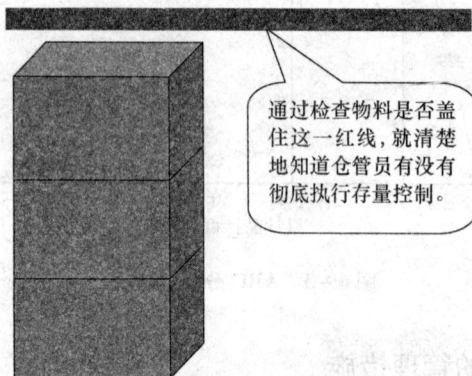

通过检查物料是否盖住这一红线，就清楚地知道仓管员有没有彻底执行存量控制。

图 6 - 4　红线法

四、运用双箱法来掌控最适订购点

将物料存放于两个货架或容器（箱子）内，先使用其中一个货架的货，用完转而使用别一货架的货。此时即刻补货，补的货放置到前一货架。两个货架不断循环使用，即为双箱法，见图 6 - 5。

此法可以一眼看出是否已达到订购点，所以不必借助仓库帐，另外，由于是轮流使用两个货架，所以有促进库存新陈代谢的优点。

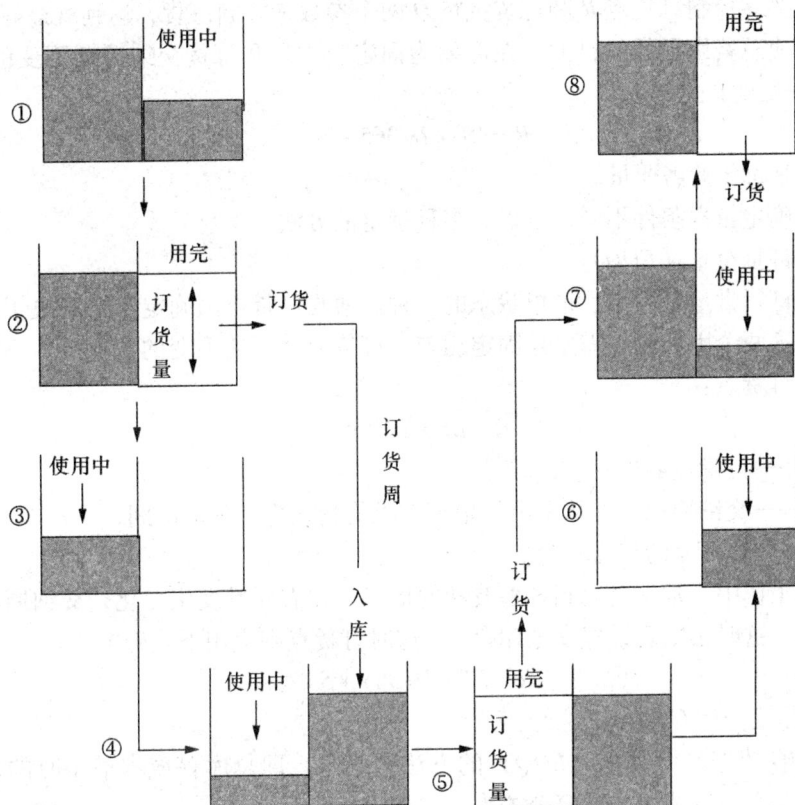

图6-5 双箱法

相关拓展知识

一、定量订货法的基本原理

定量订货法是指当库存量下降到预定的最低库存量（订货点）时，按规定（一般以经济批量为标准）进行订货补充的一种库存控制方法。如图6-6所示。

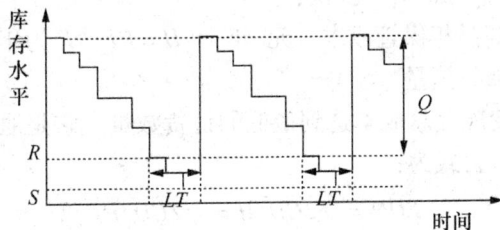

图6-6 定量订货法

当库存量下降到订货点 R 时，即按预先确定的订购量 Q 发出订货单，经过交纳周期（订货至到货间隔时间）LT，库存量继续下降，到达安全库存量 S 时，收到订货 Q，库存水平上升。

该方法主要靠控制订货点 R 和订货批量 Q 两个参数来控制订货，达到既最好地满足库存需求，又能使总费用最低的目的。在需要为固定、均匀和订货交纳周期不变的条件下，订货点 R 由下式确定：

$$R = LT \times D/365 + S$$

式中，D 是每年的需要量。

订货量的确定依据条件不同，可以有多种确定的方法。

基本经济订货批量（EOQ）。

基本经济订货批量是简单、理想状态的一种。通常订货点的确定主要取决于需要量和订货交纳周期这两个因素。在需要是固定均匀、订货交纳周期不变的情况下，不需要设安全库存，这时订货点：

$$R = LT \times D/365$$

式中，R——订货点的库存量；

　　　　LT——交纳周期，即从发出订单至该批货物入库间隔的时间；

　　　　D——该商品的年需求量。

但在实际工作中，常常会遇到各种波动的情况，如需要量发生变化，交纳周期因某种原因而延长等，这时必须要设置安全库存 S，这时订货点则应用下式确定：

$$R = LT \times D/365 + S$$

式中，S 是安全库存量。

订货批量 Q 依据经济批量（EOQ）的方法来确定，即总库存成本最小时的每次订货数量。通常，年总库存成本的计算公式为：

年总库存成本 = 年购置成本 + 年订货成本 + 年保管成本 + 缺货成本

假设不允许缺货的条件下：

年总库存成本 = 年购置成本 + 年订货成本 + 年保管成本

即 $TC = DP + DC/Q + QH/2$

式中，TC——年总库存成本；

　　　　D——年需求总量；

　　　　P——单位商品的购置成本；

　　　　C——每次订货成本，元/次；

　　　　H——单位商品年保管成本，元/年；（$H = PF$，F 为年仓储保管费用率）；

　　　　Q——批量或订货量。

经济订货批量就是使库存总成本达到最低的订货数量，它是通过平衡订货成本和保管成本两方面得到。其计算公式为：

$$EOQ = \sqrt{2CD/H} = \sqrt{2CD/PF}$$

此时的最低年总库存成本

$$TC = DP + H\ (EOQ)$$

年订货次数

$$N = D/EOQ = \sqrt{DH/2C}$$

平均订货间隔周期

$$T = 365/N = 365EOQ/D$$

【例2】甲仓库 A 商品年需求量为 30000 个，单位商品的购买价格为 20 元，每次订货成本为 240 元，单位商品的年保管费为 10 元，求：该商品的经济订购批量，最低年总库存成本，每年的订货次数及平均订货间隔周期。

解：经济批量 $EOQ = \sqrt{2 \times 240 \times 30\,000/10} = 1200$（个）

每年总库存成本 $TC = 30000 \times 20 + 10 \times 1200 = 612000$（元）

每年的订货次数 $N = 30000/1200 = 25$（次）

平均订货间隔周期 $T = 365/25 = 14.6$（天）

二、定期订货法的原理

定期订货法的原理，是预先确定一个订货周期 T^* 和一个最高库存量 Q_{max}，周期性检查库存，发出订货。订货批量的大小应使订货后的"名义"库存量达到额定的最高库存量 Q_{max}。定期订货法的运行模型如图 6 - 7 所示。

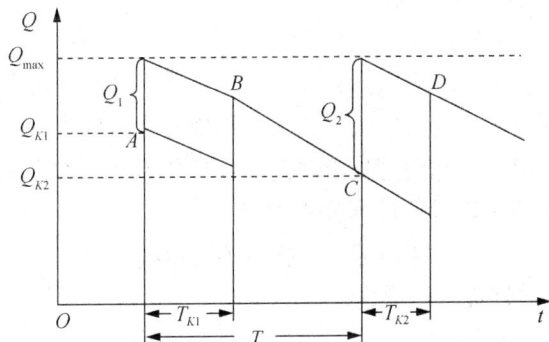

图 6 - 7 定期订货法运行模型

1. 定期订货法解决的问题

（1）确定订货周期，解决间隔多长时间订货。

（2）确定最高库存量 Q_{max}，解决企业库存量的高库控制线是多少。

（3）确定订货量，解决一次订货多少。

2. 订货周期确定

在定期订货法中，订货点实际上就是订货周期，其间隔时间总是相等的。它直接决定最高库存量的大小，即库存水平的高低，进而也决定了库存成本的多少。从费用角度出发，如果要使总费用达到最小，我们可以采用经济订货周期方法来确定。其公式如下：

$$T^* = \sqrt{\frac{2S}{CD}}$$

式中，T^*——经济订货周期；

S——单次订货费用；

D——库存商品的年需求率；

C——单位商品年储存成本。

例：某仓库 C 商品需求量为 16000 箱，单位商品年保管费用为 20 元，每次订货成本为 400 元，求经济订货周期

解：经济订货周期为：

$$T^* = \sqrt{\frac{2S}{CD}} = \sqrt{\frac{2 \times 400}{20 \times 16000}} = \frac{1}{20} （年） = 18 （天）$$

3. 最高库存量的确定

定期订货法的最高库存量可以满足 $T + \overline{T_K}$ 期间内的库存需求。所以用（$T + \overline{T_K}$）期间的库存需求量为基础，考虑到随机发生的不确定库存需求，再设置一定的安全库存，这样就可以简化地求出最高库存量了。其公式如下：

$$Q_{max} = \overline{R}（T + \overline{T_K}） + Q_S$$

式中，Q_{max}——最高库存量；

$\overline{R}$——单位时间内库存商品需求量平均值；

T——订货周期；

$\overline{T_K}$——平均订货提前期；

Q_S——安全库存。

4. 订货批量

定期订货法没有固定不变的订货批量，每个周期订货量的大小，等于该周期的最高库存量与实际库存量的差值。考虑到订货点时的在途到货量和已发出出货指令尚未出货的待出货数量，则每次订货的订货量的计算公式为：

$$Q_i = Q_{max} - Q_{Ni} - Q_{Ki} + Q_{Mi}$$

式中，Q_i——第 i 次订货的订货量；

Q_{max}——最高库存量；

Q_{Ni}——第 i 次订货点的在途到货量；

Q_{Ki}——第 i 次订货点的实际库存量；

Q_{Mi}——第 i 次订货点的待出库货数量。

例：某仓库 A 商品订货周期 18 天，平均订货提前期 3 天，平均库存需求量为每天 120 箱，安全库存量 360 箱，另某次订货时在途到货量 600 箱，实际库存量 1500 箱，待出库货物数量 500 箱，试计算该仓库 A 商品最高库存量和该次订货时的订货批量。

解：最高库存量为：

$$Q_{max} = \overline{R}（T + \overline{T_K}） + Q_S = 120（18 + 3） + 360 = 2880 （箱）$$

订货批量为：

$$Q_i = Q_{max} - Q_{Ni} - Q_{Ki} + Q_{Mi} = 2880 - 600 - 1500 + 500 = 1280 （箱）$$

三、定量与定期库存控制法的区别

1. 提出订购请求时点的标准不同

定量订购库存控制法提出订购请求的时点标准是，当库存量下降到预定的订货点时，即提出订购请求；而定期订购库存控制法提出订购请求的时点标准则是，按预先规定的订

货间隔周期，到了该订货的时点即提出请求订购。

2. 请求订购的商品批量不同

定量订购库存控制法每次请购商品的批量相同，都是事先确定的经济批量；而定期订购库存控制法每到规定的请求订购期，订购的商品批量都不相同，可根据库存的实际情况计算后确定。

3. 库存商品管理控制的程度不同

定期订购库存控制法要求仓库作业人员对库存商品进行严格的控制精心地管理，经常检查、详细记录、认真盘点；而用定量订购库存控制法时，对库存商品只要求进行一般的管理，简单的记录，不需要经常检查和盘点。

4. 适用的商品范围不同

定量订购库存控制法适用于品种数量少，平均占用资金大的、需重点管理的 A 类商品；而定期订购库存控制法适用于品种数量大、平均占用资金少的、只需一般管理的 B 类、C 类商品。

我知道吗？

1. 某公司为了降低库存成本，采用订购点法控制某种商品的库存。该商品的年需求量为 1000 单位，准备或订购成本为每次 10 美元，每年每单位商品的持有成本为 0.5 美元，试计算该公司每次订购的最佳数量为多少？如果安全库存天数为 3 天，订购运输时间为 7 天，则该公司的订购点为多少？

2. 某公司根据计划每年需要采购零件 30000 个。甲零件的单位购买价格是 20 元，每次订购的成本是 240 元，每个零件每年的仓储保管成本为 10 元。要求计算：甲零件的经济订购批量，最低年总库存成本，每年的订货次数及平均订货间隔周期。

参考答案

1. EOQ = 200（单位），安全库存量 =（1000/360）×3 = 9（单位），订购点 = 日平均需求量×备运时间 + 安全库存量 =（1000/360）×7 + 9 = 29（单位）。

2. EOQ = 1200（个），年总库存成本 = 72000 元，每年的订货次数 25 次，平均订货间隔周期 14 天。

任务二 仓储成本核算分析

仓储成本分析是以会计核算资料为基础，结合业务核算和统计核算资料，采用多种分析计算方法，对仓储成本的静态结构和动态变化进行分析研究，揭示其降耗增效的机会和规律。通过仓储成本分析开发出的信息资料，是正确核算仓储成本、制造仓储服务收费价格等策略的依据。仓储成本是物流成本的重要组成部分，对物流成本的高低有直接影响。

学习目标

最终目标：

能准确运用仓储成本的计算方法计算仓储成本。

促成目标：

1. 了解仓储成本的构成内容；
2. 能熟练运用仓储成本的计算方法。

资料卡

仓储成本的构成：资金占用成本，仓储服务成本，储存空间成本，仓储风险成本

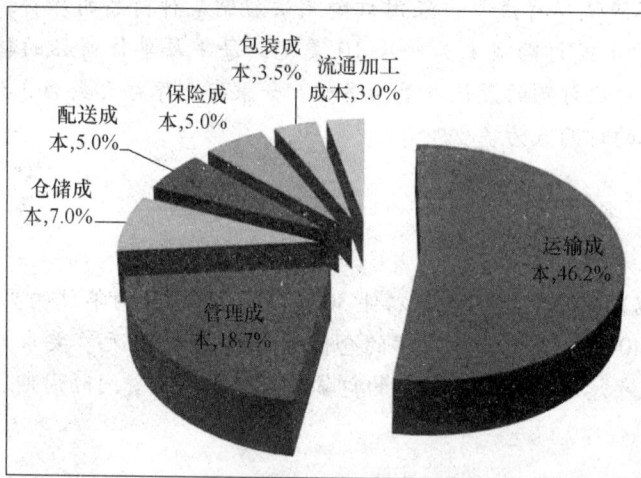

小案例

就近设仓成本分析

若预计每年在华北销售 5000 个单位的商品，所有单个订单的零担数量均少于整车运送的数量，若整车的运费设定为每单位 8 元，零担的运费则每单位 12 元，则 5000 单位从零担方式直接运送给顾客的费用为 $12 \times 5000 = 60000$ 元，而整车运送至销售地北方仓库的

费用为 $8 \times 5000 = 40000$ 元，因此整车运送可节省成本 20000 元。从这 20000 元中还须扣除从仓库送达顾客的运费和仓储本身的费用。假设一般的地方性运费率是每单位 1 元，在节省的总金额中再减去 $1 \times 5000 = 5000$ 元，则节约额为 $20000 - 5000 = 15000$ 元。再假设在仓库运出之前平均每单位商品在仓库停留的时间为 7 天/星期，仓储费为每周 2 元，每年的仓储费为 $2 \times 5000 = 10000$ 元，减去这笔费用，净总节约额为 $15000 - 10000 = 5000$ 元。

小 试 身 手

【项目任务】

学生围绕 H 物流中心各项仓储活动展开该企业仓储费用构成的分析。教师公开真实企业费用明细表，学生在比较的过程中对各项费用进行理解与记忆。再由学生将各费用划入正确的成本构成中，最终完成测算仓储成本表。

【任务实施】

1. 分析成本构成

假设 H 物流中心的仓储收入分为仓储租金收入、仓储管理费收入、装卸收入。而成本构成则相对复杂。请同学们展开讨论，看看仓储管理中会使用和消耗哪些资源（人、财、物）？"钱"都花在什么地方？填写下表：

H 物流中心仓储管理成本

人力资源	仓储过程中使用的物品	仓储过程中消耗的物品	仓储过程中花费的"钱"
库管	叉车	电	通信费
……	……	……	……

小看板

通过分析人、财、物可以勾勒出仓储成本的构架。一般情况下，将它们按照内部成本和外部成本或者变动成本和固定成本分类。

成本类型1	成本类型2	成本明细	备注
变动成本	外部成本	劳务装卸费	外协装卸费
	内部成本	低值易耗品	如购买塑料绳
		叉车油费	
		修理保养费	叉车货架保养费
		水费	
		电费	
		办公用品费	
		通信费	座机、手机
		交通费	
		邮寄费	
		差旅费	
		招待费	
人工成本	内部成本	人工成本	
固定成本	外部成本	仓库租金	外协租赁仓库
		设备租金	外协租赁设备
	内部成本	土地、基建、设备折旧	自建仓库
		折旧费	固定资产折旧
		安全管理费	消防安全费用
		保险费	
税金	外部成本	仓储税金	
	外部成本	增值其他税金	

2. 成本的量化处理

成本类型	金额（元）	成本类型	金额（元）
劳务装卸费	25000	招待费	200
低值易耗品	1000	人工成本	30000
叉车油费	16000	仓库租金	111000
修理保养费	500	设备租金	5000
电费	2400	折旧费	6000
办公用品费	300	安全管理费	500
通信费	1000	保险费	500
交通费	200		
邮寄费	60		

3．测算仓储成本

将上面的成本计算结果填入表中：

项　目	金　额
变动成本	
人工成本	
固定成本	
税　金	
成本合计	

【任务评价】

考核内容	考核标准	分值	实际得分
H 物流中心 × 月份成本测算表	各项费用正确归入相应成本	10	
	按要求处理数据，计算准确	5	
	与上月成本对比，分析成本变化原因	5	
合　计		20	

知识库

主要理论知识

一、仓储费用

仓储费用是指货物在储存保管过程中所发生整体成本的总和，它是仓储成本在货物仓储过程中所表现出来的具体费用，是由一定时期仓储经营的资本费用、保管费、搬运费、损耗费、保险费、税费等构成。

核算指标有：库存费用，单位资金库存费率，进出库费，服务费用。

二、仓储成本的构成

与库存成本不同，货物的仓储成本主要是指货物保管的各种支出，其中一部分为仓储设施和设备的投资，另一部分则为仓储保管作业中的活劳动或者物化劳动的消耗，主要包括工资和能源消耗等。根据货物在保管过程中的支出，可以将仓储成本分成以下几类。

（一）保管费

为存储货物所开支的货物养护、保管等费用，它包括：用于货物保管的货架、货柜的费用开支，仓库场地的房地产税等。

（二）仓库管理人员的工资和福利费

仓库管理人员的工资一般包括固定工资、奖金和各种生活补贴。福利费可按标准提取，一般包括住房基金、医疗以及退休养老支出等。

（三）折旧费或租赁费

仓储企业有的是以自己拥有所有权的仓库以及设备对外承接仓储业务，有的是以向社会承包租赁的仓库及设备对外承接业务。自营仓库的固定资产每年需要提取折旧费，对外承包租赁的固定资产每年需要支付租赁费。仓储费或租赁费是仓储企业的一项重要的固定成本，构成仓储企业的成本之一。对仓库固定资产按折旧期分年提取，主要包括：库房、堆场等基础设施的折旧和机械设备的折旧等。

（四）修理费

主要用于设备、设施和运输工具的定期大修理，每年可以按设备、设施和运输工具投资额的一定比率提取。

（五）装卸搬运费

装卸搬运费是指货物入库、堆码和出库等环节发生的装卸搬运费用，包括搬运设备的运行费用和搬运工人的成本。

（六）管理费用

管理费用指仓储企业或部门为管理仓储活动或开展仓储业务而发生的各种间接费用，主要包括仓库设备的保险费、办公费、人员培训费、差旅费、招待费、营销费、水电费等。

（七）仓储损失

仓储损失是指保管过程中货物损坏而需要仓储企业赔付的费用。造成货物损失的原因一般包括仓库本身的保管条件，管理人员的人为因素，货物本身的物理、化学性能，搬运过程中的机械损坏等。实际中，应根据具体情况，按照企业的制度标准，分清责任合理计入成本。

三、仓储成本的计算方法

1. 按支付形态计算仓储成本

仓储成本 = 搬运费 + 保管费 + 消耗费 + 人工费 + 仓管费 + 利息 + 税收

2. 按仓储项目核算仓储成本

可以核算出标准仓储成本（单位个数、重量、容器的成本），也能进一步找出妨碍现实仓储合理化的情况。

3. 按适用对象核算仓储成本

按不同功能的仓储成本来核算，不仅实现了降低成本，而且还能分别掌握按产品、地区、客户的不同而产生的仓储成本。

四、降低仓储成本的途径

1. 降低存货发生成本

（1）排除无用的库存；

（2）减少库存量；

（3）重新配置库存时，要有效灵、活地运用库存量。

2. 降低产品包装成本

（1）使用价格低的包装材料；

（2）使包装作业机械化；

（3）使包装简单化；

（4）采用大尺寸的包装。

3. 降低装卸成本

（1）使用集装箱和托盘，通过机械化来实现省力化；

（2）减少装卸次数。

相关拓展知识

一、经贸系统仓储业务收费办法

《对外经济贸易部、国家物价局关于经贸系统仓储业务收费办法》

第六条　仓库存货按吨收费。每张入库或出库单所列商品，吨以下取三位小数，三位以后的小数四舍五入，月末累计核算费用时，吨以下四舍五入。

第七条　计费吨分以下三种：

一、重量吨：一件或一批商品的体积 2 立方米，毛重超过 1000 千克者，按重量吨（毛重）计费。

二、体积吨：一件或一批商品的体积 2 立方米，毛重不足 1000 千克者，按体积吨计费，即每 2 立方米折为一个计费吨。

三、面积吨：入库的商品由于本身的特性不能堆高，或批量小、规格杂无法堆高，或货主经仓库同意利用库房加工、挑选、改装、整理商品，按实际占用面积和每平方米地坪（或楼面）的设计负荷能力折成计费吨收费。整仓包仓，按库房实际面积的 80% 和每平方米地坪（或楼面）的设计负荷能力折成计费吨收费，也可按库房的储存定额吨收费。

第八条　为了做到合理收费，各仓库对经常存放的各种商品，都要认真测算出每件的毛重和体积，列出一览表，作为计量收费的依据。商品的包装改变时，重新测算。

二、影响仓储成本的因素

（一）商品的堆存期

物流需求方的商品在物流中心的堆存时间是影响仓储成本的一个因素，商品在物流中心堆存的时间越长，累计占用的仓库面积越大，仓储成本越高。

（二）商品的堆存量

物流需求方的商品在物流中心堆存的数量越多，占用的仓库面积越大，且入库、出库的工作量也越大，仓储成本越高；如果商品的堆存高度越高，占用的仓库面积越小，也会影响到仓储成本。

（三）商品的周转率

在库商品的周转率越低，商品在仓库的平均堆存天数越高，占用仓库的面积越多，占用仓库的时间越长，仓库的利用率越低，仓储成本会越高。

（四）商品的积载因数

商品的积载因数影响到仓库的利用率，商品的积载因数越高，表示每吨货所需占用的库容量也越大，仓库的利用率降低，仓储成本升高。

（五）商品的品种

物流需求方的商品的品种越多，需要码的垛就越多，实际占用仓库的面积越大，仓库的利用率就越低，仓储成本越高。

（六）商品的保管条件

按照商品不同的保管要求，有些商品对温度要求很高，如：奶制品、熟食品等，需要仓库配备相应的冷藏措施；有些商品对湿度也有要求，如糕点、饼干类产品要求仓库通风性强，保持干燥。仓库为满足不同客户的商品储存要求，需配备相应的设施、设备，仓储成本会随之升高。

通过以上分析可归纳出制定仓储价格的准则：

（1）在周转率一定的情况下，客户商品日均库存量越高，仓储价格应越高；客户商品日均库存量越低，则仓储价格应越低，旨在鼓励客户增加货品的流通速度。

（2）在日均库存量一定的条件下，周转率越高，仓储价格应越低。

（3）在日均库存量、库存周转率一定的情况下，品种数越多，仓储价格越高。

另外，还有其他制约仓储价格的因素，如：商品的堆放条件，这影响到仓库的实际使用空间；商品所需的保管条件，有的商品需要冷藏，有的商品需要通风、恒温，这影响到仓库的投入成本；商品的品种，商品不同的品种在仓库中储放时，需要码不同的垛型，这就影响到了仓库的使用面积，使仓容的使用率降低。因此，在制定价格时，不仅要考虑到影响价格的重要因素，还应综合其他相关的因素，这样，才能合理定价。

我知道吗?

商运公司的前身的某国营公司的车队，后来业务拆分，独立出来成立了商运公司，继承了原来公司所有车辆。两年前商运公司一直是盈利的，公司都是大吨位的车辆，业务主要来自长期合同的大客户。公司向客户收取平均 4.5 元/吨的运输费用。

而从去年开始，商运公司的李总经理就感到日子有些难过了，物流企业像雨后春笋一样纷纷涌现，但该公司的一个大客户就转到别的物流企业，让他一年的日子都很紧张。而今年让李总经理头痛的是公司可能要失去另一个重要的客户。因为又到了续签合同的时间，这个客户却一直推托，听说他们正在和别的物流企业接洽。之前该客户曾向李总反映说商运公司的送货很不准时，他们的货物在运输中会有破损和丢失，并且商运公司的个别司机态度很差，刁难他们的经销商或顾客。

这个客户一年的运量有近一百万吨，如果这个合同拿不到，李总和他手下的员工就会饿肚子，所以李总要他的部下必与该客户续签合同。他又让财务人员统计了公司的成本数据（见下表），看一看这个合同对公司的财务状况的影响到底有多大。

商运公司 2014 年成本数据	单位：元
车辆折旧	54,000/年
养路费用	225,000/年
营运费用和保险	141,000/年
司机工资与福利	400,000/年
办公费用	50,000/年
管理费用	180,000/年
平均燃油费用	3.75/吨（货重）
平均车辆维修费用	0.20/吨（货重）
平均过路过桥费与停车费	0.05/吨（货重）

根据以上信息，回答以下问题：

(1) 根据案例提供的数据，商运公司的成本中哪些属于固定成本，哪些属于可变成本？

(2) 商运公司的成本中每年的固定成本是多少，每吨（货重）的可变成本是多少？

(3) 根据案例提供的数据，商运公司今年的运输量要达到多少吨才能实现不盈利也不亏损的状态？

（4）根据案例提供的数据，商运公司如何才能留住这个重要的客户？

参考答案：

（1）商储公司的成本中固定成本包括车辆折旧、养路费用、营运规费和保险、司机工资与福利、管理费用、办公费用。可变成本包括燃油费用、维修费用、过路过桥费和停车费。

（2）商储公司的成本中每年的固定成本是 1050000 元（54000 + 225000 + 141000 + 400000 + 180000 + 50000 = 1050000）；每吨货的可变成本是 4 元/吨（3.75 + 0.2 + 0.05 = 4）

（3）商储公司今年的业务量要达到 2100000 吨才能实现不盈利也不亏损的状态。计算过程：1050000 / （4.5 - 4） = 2100000

（4）提高服务质量。商运公司可以通过提高服务质量，提高货物准时达到率，减少货物在运输中的破损和丢失，给客户更好的服务从而留住客户；加强人员管理。让员工树立为客户服务的意识，改进服务态度，让客户体验到更好的服务从而留住客户。

任务三 仓储管理 KPI 设计与分析

传统的绩效管理方式无法将员工的业绩成果专注与企业的整体目标。近年来一种新的绩效管理的评价思想——关键绩效指标（KPI）（Key Performance Indicator），正受到国外众多公司的青睐。物流企业应该通过对物流价值链活动的分解来建立 KPI 体系，以望通过对物流价值链活动的考核，来提高物流企业的竞争优势，最终来实现企业的目标。

学习目标

最终目标：

能对仓储绩效相关内容进行管理与考核

促成目标：

1. 了解仓储考核的内容和标准
2. 能设计仓储绩效考核的表格

资料卡

KPI 的精髓，是指出企业业绩指标的设置必须与企业的战略挂钩，其"关键"两字的含义即是指在某一阶段一个企业战略上要解决的最主要的问题

【项目任务】

1. 活动内容：

某仓储部门为一个 10 人的仓储团队，有具体岗位与工作内容的区分，目前，每个月有 10000 块钱要分给这 10 人，通过一定的方法考核各人工作。本任务通过案例模拟，要求学生在认识仓储绩效管理内容的基础上，设计出仓储绩效相关内容的考核表格。

2. 活动组织

序号	活动项目	具体实施
1	基础知识准备	教师介绍仓储公司绩效考核的标准
2	分组讨论	将学生每5~6人分为一组，进行讨论和上网查资料
3	设计绩效考核表格	学生以小组形式制定仓储绩效考核表，包括仓储部门和仓储员工绩效考核表
4	交流评价	教师在各组推荐的基础上，选定若干名学生在全班进行交流

3. 活动评价

考核内容	考核标准	分值	实际得分
	仓储管理人员绩效考核指标选择的全面性客观性	5	
	仓储作业人员绩效考核指标的全面性客观性	5	
	仓储作业绩效考核表设计正确合理	10	
合　计		20	

【任务实施】

1. 选择仓储绩效的 KPI 指标；
2. 搜集 KPI 指标所需的基本数据；
3. 设计相关表格。

知识库

主要实践知识

1. 仓库主管绩效考核表

<table>
<tr><td colspan="6" align="center">仓库主管绩效考核表</td></tr>
<tr><td>部门</td><td></td><td>考核人姓名</td><td></td><td>职务</td><td></td></tr>
<tr><td>被考核人姓名</td><td></td><td></td><td></td><td>日期</td><td></td></tr>
<tr><td>序号</td><td>KPI 指标</td><td>权重</td><td colspan="2">绩效目标值</td><td>考核得分</td></tr>
<tr><td>1</td><td>部门工作计划完成率</td><td>20%</td><td colspan="2">考核期内部门工作计划完成率达到100%</td><td></td></tr>
<tr><td>2</td><td>仓储管理费用控制</td><td>15%</td><td colspan="2">考核期内仓储管理费用控制在预算范围之内</td><td></td></tr>
<tr><td>3</td><td>单位库存成本降低率</td><td>15%</td><td colspan="2">考核期内单位库存成本降低率在标准内</td><td></td></tr>
</table>

仓库主管绩效考核表

4	库存货损率	10%	考核期内库存货损率控制在（0.01）%以下	
5	仓库环境良好率	10%	考核期内仓库环境良好率在（90）%以上	
6	库存盘点账实不符的次数	10%	考核期内仓库盘点账实不符的次数在（5）次以下	
7	仓储作业流程改进计划完成率	5%	考核期内仓储作业流程改进计划完成率达到95%	
8	仓储设施完好率	5%	考核期内仓储设施完好率在（100）%以上	
9	仓储事故次数	5%	考核期内一般性仓储事故在2次以下；重大仓储安全事故为0	
10	员工管理	5%	考核期内部门员工绩效考核平均得分在（90）分以上	

本次考核总得分

考核指标说明	1. 仓储作业流程改进计划完成率： 仓储作业流程改进计划完成率 $= \dfrac{流程改进计划完成量}{流程改进计划实际完成量} \times 100\%$ 2. 仓储事故次数： 仓储事故次数是指在考核期内发生消防、安全等事故的次数。

考核人：		复核：		核准：	

2. 仓储管理人员考评标准

仓库管理员绩效考核表

姓名		职位		自属上级			
薪金标准		执行日期		考核方式	自评→上级考核→总评		

工作职责与考核标准	公值	自我考评	上级考评	综合得分
1. 物料入库时,应严格执行入库手续。无验收合格单扣1分,数目不清扣2分,单据填写不准确、不完全扣2分,没有入库单记0分,发现问题不上报扣5分	10			
2. 库存物品摆放整齐规划有序。没区域摆放扣5分,无标识卡扣3分,规格、型号填写不全扣2分,填写不清楚扣1分,堆放不整齐扣2分	10			
3. 严格出库发料工作制度。没按"先入先出"原则发货扣3分,出库单或领料单无部门主管签字记0分,错发、少发、漏发1次扣5分	10			
4. 做好账务管理。所有出入库账务必须准确,没有做到日清月结一次扣2分,月底无盘存扣5分,次月3日前无报表上报扣5分,单据传递不及时超过次日下班时间扣2分	10			
5. 借用工具、样品和公司其他物资没有填写借记卡扣3分,回库时没有按借记卡的名称、规格型号要求入库造成损失的记0分,擅自将公司财物借给私人用记0分,造成丢失、损坏的应照价赔偿	10			
6. 每月3日前未上报员工借用物料未还明细表记0分,未及时催还扣5分。物料未还明细中未还原因填写不清或未填写扣5分	10			
7. 7S工作做的不完全,每缺一项扣3分	5			
8. 消防、防盗、防火、防水、防潮湿工作做得差,每缺一项或检查出问题扣3分	5			
9. 经常保持信息畅通,如因软件问题影响生产记0分	5			
10. 工作及时性,有效性。当收到工程项目物资采购计划表后,不能在1天内清点和上报库存现有库存数量、规格、型号扣3分,造成影响生产不记分	5			

考核说明:

1. 考勤管理考核按《员工手册》进行处罚。(6分)
2. 工作态度按《员工行为规范》管理考核。(7分)
3. 劳动纪律按《员工手册》内要求进行考核。(7分)
4、绩效考核总分100分。

被考核人: 考核人: 公司核准日期:

日期:

日期: 日期:

3. 仓储作业人员考评标准

（　月份）仓库人员绩效考核评分表

姓名：　　　　　　　　　岗位：　　　　　　　　　考核总分：

考核项目	评分要点	标准分值	考核得分
制度执行	制度执行情况：1、安全制度的执行；2、公司基本管理制度的执行	5	
物料管理	熟悉各种物料的材质、规格及用途	5	
	做好物料的验收工作，严格把控物料质量	5	
	针对不良物料及时填写物料投诉单，并在第一时间上报物料部和财务部	5	
	坚持物料先进先出原则	5	
	根据物料进出数量的变动，及时在物料管制卡上做信息变更，做到物卡相符	5	
	严格按退换物料管理要求执行物料的申领退换	5	
	严格执行物料领用制度，除物料管理员外，其他人不得自行到货架支取	5	
	定期物料盘点，做好闲料改造利用和废料再利用	5	
	对长期堆放、变质、风化物料及时上报主管部门作及时处理、清理工作	5	
	物料防护：防潮、防火、防盗、防破损	5	
库房管理	合理利用存储空间，物料分门别类，陈列整齐，做到过目见数，通道顺畅	5	
	仓库地面、墙面、门窗干净整洁，物料架和物料表面无尘垢	5	
工作要求	及时更新K3系统数据，做到"账实相符"与"账账相符"	5	
	核对生产单，及时上报有关部门特殊物料和短缺物料的库存情况	5	
	工作熟练程度和技能提高情况	5	
工作素养	对公司仓库管理、物料管理合理化建议和意见	5	
	尊重同事，对人、对事有礼有节，不拉帮结派，不打听和传播小道消息	5	
	服从公司和领导安排的临时任务	5	
服务反馈	是否有其他部门或同事的投诉记录	5	
合计得分			
统计数据	A. 本月物料入库总频次（率）_____； B. 本月物料出库总频次（率）_____； C. 本月加班时长_____小时；_____天。		

90—100分者可得到其标准分值的绩效工资；100分以上者加发超出分值与考核比分积的考核工资；90分以下者扣发不足分值与考核比分积的考核工资（考核比分：绩效工资除以100的商）。

考核项目	评分要点	标准分值	考核得分
部门意见（加扣分事由）：			
		部门主管/经理签字：	
其他关联部门建议（加扣分事由）：			
		部门主管/经理签字：	
人力资源部意见：			
		部门主管/经理签字：	

4. 仓储管理绩效考核指标

仓储管理绩效考核指标

编号	KPI	KPI 定义/公式（权重）	考核标准	信息来源	考核周期
1	实际发生的仓储费用和计划仓储费用的差异	实际发生的仓储费用计划仓储费用	1）= 目标值，得100分； 2）比目标值每降低____百分点，加____分，最高____分； 3）超出目标值的百分点，不得分； 4）介于其中按线性关系计算	费用明细科目及预算资料汇总	月度统计季度考核
2	库存盘点账实相符率	库存盘点帐物相符的金额 库存盘点的物资总额 ×100%	1）= 目标值，得100分； 2）比目标值每降低____百分点，减____分， 3）比目标值低____百分点，不得分	库存盘点记录	月度统计季度考核
3	材料出入库单据传递及时性	24 小时内对处理完的单据进行传递	1）= 目标值，得100分； 2）每超出目标值____天，减____分； 3）超出目标值____天，不得分	工作记录	月度统计季度考核
4	仓储产品损坏率	仓储产品损坏金额 仓储产品总金额 ×100%	1）= 目标值，得100分； 2）比目标值每降低____万元，加____分，最高____分； 3）高于目标值____万元，不得分； 4）介于其中按线性关系计算	库存盘点记录	月度统计季度考核
5	1 年内过期的仓储产品金额	当期期末库存产品中1 年内过期的库存金额	1）= 目标值，得100分； 2）比目标值每降低____万元，加____分，最高____分； 3）比目标值高____万元，不得分； 4）介于其中按线性关系计算	发货报表和库存报表	月度统计季度考核

编号	KPI	KPI 定义/公式（权重）	考核标准	信息来源	考核周期
6	收料、发货记账登记的及时性	收料、发货记账登记天数	1）＝目标值，得100分； 2）每超出目标值＿＿天，减＿＿分； 3）超出目标值＿＿天，不得分	收料、发货台账	月度统计季度考核
7	仓储设施完好率	仓储设施检查得分	1）＝目标值，得100分； 2）比目标值每提高＿＿分，加＿＿分，最高＿＿分； 3）低于目标值＿＿分，不得分； 4）介于其中按线性关系计算	仓储设施状态检查评分表	月度统计季度考核
8	装卸货在标准时间内完成率	在标准时间内完成的装卸货次数 / 总共完成的装卸货次数 ×100%	1）＝目标值，得100分； 2）比目标值每提高＿＿百分点，加＿＿分，最高＿＿分； 3）低于目标值的＿＿百分点，不得分； 4）介于其中按线性关系计算	发货单、装卸货单据	月度统计季度考核
9	设备完好率	完好设备台数 / 全部设备台数 ×100%	1）＝目标值，得100分； 2）比目标值每提高＿＿百分点，加＿＿分，最高＿＿分； 3）低于目标值的＿＿百分点，不得分； 4）介于其中按线性关系计算	设备维修保养台账	月度统计季度考核
10	设备故障及时排除率	在标准时间内完成的设备维修次数 / 总共完成的设备维修次数 ×100%	1）＝目标值，得100分； 2）比目标值每提高＿＿百分点，加＿＿分，最高＿＿分； 3）低于目标值的＿＿百分点，不得分； 4）介于其中按线性关系计算	设备维修保养台账	月度统计季度考核
11	设备事故次数	设备事故次数	1）＝目标值，得100分； 2）每超出目标值＿＿次，减＿＿分； 3）超出目标值＿＿次，不得分； 4）或为否决性指标	设备事故记录	月度统计季度考核
12	物资转运及时性	物资在规定的时间内转运完毕	1）＝目标值，得100分； 2）每超出目标值＿＿小时，减＿＿分； 3）超出目标值＿＿小时，不得分	物资转运记录	月度统计季度考核

主要理论知识

一、仓储绩效评价的意义

（1）有利于仓储现代化管理水平的提高。

（2）有利于落实仓储管理的经济责任制。

（3）有利于推进仓库设施装备的现代化改造。

（4）有利于提高仓储的经济效益。

二、仓储绩效评价的原则

（1）指标全面。

（2）科学实用。

（3）标准规范。

（4）客观公正。

（5）可操作性强。

三、仓储绩效评价指标体系的设定

仓库资源利用程度指标

（一）地产利用率

1. 计算公式

$$地产利用率 = （仓库建筑面积/地产面积）\times 100\%$$

2. 应用目的

衡量物流中心每单位面积的营业收入。

（二）仓库面积利用率

1. 计算公式

$$仓库面积利用率 = （仓库可利用面积/仓库建筑面积）\times 100\%$$

2. 应用目的

用来评价厂房面积的利用是否恰当。

（三）仓容利用率

1. 计算公式

（1）$仓容利用率 = \dfrac{库存商品实际数量或容积}{仓库实际可存商品数量或容积} \times 100\%$。

（2）$单位面积保管量 = \dfrac{平均库存量}{可保管面积} \times 100\%$。

2. 应用目的

（1）仓容利用率。

（2）单位面积保管量。

（四）有效范围

1．计算公式

$$有效范围 = （库存量/平均每天需求量）×100\%$$

2．应用目的

用来评价库存量是否保持在合理的水平。

（五）设备利用率

1．计算公式

$$设备利用率 = （全部设备实际工作时数/设备工作总能力）×100\%$$

2．应用目的

用来评价物流中心设施装备的配置是否合理。

（六）设备完好率

1．计算公式

$$设备完好率 = （期内设备完好台数/同期设备总数）×100\%$$

2．应用目的

用来评价设备管理的水平。

四、仓储服务水平评价指标

（一）缺货率

1．计算公式

$$缺货率 = （缺货次数/顾客订货次数）×100\%$$

2．应用目的

反映存货控制决策是否适宜，是否需要调整订购点与订购量的基准；缺货发生的原因可能在于：

（1）存量控制不好，或库存档案资料不正确。

（2）采购不及时。

（3）供应商交货不及时。

（4）库存与实际客户需求或生产需求不一致。

（二）顾客满足程度

1．计算公式

$$顾客满足程度 = （满足顾客要求数量/顾客要求数量）×100\%$$

2．应用目的

用来评价仓储服务的顾客满意程度。如果这个指标过高，原因不外乎以下几方面：

（1）产品品质不良。

（2）服务态度不佳。

（3）交货时间无法满足实际需求。

（4）交货延迟。

（5）和同行业比较有差距。

（6）客户本身存在的问题。

（三）准时交货率

1．计算公式

$$准时交货率 = （准时交货次数／总交货次数）×100\%$$

2．应用目的

用来评价发货的及时性。

（四）货损货差赔偿费率

1．计算公式

$$货损货差赔偿费率 = （货损货差赔偿费总额／同期业务收入总额）×100\%$$

2．应用目的

反映出货作业的精确度。

五、商品储存效率指标

（一）商品存储效率

商品储存效率主要通过库存周转率来表示。

1．计算公式

（1）库存周转率 = （使用数量／库存数量）×100%

（2）库存周转率 = （使用金额／库存金额）×100%

规定某个期限来研究金额时，需用下列算式：

$$库存周转率 = （该期间的出库总金额／该期间的平均库存金额）×100\%$$
$$= （该期间出库总金额×2／期初库存金额＋期末库存金额）×100\%$$

2．应用目的

库存周转率对于企业的库存管理来说具有非常重要的意义。

（二）期间周转次数

期间周转次数可以直接由库存周转率求得

六、商品储存能力与质量指标

考虑仓租费、维护费、保管费、损失费、资金占用利息支出等，才能从实际费用上判断仓储的合理与否。

（一）仓库吞吐能力实现率

1. 计算公式

仓库吞吐能力实现率＝（期内实际吞吐量/仓库设计吞吐量）×100%

2. 应用目的

作为设定产品标准库存的比率依据，以供存货管理参考。

（二）仓储吨成本

1. 计算公式

仓储吨成本＝（仓储费用/库存量）×100%

2. 应用目的

衡量公司每单位存货的库存管理费用。

（三）进、发货准确率

1. 计算公式

进、发货准确率＝（期内吞吐量－出现差错总量）/期内吞吐量×100%

2. 应用目的

衡量仓储作业的品质，以评估仓储工作人员的细心程度，或是自动化设备的准确性功能。

（四）商品缺损率

1. 计算公式

商品缺损率＝（期内商品缺损量/期内商品总数）×100%

2. 应用目的

用来评价储存的安全性指标。

（五）呆滞料处理率

1. 计算公式

呆滞料处理率＝（处理呆废料数量/全部呆废料数量）×100%

2. 应用目的

用来测定物料耗损影响资金积压状况。

相关拓展知识

一、仓储绩效指标分析

1. 对比分析法

对比分析法是将两个或两个以上有内在联系的、可比的指标（或数量）进行对比，从对比中寻差距、查原因。

2. 因素分析法

因素分析法是用来分析影响指标变化的各个因素以及它们对指标各自的影响程度。因素分析法的基本做法是，假定影响指标变化的诸因素之中，在分析某一因素变动对总指标变动的影响时，假定只有这一个因素在变动，而其余因素都必须是同度量因素（固定因素），然后逐个进行替代某一项因素单独变化，从而得到每项因素对该指标的影响程度。

3. 平衡分析法

平衡分析法是利用各项具有平衡关系的经济指标之间的依存情况来测定各项指标对经济指标变动的影响程度的一种分析方法

4. 帕累托图法

帕累托图法是基于19世纪经济学家维尔弗雷多·帕累托的工作而形成的。帕累托图法虽然简单，却能找到问题及其解决的途径，仓库也可以通过这种方法寻找影响仓库服务质量，或作业效率等方面的主要原因。

二、仓储绩效评价程序分析

1. 工序图法

工序图法（Process Charts）是一种通过一件产品或服务的形成过程来帮助理解。工序的分析方法，用工序流程图标示出各步骤以及各步骤之间的关系。

1. 因果分析图法

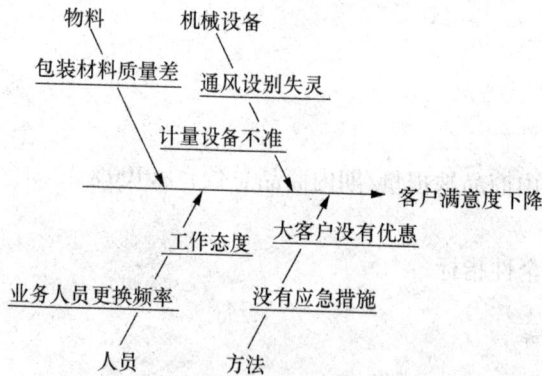

图6-8 仓库客户满意度因果分析图

三、成本分析

1. 传统的成本分析

在传统的仓库成本分析中，经常采用的方法是把成本总金额分摊到客户或渠道的重量数上，但是，实际上客户或渠道上库存的物品通常并不按金额或重量数的比例消耗仓储资源。因此，传统的仓库成本计算系统会扭曲真实的成本。

2. 以活动为基准的成本分析

以活动为基准的成本计算法是一种相对较新的方法。

基于仓库生产活动的成本分摊

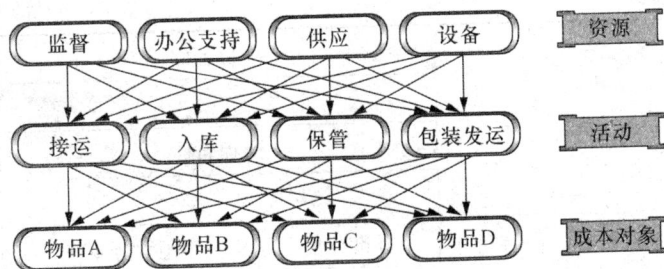

图 6-9

我知道吗？

1. 三星手机公司大约每3个月就要对其物流供应商进行绩效考核，如果某物流供应商的服务质量——差错率、延迟率等，不能达到三星手机公司所要求的水平，则该供应商就会收到来自三星手机公司的限期纠正通知，如果逾期不能有所改正，则该供应商就会从三星手机公司的供应链中清除。

思考：物流企业进行绩效管理的意义是什么？

2.【仓库成本分摊的潜在隐患】当绝大多数的物流成本核算系统还处于初期阶段的时候，主要通过成本分摊来决定每部分（包括产品、客户、区域、部门或岗位）的绩效。从本质上看，这个物流成本核算系统会造成各部门经理以本部门利润的最大化为原则，而不是以整个公司利润的最大化为原则。因而，整个公司的成本增加了，利润减少了。试讨论：从中我们可以获得哪些启示？

附录:

附表1:教师评整体项目

项目评价表	项目名称		时间:
	课程名称		项目承接人
评分内容	标准分值	小组评分20%	教师80%
制定项目作业计划			
是否制定项目实施方案	5		
实施方案是否合理	3		
确定项目内容与方案			
是否确定了问题和解决问题的方案	5		
是否考虑了安全和劳动保护措施	3		
是否考虑环保及文明施工措施	3		
明确项目实施过程与步骤			
实施步骤是否正确	3		
是否安全文明作业	3		
是否独立完成工作任务	5		
是否在规定时间内完成	5		
本项目各任务得分(60):			
任务1			
任务2			
任务3			
本人对项目编练的评价			
请描述本项目的优点			
(1)	2		
(2)			
(3)			

续表

有待改进之处	3		
（1）			
（2）			
（3）			
总分	100		
项目组员签名		班组长签名	教师签名

附表2：教师评学生

学生评价表		被评价学生	
项目名称		评价时间	
评价项目	评价标准/内容	评价结果	
出勤情况 （共5分）	（5分）很好，无缺席和迟到早退 （4分）较好，有请假，没有无缺席 （3分）一般，没有无故缺席，但有迟到早退 （2分）较差，有无故缺席，有迟到早退 （1分）很差，经常无故缺席，迟到早退		
遵章守纪 （共5分）	做到一点得1分，本项目计分求和： ▲不离岗、不串岗 ▲安全作业、规范操作 ▲安静作业、轻声交流不喧哗 ▲听从指导老师意见 ▲按时下课、不提前退场		
团队合作 （共5分）	（5分）很好，工作积极，主动承担艰苦工作 （4分）较好，积极参加工作，与同事合作，服从分配 （3分）一般，参加工作，但不够主动积极，偶有不合作 （2分）较差，有时不参加工作，有时不与同事合作，有时不服从分配 （1分）很差，经常不参加工作，不与同事合作，不服从分配		

附表3：学生互评表

项目名称						

评价人：	班级：	学号：	时间：

评价内容	评价标准	组员姓名				
		1	2	3	4	5
团队合作	（5分）团队荣誉至上，主动承担艰苦工作 （4分）积极参加工作，与同事合作，服从分配 （3分）参加工作，但不够主动积极，偶有不合作 （2分）有时不参加工作，有时不与同事合作，有时不服从分配 （1分）经常不参加工作，不与同事合作，不服从分配					
遵章守纪	做到一点得1分，本项目计分求和： ▲服从组内任务安排 ▲不离岗、不串岗 ▲安全作业、规范操作 ▲安静作业、轻声交流不喧哗 ▲按时下课、不提前退场					

附表4：学生自评表

项目名称						

自评人：	班级：	学号：	时间：

评价内容/标准	好	较好	一般	较差	差
	5分	4分	3分	2分	1分
1. 我愿意参加组内合作活动					
2. 我能自觉遵守活动时间和活动规则					
3. 我能明确自身角色和职责					
4. 我能积极表达自己的观点					
5. 我能尊重并保留其他成员的观点和意见					
6. 针对不同意见和观点，我能够与组员进行讨论					
7. 我愿意帮助其他组员完成某项任务					
8. 在互助中我们共同完成预期任务					

参考文献

[1] 刘鹏生，向壮丽．优秀仓管员手册［M］．广东：广东经济出版社，2011.

[2] 滕宝红．仓库主管365天管理笔记［M］．广东：广东经济出版社，2012.

[3] 滕宝红．图说工厂仓储管理［M］．北京：人民邮电出版社，2011.

[4] 刘毅．仓储作业实务［M］．北京：机械工业出版社，2010.

[5] 曾益坤．采购与仓储实务实训手册［M］．北京：清华大学出版社，2012.

[6] 朱文涛．仓储作业与配送管理［M］．北京：冶金工业出版社，2009.

[7] 钱芝网．仓储管理实务情景实训［M］．北京：电子工业出版社，2008.

[8] 叶靖，李作聚．仓储配送中心布局与管理实训手册［M］．北京：清华大学出版社，2011.

[9] 马骏，白光利，刘亮．仓储实务［M］．北京：中国物资出版社，2010.

[10] 蒋长兵，代应．库存控制模型技术与仿真［M］．北京：中国物资出版社，2010.

[11] 韩岗．如何进行仓储物料管理［M］．北京：北京大学出版社，2003.